U0926059

教育部人文社会科学研究
“从碎片化到协同：行政管辖权重叠问题研究”
（14YJA820008）项目资助

Legal Analysis of the Overlapping
Administrative Jurisdiction

行政管辖权重叠的法律解析

顾建亚◎著

ZHEJIANG UNIVERSITY PRESS
浙江大学出版社

目 录

导 论

——我们生活在一个规制重叠的年代

一、管辖权重叠：一个行政执法的临床难题

(一)问题的提出：一起纠纷引发的思考

浙江省A市移动分公司(以下简称移动公司)于2005年初在某小区相邻山坡上建设通信基站并投入使用。因基站距离小区太近，所以刚破土动工就遭到了小区住户的强烈质疑和反对。小区住户多次向市政府、移动公司反映情况未果。随着小区入住居民的增加以及基站发射强度的增大，要求拆除基站的呼声越来越高。该小区业主委员会(以下简称业委会)多次与移动公司交涉，向政府有关部门投诉，强烈要求迁址或拆除基站，无果。该基站建设时，由于国内有关移动通信基站建设的法规尚不健全，基站大多为未批先建，该项目建设前也未办理环评审批手续。2008年，A市环保局根据省环保厅《全省移动通信基站环评工作协调会议纪要》的要求，对2008年以前的移动通信基站进行现状环评，集中审批。2009年，移动公司报送市环保局补办环评手续并获批准。2011年，业委会向市环保局提出信访申请，后者对此做出信访处理反馈意见：基站环评审批手续齐备，辐射检测结果符合国家标准，环保部门无权拆除或搬迁移动通信基站。

业委会又向A市B区林业水利局(以下简称林水局)信访，林水局立案调查后查明，2004年至2005年期间，移动公司B区分公司(以下简称B区分公司)在未取得林地使用许可证的情况下，在小区西侧山坡上擅自改变林地用途建移动通信塔和机房两处，占用林地约60平方米，林地类型为天然阔叶林，林种为杂木。根据以上查明的事实，林水局于2012年8月20日依法向B区分

公司送达了《听证权利告知书》,该公司明确表示放弃申请听证和陈述、申辩的权利,并要求在当日做出处罚。

林水局认为B区分公司的行为已违反了《中华人民共和国森林法》第十八条规定,以及《浙江省林地管理办法》第十五条规定,已构成擅自改变林地用途的违法行为。但数量尚不足以追究刑事责任,应给予林业行政处罚。根据《中华人民共和国森林法实施条例》第四十三条和《浙江省林地管理办法》第四十六条规定,做出行政处罚如下:1.责令限期三个月内恢复林地原状(林业生产条件);2.林业行政罚款人民币600元。然而,B区分公司认为基站建设已经过合法审批,因此拒不拆除。

这起纠纷中,同一个建设项目,经环保局审批后立项,林水局又认定其违法并予处罚。两部门各执一词、互不相让,都认为自己依法行事,但又无权推翻对方的决定,小区居民不知所措,历经一年多的维权最终陷入僵局,B区分公司迄今也未执行处罚决定。如此尴尬的执法,既损害了政府的公信力,又使老百姓维权陷入困境,还影响了法制的和谐统一。这起"某小区移动通信基站纠纷"虽是个案,但反映了行政管辖理论与实践的一个普遍问题,即多头执法、重复执法、任性执法等长期以来一直困扰着行政执法。

从案例分析可知,第一,行政职权配置的分散化导致管辖重叠的潜在可能。一个通信基站的建设既要有环评审批,又要经过建设基地的许可,同一事项上存在多个相互关联的不同环节,对这些环节的监管职能被分配给了不同的行政主体。环保局和林水局,原本基于专业化分工,在各自的领域发挥各自所长,但在移动通信基站建设这一共同项目上发生了管辖权的重叠交叉,因为通信基站既有环境影响问题又有建设用地问题。两部门分别根据不同法律依据进行执法,环保部门依据建设项目环评审批规范体系,林业水利部门依据自然资源保护规范体系,最后得出的结论却相互矛盾(合法与非法),进而造成行政主体的执法冲突。第二,移动分公司拒不拆除,小区居民维权艰难,两部门各行其是、相互掣肘,依法行政变成了"依法打架",却让群众"躺枪",折射出行政治理尚未形成监管合力,对管辖权重叠与碎片化的防范与控制缺乏应有的重视与关注。

近年来,由行政机构管辖争议所引发的事件屡见报端。例如,2009年文化部与新闻出版总署间关于网络游戏《魔兽世界》的审批权争议[1]，2014年、2015年“二孩政策”的立法与执法冲突[2]，2016年财政部与国家发改委关于PPP项目的权限之争[3]，2018年佳木斯两部门“打架”让市政府重点工程五证齐全突变违章建筑[4]，等等。事实上，不同职能部门对同一事项的不同处理引发的管辖争议和执法冲突，也是当前行政管辖中普遍存在的情形。

（二）管辖重叠的普遍性及其困扰

管辖权重叠，这是一个由来已久的老问题。多国政府管理的许多领域以行政机构之间职权重叠与碎片化管理为特征，即便在大部制政府下，部门之间的职责交叉依然存在。正如美国一位法官所言：“我们生活在一个管辖权重叠与竞合的年代。”[5]

在我国，管辖权重叠与碎片化现象并不罕见。如审计署2008年的一份公告指出：“无论中央还是地方都没有一个对支农资金进行统筹管理的部门。从中央到省、市、县共有20个左右的部门参与资金管理……部门间职能交叉、政策要求不统一、信息沟通不通畅，导致负责资金分配的部门间在项目选择、资金投向上很难协调，项目设置重复，政策目标及内容交叉。”[6]在环境管理领域，相关职能部门的职责交叉更为显著，如《〈国家环境保护“十二五”规划〉重点工作部门分工方案》中85个具体事项中涉及的职能部门数量众多，其中，能够由1个部门独立完成的事项仅有2.35%（2项），需要3个以上职能部门协调的事项高达93%（81项），平均每个事项需要将近6个（5.81个）部门协作才能完

---

① 方烨，吴黎华，孙韶华：《文化部PK新闻出版总署 谁对网络游戏说了算》，http://jjckb.xinhuanet.comgnyw2009-11/04/content_188978.htm。

② 白龙：《“法律打架”别让群众“躺枪”》，《人民日报》2014年11月26日，第5版；张枫逸：《两地二孩政策打架 别让群众躺枪》，《南方法治报》2015年5月22日，第16版。

③ 《PPP项目到底谁说了算　财政部与国家发改委权限争夺引关注》，http://www.gspmi.netNewsShowArticle.asp? ArticleID=1582。

④ 《佳木斯两部门“打架”：市政府重点工程五证齐全突然变违建》，https://www.guancha.cn/politics/2018_10_30_477466.shtml。

⑤ Jacob E. Gersen. Overlapping and Underlapping Jurisdiction in Administrative Law. The Supreme Court Review, 2006(1): 201-247。

⑥ 周志忍，蒋敏娟：《中国政府跨部门协同机制探析——一个叙事与诊断框架》，《公共行政评论》2013年第1期。

成。其中,涉及部门最多的1个事项共有13个部门具有管辖权。[①]

在国外,特别是美国,从边境巡防到食品安全再到金融监管,在社会和经济监管的各个领域,行政管辖权的重叠与碎片化现象几乎随处可见。仅美国食品安全系统,就有15个联邦机构参与其中。在这种制度下,食品药品监督管理局(Food and Drug Administration,FDA)发挥主要作用,其标准适用于除美国农业部(United States Department of Agriculture,USDA)监管的肉类、家禽和加工蛋制品以外的几乎所有食品。这两个机构基本上都执行“标准设定”这一相同的监管职能,以确保食品供应的安全,尽管每个机构在各自的领域都为这项任务带来了不同的专业知识。与此同时,食品安全是国土安全部(Department of Homeland Security,DHS)的责任,国土安全部负责监测和监督计划实施,并制定脆弱性评估标准,以缓解战略和应对计划。环境保护局(Environmental Protection Agency,EPA)规定了农药的毒性和最大允许残留量对食品和动物饲料的影响,并且对直接或间接影响食品供应的其他事项(如水质)具有管辖权。美国政府问责局(Government Accountability Office,GAO)在2008年审查了这种权力分散化现状,并得出“监督不一致、协调效率低下、资源使用效率低下”的调查结论,认为所有这些都会导致食品安全风险。如果分散与重叠程度严重,并且没有任何一个机构对更大的整体负责,相关的任务可能会加剧系统性风险问题。原本一个机构可以完成的,现在由两个以上的机构各自制定政策和实施法律,这种重叠的行政机构职能很容易导致行政效率低下甚至无效。这些机构常常沉浸在管辖权的争吵之中而不是执行或实施相应的法规政策。[②]

在我国,长期存在的部门职能交叉、权责不清和多头管理问题,已经造成了国家经济社会战略管理的困难,导致宏观调控的效果滞后与失灵,影响了国家整体利益的实现,导致行政成本居高不下和严重的资源浪费等问题。[③] 行政

---

① 杨志云,殷培红,夏冰:《政府部门职责分工及交叉的公众感知:基于环境管理领域的分析》,《中国行政管理》2015年第6期。

② Jody Freeman, Jim Rossi. Agency Coordination in Shared Regulatory Space. Harvard Law Review, 2012,125(5):1131-1211.

③ 王娜:《专家称大部门体制是必然趋势 部门18~21个为宜》,《21世纪经济报道》2007年12月29日。

职权重叠及其引发的管辖争议,无疑将阻碍国家治理能力现代化的发展,不仅损害了公民、法人和其他组织的合法权益,而且因为不同行政机关之间执法相互抵触而使政府公信力受到贬损,还妨碍了公共秩序的有序化状态。因此,如何建立健全行政权限争议解决机制,已成为我国行政法治建设的一个重大现实课题。

二、治理现代化:行政法范式的转型与重构

治理的协调化、高效化是国家治理现代化的重要表征。然而监管领域都受到管辖权重叠与碎片化的影响,成为国家治理现代化的一个重要挑战。国家治理体系现代化,需要在政府内部建立责权利结合的机制,各级政府的职责权限划分明确和原则上不重合交叉,各自在职能范围内行使权力和承担责任,[①]进而为行政法的研究发展提出了一个重要命题,引起行政法范式的转化:一是从单一主体走向复合主体;二是从外部关系走向内外贯通。

(一)从单一主体到复合主体:传统行政法面临的挑战与应对

行政法,这个与政府行政行为最密切相关的领域,总体而言,长期聚焦于单个的行政行为、程序和政策选择,而不是行政机构之间的相互作用或影响。除了极少数的例外,法律学者大多忽略了行政机构的协同地带。[②] 然而,许多监管领域都受到管辖权重叠与支离破碎的影响,学界开始关注行政机构相互作用的理论研究。学者们侧重于一些特定的法律领域考察多个机构的互动方式,呼吁政策制定者考虑使用多个机构组合而非单一机构来解决特定的政策问题,试图找出跨越多领域的模式,描述多个机构的存在及其相互作用如何影响机构决策以及可能或想要做什么。[③] 这种对多个机构及其相互关系问题的关注,部分原因是对政府责任、跨领域计划和公共政策的复杂性进一步增长的回应。因为很多决策与执法都涉及跨领域或跨界公共事务,总会关涉如何在

---

① 徐继敏:《国家治理体系现代化与行政法的回应》,《法学论坛》2014 年第 2 期。

② Jody Freeman, Jim Rossi. Agency Coordination in Shared Regulatory Space. Harvard Law Review, 2012,125(5):1131-1211.

③ Eric Biber. The More the Merrier: Multiple Agencies and the Future of Administrative Law Scholarship. Contemporary Sociology, 2011,41(3):279-283.

两个极端之间取得平衡的问题。进言之，如何协调双方或多方资源又不会让不同的决策过程相互干扰或失去潜在的专业化优势，使每个问题的管理更有效率。更不可忽视的是，行政机关各职能部门之间的执法权限冲突，已成为当前阻碍依法行政的主要因素之一。它严重影响了行政效率的提高，导致大量行政不作为和相互推诿现象的发生，极大地损害了行政相对人的合法权益。[①]由此，维护和深化行政主体之间的协同合作关系，将是行政部门一个持续性的挑战，必然将成为今后我国进一步推进依法行政的一个重点。

(二)从外部关系到内外贯通：现代行政法学发展的新型视角

为了应对广泛存在的管辖权重叠，实务部门与理论界学者在努力寻求各种各样的"治疗方法"，但一直没有找到有效的新办法，多年来"涛声依旧"，常生发诸多执法困境和投诉纷争，最终影响法治的尊严。种种弊端和冲突，尽管基本暴露在执法实践环节，其背后的根源在于行政职权的划分与配置，以及专业化分工基础上的机构重组、职能整合与协同治理等，然而这些命题主要关涉"内部行政法"，在一定程度上被现代行政法学研究所忽视。

而这些内部行政法律关系的改善需要通过完善行政组织法体系得以有效实现。在我国，传统行政组织法理论解决了行政职权的获得和责任归属问题，成为行政法体系的逻辑起点，但在面对中央和地方政府机构改革等现实问题时，在话语体系、分析工具等方面则捉襟见肘。为此，有必要实现行政组织法的学理革新，增强行政组织法理论的包容性、回应性。[②]可见，整体上架构和改进以职权配置、协同治理、机构设置等为重要内容的内部行政法律关系，是目前行政法领域中需要有所突破的一个重要领域。为此，需要改进和完善行政组织法体系，从源头上规范和控制行政管辖权的配置，保障政府责权利结合机制的形成和作用发挥，从而减少，甚至消除代价高昂的管辖权纠纷，并促进国家治理能力的现代化。

(三)回应现实：研究意义与路径选择

尽管，有学者早就指出了传统行政法研究范式的不足，认为传统行政法更

---

① 金国坤：《行政执法权限争议协调机制研究》，《新视野》2007 年第 3 期。

② 贾圣真：《行政任务视角下的行政组织法学理革新》，《浙江学刊》2019 年第 1 期。

多地关注外部行政法律关系，旨在确定一个能够对外独立行使职权并承担相应法律责任的主体形象，而不着力于行政主体之间的关系、权责划分、内部机构建设与运作机理的研究。[①]但是，多元机构关系以及内部组织建设等问题，在很长一段时间里都未引起行政法学界的足够关注，研究基础较为薄弱，无论是关于多元行政机构，还是内部行政关系的学术文献，大多是由一些重要文章架构而成的。行政管辖权重叠作为行政法治的重要命题尚未进入法学研究主流，这一忽视与问题本身的重要性和迫切性形成强烈反差。国外近年来对整体政府、协同政府研究的推进以及美国跨部门协同机制研究的关注，无疑为我国法学界对行政管辖权重叠进行法律解析打开了一扇门，整体性或系统性研究呼之欲出。

在国外，特别是美国，近年来关于管辖权重叠的相关研究方兴未艾，无论是理论界还是实务部门，均表现出了对管辖权重叠这一命题的研究兴趣和实践关注。本课题的研究，一方面立足于行政法学领域，借鉴公共管理学的既有研究成果，并结合立法学的视角进行分析与架构；另一方面，梳理规整国外主要是美国研究的理论成果和实践经验，在对国外学者的思想观点进行整体认知的基础上，开展本土化的借鉴与拓展。期待通过本书对行政管辖权重叠法律问题的思考探究与解析论述，能让这一早期提出的担忧在当今时代得到更多关注与回应。

① 余凌云:《行政法讲义》,清华大学出版社 2010 年版,第 118 页。

第一章　行政管辖权重叠概述

管辖权是行政主体做出相应行政行为的前提。行政行为的一个合法性要件，就是行政主体必须依法拥有行政职权且在权限范围内行使，行政行为越权无效，需承担相应的法律责任。然而，行政机关的职权配置并非只是有管辖权或无管辖权这两端，在职权频谱中间还有一个更为复杂的情形，即重叠的管辖权，这一职权配置状态，无疑会影响行政行为的运作方式。因此，正确把握行政管辖权重叠的含义、特征、类型、表现等，是行政主体有效行使职权的重要基础。

第一节　管辖权重叠的内涵

一、行政管辖权辨析

在行政法中，行政职权、行政权限与行政管辖权密切相关。行政职权是行政法上的一个核心概念，系指行政主体依法拥有的实施国家行政管理活动的权能，表现为对行政相对人具有一定范围内的支配力。任何职权都是有限制和边界的，行政主体行使行政职权时所不能逾越的法定范围和界限即称为行政权限，是行政主体与其他法律主体、行政主体与行政主体之间分工关系的反映。行政管辖是指行政主体对某一行政事项依法所拥有的专属管理范围，旨在解决行政机关之间的权力分工。它既是职权，也是权限，即行政机关之间的权限划分。[①] 我国学者较少直接使用“行政管辖”一语，更多的是使用“行政权

① 胡建淼：《行政法学》(第 4 版)，法律出版社 2015 年版，第 532 页。

限”的提法，并基本上是将二者等同起来的。[①]

行政管辖权是行政主体之间就某一行政事务的首次处置所做的权限划分。对于行政主体来说，行政管辖权明确了某一行政事务应当由哪一行政主体首次处置的问题。对于行政相对人来说，它可以用来确定受理处置行政事务的行政主体。行政管辖权具有如下法律特征：第一，内部性。行政管辖权的内部性是指行政管辖权的法律效力范围限于行政主体系统之内，不涉及行政相对人的实体权利。第二，法定性。虽然具有内部性，但行政管辖权是一种公权力，非依法律规定不得随意设定、变更或处分。第三，排他性。行政管辖权的排他性是指任何一项行政事务只能由一个行政主体行使管辖权，从而确保行政主体行使行政职权的有效性。《中华人民共和国行政处罚法》（以下简称《行政处罚法》）中关于“对当事人的同一个违法行为，不得给予两次以上罚款的行政处罚”的规定，正是基于这样的法理基础。行政管辖权的现实基础是行政主体以层级制构建了一个重叠式的行政机构体系，作为国家行政权运作的组织架构。这种重叠式的行政机构体系形成了几个行政主体同时都可以管辖某一行政事务的状况。如果行政主体的管辖权不作必要的权限划分，则可能会形成行政主体之间的行政管辖权争议，从而影响行政权的有效行使。因此，行政管辖权是确保行政权有效行使的重要前提。[②]

行政主体的管辖权是职权划分与配置的结果。权力的分工是必要的，“正是行政权力在不同层级政府单位之间的分配，使得庞杂的公共事务的治理成为可能，纵向与横向的权力分割不仅缩小了治理的距离，而且提高了治理的效率”[③]。

从行政机关的数量来看，明确的管辖规制是必不可少的。这不仅符合行政机关自身的利益，因为管辖权有助于避免重复劳动、摩擦损失和权限困难，通过行政机关活动范围的划分确保行政的统一性；而且符合公民的利益，公民需要并且必须知道哪一个行政机关负责处理自己的事件。遵守管辖权不是单纯的形式主义（例如这种看法：只要决定的内容正确，由哪一个行政机关决定

① 杨解君：《行政法学》，中国方正出版社 2002 年版，第 146 页。

② 章剑生：《行政管辖制度探索》，《法学》2002 年第 7 期。

③ 张显伟：《诉讼机制不能解决行政权限争议问题之分析》，《政法论丛》2017 年第 5 期。

是无关紧要的），因为只有主管机关才具备受过专门训练、通晓专业的人员和必要的设备，而这正是做出正确决定的保障所在。例如有一辆油罐车倾翻，油料溢出，地下水将遭到污染。这一事件是由排除危险主管机关的警察机关管辖，还是由专门的水行政机关管辖，并非没有重要意义。水行政主管机关具备专业知识，特别是地下水地理结构和地下水平线的知识，能够采取更为有效的消除危害的措施。警察机关只在出现延迟危险的情况下才享有管辖权。[①]

关于管辖权的类型，学界提出多种分类法，如我国有学者认为行政机关之管辖可以分为三类：1. 事物管辖，指按事物（务）之类别，划分管辖权之归属，诸如内政、外交、环保等均为事物之分类。在事物管辖之中，又可再细分为不同形态。（1）个别管辖，指行政机关仅管辖单一事项或得加以列举之有限事项，例如卫生机关、水利机关、户政机关均属之；（2）一般管辖，指行政机关之管辖事项无法加以列举，换言之，其权限来自概括条款之规定；（3）总体管辖，指在一定地域范围内，除划归其他行政主体或机关掌管之事项外，其余一切事务均有权管辖。2. 土地管辖，指事物管辖所涵盖之地理范围。3. 层级管辖，指同一种类之事务，分属于不同层级之机关管辖。[②]

德国学者把管辖权分成四类：1. 专业管辖权，针对行政机关的主管专业事务。例如，确定哪一个行政机关负责建设事务、职业事务和教育事务等。2. 地域管辖权，针对行政机关活动的空间范围。例如，确定是甲县政府还是乙县政府有权处理某一个事件。3. 级别管辖权，是指以多等级的行政机关机构为基础，用于决定上级行政机关是否以及在何种条件下有权做出决定的权力。4. 专属管辖权。管辖权规定的对象通常是行政机关，而不是行政机关的内部分支机构。而专属管辖权是一个例外：着眼于行政机关的内部领域，确定行政任务职能由特定的机构成员（如机关首长）办理。[③] 从上述分类可知，管辖权所针对的问题是各种各样的行政任务分别由哪一个行政主体（通常是行政机关）

---

① 哈特穆特·毛雷尔：《行政法学总论》，高家伟译，法律出版社 2002 年版，第 513 页。

② 吴庚：《行政法之理论与实用》，中国人民大学出版社 2005 年版，第 130-131 页。

③ 哈特穆特·毛雷尔：《行政法学总论》，高家伟译，法律出版社 2002 年版，第 513-514 页。

负责执行，以及行政管辖领域的广泛性和复杂性。

管辖权作为行政机关活动的基础和范围，其约束力在于：行政机关应当在执行法定任务的同时遵守管辖权的界限，即每一个部门都在各自的权限范围内行使权力和履行职责，不得逾越。权力的这种边界特性有其优点和缺点，优点是在各自的权限范围内可以使公共事务得到强制性解决，既提高了办事效率，又降低了行政成本；缺点是合理界定一个部门行使权力的适宜范围和理想空间，以及划分权力之间的分界线，都是非常困难的事情。由于行政事务的繁杂，行政主体之间因行政事务的管辖权会出现交叉重叠。如我国《产品质量法》第八条规定："国务院市场监督管理部门主管全国产品质量监督工作。国务院有关部门在各自的职责范围内负责产品质量监督工作。县级以上地方市场监督管理部门主管本行政区域内的产品质量监督工作。县级以上地方人民政府有关部门在各自的职责范围内负责产品质量监督工作。法律对产品质量的监督部门另有规定的，依照有关法律的规定执行。"这一条款就规定了关于产品质量监督工作的多重监管主体，不难设想，这些行政主体在具体执法过程中会出现管辖权重叠交叉的情形。

行政主体之间就权限划分所发生的争议，乃是行政权限争议。这种争议的焦点在于行政职权的划分问题。[①] 在实践中，行政执法争议常常因管辖权问题而产生，"如两个或两个以上之行政机关，对于同一事件均认为有管辖权（积极冲突），或均认为无权限而不行使管辖权（消极冲突）时，即出现管辖争议或权限冲突"[②]。无论哪一种情形的管辖冲突，都与职权的初始配置不够清晰、合理、科学等因素有关。因此，为了确保行政主体有效地行使行政管辖权，科学划分行政事务的管辖权是非常必要的。

二、行政管辖权重叠

管辖权是行政职权在不同主体之间划分与配置的结果，以下是对管辖权配置的一般方法的描述，可以有四种情形（见图 1.1）。

---

① 胡建淼：《行政法学》（第 4 版），法律出版社 2015 年版，第 535 页。

② 吴庚：《行政法之理论与实用》，中国人民大学出版社 2005 年版，第 133 页。

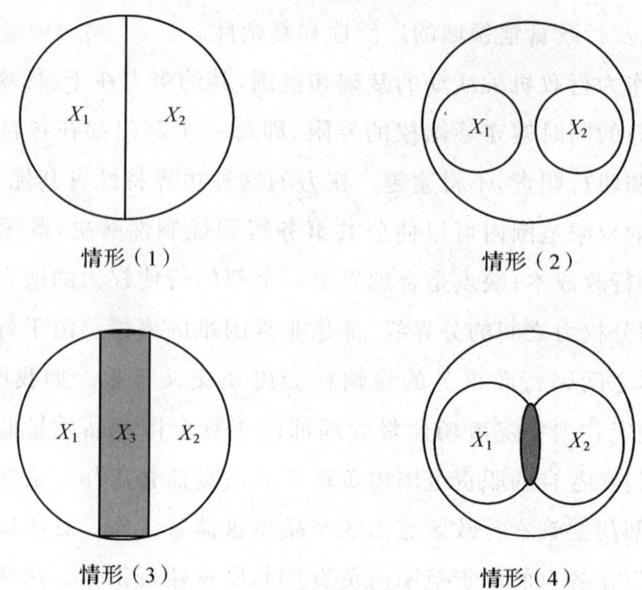

图 1.1 管辖权配置的四种情形

情形(1)：在职权配置周延而不交叉的情况下，两个行政主体不会发生管辖权重叠。机构 A 被赋予管理 X_1 的权限，其中 X_1 是 X 的子集($X_1 \subset X$)。机构 B 被赋予管理 X_2 的权限，其中 X_2 是 X 的子集($X_2 \subset X$)。则 $X_1 \cap X_2 = \varnothing$，且 $X_1 \cup X_2 = X$。也就是，两个机构监管空间的组合是整个政策空间，任何一个行政主体都有其独立的行政管辖区域，在其管辖的行政区域内不发生职权重叠交叉。

情形(2)：机构 A 和机构 B 的联合并没有占据所有的政策空间，即 $X_1 \cup X_2 \subset X$。

情形(1)和(2)之间的重要区别在于，规制领域中可能赋予行政主体的某些潜在权力没有配置给任何一个机构，即对某些领域的管辖尚处于空白，可称为管辖"真空"或监管不足。同时，$X_1 \cap X_2 = \varnothing$，因此机构 A 和 B 都有通过权力扩张将自己管辖范围覆盖至空白地带的可能。

情形(3)：立法机关可以将完整的权力设定给或授予机构 A 和机构 B，但两者均具有非排他性的管辖权。与情形(2)不同，在这种制度下，空间 X 内的所有潜在权力都被充分授予两个机构。两个机构的职权可能是完全重叠的，

例如 $X_1 = X_2 \subseteq X$。或者，更可能的是，每个机构都被赋予一些专属管辖权，但是某些权力子集由两个机构联合持有，例如 $X_1 \cap X_2 = X_3 \subset X$，即两个行政主体的管辖权部分重叠。

情形(4)：立法机关可能会产生一个非排他性的共享管辖权计划，其中授权是不完整的(或非穷举)。每个机构的权限中至少有一部分也与其他机构共享，$X_1 \cap X_2 \neq \varnothing$。

情形(4)与情形(3)的区别在于，政策空间中还有一些权力子集没有明确给予任何一个机构，即 $X_1 \cup X_2 \subset X$。在这种制度下，机构 A 和机构 B 在初次配置职权时就出现了管辖权重叠。另外，由于授权的不完整而存在管辖空白领域，因此还存在后续由于职权扩张而产生新的管辖权重叠交叉的可能，属于管辖权既重叠又不足的情形。

第(1)种情形，即理想的职权配置结构。在理想状态下，各行政机关的行政权限应当互不重叠、矛盾，所有行政机关的权限之和应当等于一国行政权内容的全部，即各行政机关行政职权没有重叠。① 但由于成文法的局限性及社会关系的复杂性等因素，这种理想的应然状态在现实中通常无法实现。在某些情况下，立法机关划分了相对清晰明确的管辖权，但仍然产生了潜在的冲突和不一致。事实上，即便在初始分配时能达到理想状态，在职权行使过程中，也可能出现管辖权重叠问题。

第(2)种情形，在职权的初次划分上看似不存在重叠交叉，也不能完全排除重叠交叉的可能性。虽然各行政主体都有各自明确的专属管辖范围，但由于职权划分不周延，尚存在管辖真空部分，在不明确该如何处置的情况下，对于监管空白地带，如果两个或以上职权部门都想扩张自己的权力去覆盖剩余的规制空间，就会出现管辖权重叠交叉的情形。

在第(3)、(4)种情形中，管辖权的全部或部分重叠，是在职权初次配置时就已经形成的权限重叠，即两个以上的行政主体对相同或相似的社会事务都具有管辖权，这是显性的、静态的重叠。在行政主体实际履行职责的过程中，如果不同行政主体都主张自己对某一事务享有管辖权，争相实施管理，就会出

① 皮纯协:《行政程序法比较研究》，中国人民公安大学出版社 2000 年版，第 440 页。

现管辖重叠;如果都认为自己对某一事务没有管辖权,相互推诿,拒绝履行监管职责,就会出现管辖真空。两者虽然结果不同,但均是由管辖权初次分配时的重叠交叉或模糊不清所致。此外,全部重叠的情形也称为重复监管或重复执法,比如对行政相对人的同一行为给予两次以上的行政处罚,就属于重复执法。在实践中,行政管辖权完全重合的情形并不多见,最为普遍的是管辖权的部分重叠交叉。

综上可知,行政管辖权的重叠可产生于多种情形。换言之,上述四种职权配置的情形都会产生管辖权重叠的结果。那么,究竟什么是行政管辖权重叠?管辖权重叠,也可称为管辖权竞合,是指在某些规制领域中,两个以上的行政机构同时享有对某一事项的管辖权或对同一事项的不同方面共享管辖权。这一定义是广义上的概念界定,包含了职权重复、交叉、空白、分散等形式。根据这一定义,可以初步了解管辖权重叠的特征:一是管辖权的重叠发生于两个以上的行政主体之间;二是管辖权的重叠发生于对同一事项或同一领域的行政职权之间。从管辖权重叠的原因、性质、后果等因素出发,可以对其表征作进一步分析。

首先,管辖权重叠的对象通常是跨界公共事务。这里的"跨界"表现为两个方面。一是"相同或相关问题",即事物的相似或相关性特征。其中,相关程度的不同直接影响管辖权的重叠与否:(1)如果问题不相关,通常不会发生管辖权重叠。例如,美国证券交易委员会(Securities and Exchange Commission,SEC)可能会对公司的财务信息披露进行监管,而 EPA 可能会对其废水排放进行监管。(2)问题居于不相关与相关之间,即问题可能看似相关或是关系松散。例如,新工厂可能需要获得陆军工程兵团的许可才能填平湿地用于建造工厂,同时需要从环境保护局那里取得运行许可证以排放空气污染物。这种情形存在管辖重叠的潜在可能性。(3)如果这些问题密切相关,通常管辖权重叠较显著。例如,环境保护局和职业安全与健康管理局(Occupational Safety and Health Administration,OSHA)两个机构都在规范相同的行为:工作场所中有潜在的有害物质,因此两者所监管的对象或问题密切相关。可见,问题越紧密相关,管辖权重叠就越显著。[①] 二是对同一事务的管辖跨越两个以上的行政区域。例如河流污染治理、公共危机管理等,涉及两个以上的行政区域,使得有两个以上的行政区域的行政主体对这一行政事务都有管辖权:当这些行政主体都想行使管辖权时,就会产生管辖权的重叠;当这些部门都不想行使管辖权时,就会发生管辖空白。

第二,重叠的管辖权常见于审批权、处罚权和强制权等职权类型。特别是在我国,管辖权的重叠主要集中于审批权和处罚权。例如,长期以来,对于"建设工程项目方案设计"的审批权归属城建部门还是规划部门,"交通工程设计方案"的初审权属于国家发改委还是交通部门,双方据理力争,互不相让。[②] 其中,国家发改委的审批权常与其他多个部委之间存在重叠交叉,如国家发改委与新闻出版总署对网络游戏的审批,国家发改委与财政部之间关于招投标项目的审批,国家发改委与国家能源局之间关于能源项目投资的审批以及能源价格等事项管理等。又如,在行政执法领域,我国城管部门与原有部门之间存在权限不清和部分职权重合。我国《行政处罚法》第十六条规定:"国务院或者经国务院授权的省、自治区、直辖市人民政府可以决定一个行政机关行使有关行政机关的行政处罚权,但限制人身自由的行政处罚权只能由公安机关行使。"该法条并没有对职权范围进行一个清晰的划分,导致城管执法部门和原来的职能部门存在着执法权限上的重叠。针对同一领域或同一违规事项,地方不同层级的政府部门具有类似的执法权。尤其是在大中城市,存在市级部门和区级部门甚至街道办事处层级之间的交叉执法现象。[③]

此外,管辖权重叠与权限争议、越权行为等关系密切,但又互不等同。重叠的管辖权是产生行政权限争议、执法冲突的主要原因,管辖权边界模糊也是造成行政越权行为的一个重要因素。与行政违法行为不同的是,重叠管辖权的实施并非必然导致行政违法行为,也可能是行政主体之间"依法打架",一般只有在超越自己权限范围行使职权时才构成越权违法。管辖重叠与管辖不足

① Todd S. Aagaard. Regulatory Overlap, Overlapping Legal Fields, and Statutory Discontinuities. Virginia Environmental Law Journal,2011,29(3):237-303.

② 骆梅英:《行政审批制度改革:从碎片政府到整体政府》,《中国行政管理》2013年第5期。

③ 赖先进:《行政执法中跨部门协同存在的问题及其改进》,《福建行政学院学报》2018年第6期。

或管辖空白也密切相关，虽然从形式上看两者似乎截然相反，但管辖不足常常会导致管辖权的扩张与争夺，进而在原本存在管辖空白的部分监管空间形成管辖权重叠现象。

第二节 管辖权重叠的现状

一、管辖重叠的类型

管辖重叠的各种类型，显示了这些机构之间管辖权重叠的方式和程度。按照不同标准，管辖重叠可以划分为不同类型。

不同国家行政主体的类型与性质不同，相应的管辖重叠类型也各有不同。在我国，按照职权重叠的机构性质划分，管辖重叠可分为职权主体之间的管辖重叠，如政府职能部门之间的管辖重叠，地方政府部门与中央部委派出机构之间的管辖重叠等；职权主体与授权主体之间的管辖重叠，即行政机关与法律法规授权的组织之间的管辖重叠。管辖重叠还可能发生职权主体、授权主体、委托主体之间的相互交叉重叠。在美国，因为行政主体的构成比较复杂，按照机构性质划分，行政管辖权重叠可有四种情形：(1)独立行政机构之间的管辖重叠。独立行政机构，也称独立管制机构，由国会立法创制，受总统和国会的共同控制，基于某种立法目的或立法原因会产生机构之间的管辖权重叠，如EPA和OSHA都规定了因暴露于危险和有毒物质而导致的工作场所的某些风险。(2)政府行政部门和独立行政机构之间的管辖重叠。例如，机构A可能是国家劳动关系委员会，机构B可能是行政法法官。(3)联邦政府和州政府之间的管辖重叠。例如，美国的石油和天然气开发，包括非常规石油和天然气，受到联邦政府和州政府的共同监管，这些联邦和州法均涉及多种勘探和生产过程。(4)政府系统内部，如职业安全与健康管理局和矿山安全与健康管理局(Mine Safety and Health Administration，MSHA)之间的管辖权分割。

按照职权主体的层级划分，管辖重叠可以分为纵向重叠和横向重叠。纵向重叠是指管辖权重叠发生在不同层级的行政主体之间，包括中央与地方之间，同一地方具有隶属关系的上下级行政主体之间，不同地方不具有隶属关系的上下级以及同一地方不具有隶属关系的上下级之间。横向重叠是指平行级别的行政执法主体之间的权限争议，横向重叠又可分为同一层级的地域重叠和部门重叠，包括同一区域内的同级行政部门之间和不同区域内的同级行政部门之间的管辖权重叠的情形。在美国，按照所涉政府机构的层级关系划分，有垂直监管重叠和水平监管重叠两类。垂直监管重叠即各级政府机构之间的纵向监管重叠，例如联邦和州的监管竞合。水平监管重叠即在同一级政府机构之间出现横向监管重叠，如EPA-OSHA重叠就是水平监管重叠的情形。

按照冲突主体的数量划分，管辖重叠可以分为单一主体冲突和多主体的冲突。单一主体冲突是指两个行政机构之间的冲突；多主体的冲突是指两个以上的行政机构之间的冲突。如美国三个最古老的独立管制机构，美国联邦贸易委员会(Federal Trade Commission，FTC)、美国食品药品监督管理局、美国邮政总局，长期以来一直共同拥有对欺骗性推广食品、药品、医疗器械和化妆品行为的监管权。有些时候，重叠发生在更多机构之间。比如，美国消费者健康和安全监管领域有五个监管机构：联邦贸易委员会、食品药品监督管理局、邮政署、消费品安全委员会和环境保护局。这五个机构相互之间存在不同程度的管辖权重叠。①

按照重叠的产生环节、内容等划分，管辖重叠可以有多种分类。根据产生的环节不同，管辖重叠可以分为立法上的重叠和执法上的重叠。立法上的重叠是指职权初始配置时形成的静态的权限重叠；执法上的重叠是指在执法过程中形成的动态的管辖重叠。根据重叠的内容不同，管辖重叠可以分为执法依据的重叠或冲突和执法目标任务的重叠。行政主体对同一公共事务适用不同的法律法规，或者对同一法律法规有着不同的理解，从而产生执法依据的重叠；执法目标任务的重叠表现为行政主体在行使同一事务管辖权时都站在各自的管理目标与立场上，进而产生管辖权限的争议。此外，根据重叠的表现方式，管辖重叠还可以分为显性重叠和隐性重叠。显性重叠一般是指行政职权初次分配时通过立法对职权做出了重叠交叉的规定，而且这些规定比较容易

① Teresa M. Schwartz. Protecting Consumer Health and Safety: The Need for Coordinated Regulation among Federal Agencies. Washington Law Review, 1975,43(4): 1031-1076.

被识别和发现的情形;隐性重叠是指虽然在法律规定上对职权的划分模糊不清,在法律规范具体实施和执行时产生了权限争议和冲突的情形。

二、重叠的管辖领域

管辖重叠现象在美国联邦政府系统普遍存在,在整个行政国家的几乎经济与社会规制的每个领域都能发现这样的现象。GAO 专门调查了联邦政府中广泛的任务分散和计划重叠。2011 年,GAO 报告中提出,有 34 个领域涉及行政机构管辖重叠,表现为具有相似或重叠的目标与任务,或者是为同一群体提供类似的服务,或者是政府任务分散于多个机构或计划中。这些重叠的管辖所涉范围很广,涵盖了一系列政府管理领域,包括农业、国防、经济发展、能源、卫生、国土安全、国际事务和社会服务等。这份报告涉及数百个联邦计划,几乎影响到所有主要的联邦部门和机构。[①] 表 1.1 显示了 GAO 的一次调查结果。[②]

表 1.1 潜在的碎片化与重叠领域

任务领域	计划
农业	·食品安全
商业和住房信贷	·金融机构监管
社区和区域发展	·社区发展 ·经济发展 ·应急准备 ·住房 ·乡村发展
教育、培训、就业和社会服务	·早期儿童计划 ·就业培训 ·学生援助

① GAO. Opportunities to Reduce Potential Duplication in Government Programs, Save Tax Dollars, and Enhance Revenue, GAO-11-318S, March 2011.

② GAO. Managing for Results: Barriers to Interagency Coordination, GAO/GGD-00-106, March 2000.

续表

任务领域	计划
科学、空间和技术	·高性能计算 ·国家实验室 ·研发设施 ·小企业创新研究
政府部门	·联邦统计机构
健康	·长期护理 ·药物滥用 ·核健康与安全 ·远程医疗 ·青少年怀孕预防
收入保障	·托儿服务 ·福利和相关计划 ·青年计划 ·无家可归者计划 ·针对残疾人的计划
防御	·制导武器系统 ·电信 ·军事医疗保健 ·卫星控制系统 ·非医学化学和生物学 ·研究与开发
国际事务	·教育计划 ·政策制定和实施
执法	·边境检查 ·药物控制 ·调查权 ·贩毒 ·打击恐怖主义
自然资源和环境	·联邦土地管理 ·国际环境计划 ·危险废物清理 ·水质

以其中的“无家可归者计划”为例，GAO 报道，联邦政府共有 8 个联邦机构管理的 50 个项目可以为无家可归者提供服务。这 50 个项目中，有 16 个行政计划的重点是帮助对象只限无家可归者，其余 34 个行政计划重点是帮助包括无家可归者在内的一般低收入人群。这两种类型的计划都提供了住房、医疗保健、工作培训和交通等一系列服务。在某些情况下，多个机构提供的服务似乎相似。例如，GAO 发现由 4 个机构运营的 23 个项目提供住房服务，6 个机构管理的 26 个项目提供食品和营养服务。① 另外，与“为无家可归者提供的联邦援助”相类似，政府系统存在两组向残疾人提供援助的联邦计划。第一组使用各种残疾定义作为资格审查的核心标准，并包括 30 个行政计划，1999 年财政年度估计支出总额为 1100 亿美元。第二组将残疾作为计划参与的许多潜在标准之一，由 40 个行政计划组成，包括医疗保险和医疗补助，申请者的年龄、收入等也可作为基本的资格条件。由于不同机构之间的标准不一，残疾人可能会得到重复的或者不一致的服务或援助。②

2010 年，美国国会指示 GAO 每年实施一次调查，确定“潜在重复、重叠和分散的领域，如果得到有效解决可以提供财务和其他福利”③。经过几年的努力，监管重叠在今天仍然是一个棘手问题。例如，2018 年的 GAO 报告，指出了国会或行政部门机构可以在 23 个领域采取的 68 项新行动，其中 13 个领域中的 25 项行动涉及政府任务和职能的分散、重叠或重复。该报告还指出，“减少或消除重复、重叠或碎片化可能每年可节省数十亿美元的税收，并帮助各机构提供更有效的服务”④。

在我国行政管理与执法领域，特别是能源、交通运输、环境保护、互联网、电信等领域或行业，经常存在政府职能的交叉与重复。以能源监管为例，国家

---

① GAO. Homelessness: Coordination and Evaluation of Programs Are Essential, GAO/RCED-99-49, February 1999.

② GAO. Managing for Results: Barriers to Interagency Coordination, GAO/GGD-00-106, March 2000.

③ GAO. Opportunities to Reduce Potential Duplication in Government Programs, Save Tax Dollars, and Enhance Revenue, GAO-11-318S, March 2011.

④ GAO. Annual Report: Additional Opportunities to Reduce Fragmentation, Overlap, and Duplication and Achieve Other Financial Benefits, GAO-18-371S, April 2018.

能源局作为国家发改委管理的国家局，负责推进能源体制改革，负责核电管理，监管电力市场运行，但国家发改委对能源行业行使着重要管理权，国家安监总局负责能源领域的常规安全生产，环境保护部负责能源环境与核电安全监管。在环境保护领域，也存在“水里和陆地的不是一个部门，一氧化碳和二氧化碳不是一个部门管”的情形。这造成多个部门针对同一管理对象进行不同角度的多重管理，加大了行政管理成本，降低了行政效率，使监管交叉与监管真空并存，增加了行政相对人负担，乃至令行政相对人无所适从。[①]

从行政执法实践看，食品药品安全、工商质检、公共卫生、安全生产、文化旅游、资源环境、农林水利、交通运输、城乡建设、海洋渔业等领域管辖重叠现象较为突出。[②] 以林业执法为例，林业行政执法权分属于各级林业局、自然保护区管理局以及木材检查站、种苗站等多个部门，没有形成统一的执法机构。执法主体过多，并且执法主体之间职责交叉重叠，执法标准不统一，直接导致林业行政执法工作的混乱。如我国《种子法》规定了由农业、林业行政主管部门以及工商行政管理机关等三个部门共同行使处理生产、经营假、劣种子的执法权，导致实践中部门之间经常争权或推诿责任，重复执法或执法效率低下等现象频发。[③]管辖重叠现象的普遍性对行政主体实施有效治理而言将是一个持久的挑战。

第三节 管辖重叠与碎片化

与管辖重叠密不可分的另一概念是管辖碎片化管理或分散管理。无疑，

① 参见文华维，陈仪方：《能源监管体制何往：国家能源总局会是选项吗?》，《南方能源观察》2017年3月7日。冉冉：《中国地方环境政治：政策与执行之间的距离》，中央编译出版社2015年版，第58-59页。杨志云，殷培红，夏冰：《政府部门职责分工及交叉的公众感知：基于环境管理领域的分析》，《中国行政管理》2015年第6期，转引自宋华琳：《政府职能配置的合理化与法律化》，《中国法律评论》2017年第3期。

② 2014年10月，《中共中央关于全面推进依法治国若干重大问题的决定》从建设法治政府高度要求：“推进综合执法，大幅减少市县两级政府执法队伍种类，重点在食品药品安全、工商质检、公共卫生、安全生产、文化旅游、资源环境、农林水利、交通运输、城乡建设、海洋渔业等领域内推行综合执法，有条件的领域可以推行跨部门综合执法。”由此可知，上述这些领域是行政执法实践中管辖重叠较为突出的领域。

③ 于游：《我国林业行政执法改革问题探析》，《经济师》2018年第12期。

管辖权重叠问题的研究绕不开"碎片化"这一术语,两者关系甚为密切,国内学术文献中通常混合使用而不对两者作明确的区分。事实上,无论从语词含义还是实际蕴意来说,"重叠"与"碎片化"并不一致,虽然两者常常密不可分。

一、碎片化管理概述

"碎片化"原意是完整的东西破成诸多零块。它最先在传播学中使用,是描述社会传播语境的一种形象性说法。如今,"碎片化"一词广泛运用于技术领域、社会领域和政治领域。在政府管理领域,"碎片化"指向的是部门内部各类业务间分割、一级政府各部门间分割以及各地方政府间分割的状况。[①] 20世纪70年代末西方各国新公共管理运动所采取的分散化、分权化的改革措施,在某种程度上加剧了政府管理"碎片化"的状况。西方学者李侃如(Lieberthal. K)、兰普顿(D. M. Lampton)等用"碎片化"来描述中国的决策体制,强调政府各部门的官僚会根据其所在部门的利益进行政策制定,或是部门利益会影响政策制定过程,中央政府各部门之间、中央和地方政府之间、各级地方政府之间通过在项目谈判中的争论、妥协、讨价还价,最后才制定出公共政策。[②]"碎片化"政府管理模式形成于工业革命时代,其专业分工、功能分割的古老理念在一个多世纪的管理实践中产生了积极的贡献,同时也导致了诸多流弊。

20世纪70年代末西方各国新公共管理运动所采取的分散化、分权化的改革措施,在某种程度上加剧了政府管理"碎片化"的状况。新公共管理在机构设置上的主要做法是政府部门进行高度的专业分工,建立起很多专业化、分散化的执行机构,此举旨在打破官僚制组织高度集中的政府体制,引入竞争机制,提高行政效率。然而,像官僚制组织一样,新公共管理也会陷入效率悖论,原本打破高度集中的政府体制,实现分散化、专业化的政府体制就是为了提高行政效率,而部门碎片化导致的部门之间的冲突却严重降低了政府的行政效

① 谭海波,蔡立辉:《"碎片化"政府管理模式及其改革——基于"整体型政府"的理论视角》,《学术论坛》2010年第6期。

② Kenneth G. Lieberthal, David M. Lampton. Bureaucracy, Politics and Decision: Making in Post-Mao China. Berkeley: University of California Press, 1992: 78.

率，极大地增加了政府的行政成本，阻碍了政府目标的实现。

与管辖重叠一样，在“碎片化”政府管理模式下，碎片化管理也可能导致行政效率低下。如皮埃尔·卡蓝默在《破碎的民主：试论治理的革命》一书中所说：“眼下的治理与科学生产体系一样，基于分割、隔离、区别。职权要分割，每一级的治理都以排他的方式实施其职权。领域要分割，每个领域都由一个部门机构负责。行动者要分割，每个人，特别是公共行动者，都有自身的责任领域。对明晰的追求，出发点是好的，即需要区分权力、明确责任，但是当问题相互关联时，当任何问题都不能脱离其他问题而被单独处理时，这种明晰就成了效率的障碍。”[①]由此，碎片化的职权分工和分散化管理，与管辖权重叠一样，对于跨界公共问题，都会形成监管权力的共享空间，可能造成互相扯皮和推诿，也可能争相管理导致管辖权限之争。

碎片化监管今天仍然是一个问题。美国地方政府体制的“碎片化”，是地方政府数量庞大、功能重叠、边界不清的形象称谓。从美国开始大都市区化进程至今，地方政治权力在诸多地方政府之间的分割，及其所产生的地方政府体制的分裂，即“碎片化”，构成有效解决大都市区经济与社会问题的结构性障碍，甚至有时候还被认为是产生大都市区多种经济社会问题的主要原因。[②]即使在单一机构对相关行政计划拥有集中权力的情况下，碎片化现象也不可避免。例如，虽然一个机构拥有对湿地的主管权力，但另一个机构可能对濒危物种负责，第三个机构将有权建设水电项目，还有一个机构则负责环境污染标准的制定。联邦和州法仍然倾向于通过媒介类别划分环境监管权，例如空气、水和固体废物，这使得单一机构难以制订全面的监管计划。然而，一种媒介的环境监管经常会对其他媒体产生溢出效应。例如，用于减少尾气排放的燃料，含有氧化合物如甲基叔丁基醚，已被发现从地下储罐泄漏并污染供水。在这些情况下，解决一种媒介中的污染问题即在另一个场景中创制了新的问题。一些环境法规只是解决了一个整体环境问题的一部分，例如，《濒危物种法》重点关注面临灭绝风险的物种。整合生物多样性为一个整体目标，将是保护物种

① 皮埃尔·卡蓝默：《破碎的民主：试论治理的革命》，高凌瀚译，生活·读书·新知三联书店2005年版，第11页。

② 罗思东：《美国地方政府体制的“碎片化”评析》，《经济社会体制比较》2005年第4期。

所依赖的栖息地的一种更优方法。鉴于联邦法律体系的不完整性，一些改革倡议者认为环境法规和资源管理必须更加“全面”就不足为奇了。[①]

在我国，碎片化管理同样造成了部门间分割治理的情形，同一政府内按照不同职能细化部门设置，隔行如隔山，协作不够；甚至同一职能部门内，决策、执行、技术、监督各环节之间脱节，衔接不够。例如，2013 年之前，按照《中华人民共和国药品管理法》的规定，虽然药监部门是负责药品监管的主要部门，但是，药品监管的职能被高度分散在其他政府部门手中，工商局负责药品广告监督，经信局负责互联网药品监管，质监局负责质量监督。这是政府职能碎片化的真实体现，药监职能被高度分散在多个政府部门手中，药监局虽然是药品监管名义上的负责部门，但是，它必须与其他部门配合才能实现完整的药品监管。[②] 又如，2013 年设立的国家能源局已是最重要的能源管理机构，其管理范围包括电力、煤炭、石油、天然气、核电、新能源等能源品种。然而，能源行业相关的其他职能继续分散于其他若干部门。国土资源部直接管理石油、天然气、天然铀矿业权；中央及地方国土资源主管部门分级管理煤炭矿业权以及土地使用权；国家安监总局负责能源领域的常规安全生产，国家煤监局专门负责煤炭的勘探开发生产安全。环保部负责能源环境与核电安全监管。国资委负责能源类中央企业的部分人事任免和业绩考核。[③] 尽管这种分裂可以使得能源监管在某些方面更方便，促进专业知识的发挥与发展，但也可能适得其反。

在行政审批领域，则表现为各机关标准林立、条件丛生、程序冗繁、互为掣肘的图景。部门分治下的行政许可实施体制，其实质是审批事权条状分割于各职能局委。审批机关之间“依法打架”的现象，不仅表现为实体审查标准之间的冲突，而且也表现为环节、程序之间的互为前置、循环往复。一个典型的例子是，某企业在申请工商营业执照时，工商局以《建设项目环境保护管理条例》为依据，要求该企业提供环境影响评价文件，当企业向环保局申请环境影

① Jody Freeman, Daniel A. Farber. Thirty-Fourth Annual Administrative Law Issue Incrementalism and the Administrative State. Duke Law Journal, 2005,54(1): 795-909.

② 王清:《政府部门间为何合作:政绩共容体的分析框架》,《中国行政管理》2018 年第 7 期。

③ 文华维,陈仪方:《能源监管体制何往:国家能源总局会是选项吗?》,《南方能源观察》2017 年第 3 期。

响评价时，按当地《企业投资项目备案办法》要求需提供项目备案文件，而当企业转而履行项目备案程序时，国家发改委又要求提供工商营业执照。由此，相对人仿佛掉入了一个环环相扣的“程序迷宫”里，找不到出口。[①]

二、重叠与碎片化相伴生

碎片化管理与管辖权重叠两者关系密切。一方面，碎片化常常带来重复性劳动。以政府信息资源管理为例，政府信息资源的产生、加工、存储、利用、传播均由不同部门实施，相同的信息往往在不同的部门都要进行存储、加工和管理，这其中就存在许多重复性劳动。在政府信息化进程中，不同政府部门系统可能由不同的系统集成商完成；由于各部门未统一考虑数据标准或信息共享问题，往往围绕单项业务、引进孤立的应用程序，这使得各部门比较注重自己“系统”内部的信息化建设，注重与本部门职权有关的信息采集和保护。而各部门信息系统之间却互不相通，数据库无法衔接，造成信息割据及管理分散的局面，从而形成了一个个所谓的“信息孤岛”。[②] 另一方面，碎片化管理常常因职权界限不清或权力扩张导致管辖权重叠。在碎片化程度严重的地方，没有单一的机构能担负起更大的整体职责，相关行政任务与职责的分散化配置加剧了制度风险。一个典型的例子是美国金融规制体系中有5个联邦机构，有些是独立管制机构，有些是行政部门，在金融监管体制中扮演不同的角色。在这个体制中，单一金融机构或金融产品受到多个联邦机构的监管，从而创制了监管不一致或不和谐的可能。

两者也是有所区别的。管辖权重叠通常表现为职权划分与配置的副产品，职权配置首先基于权力分工与职权划分，按照职权性质、类别、管理目标等，把权力配置给不同行政主体。理想状态下，职权划分与配置应该全面、周延、不重复，而且不同职权边界应清晰而不交叉，但由于种种原因，会产生部分职权的划分与配置重复交叉的情形，即管辖权重叠。在行政治理实践中常表现为重复执法、过度监管等。碎片化通常是指行政管理或执法所表现的状态

---

① 骆梅英：《行政审批制度改革：从碎片政府到整体政府》，《中国行政管理》2013年第5期。

② 谭海波，蔡立辉：《“碎片化”政府管理模式及其改革——基于“整体型政府”的理论视角》，《学术论坛》2010年第6期。

与结果，即碎片化管理、分散管理。但是这一执法状态也与行政职权的划分配置密切相关，表现为职权碎片化。具体来说，碎片化是职权划分的标准是否合理的问题，传统上按照行业类别划分，在同一行业又按照事务类别划分，比如能源行业又按照不同媒介类别，如煤炭、石油、天然气等划分职权，由此产生职权碎片化与分散管理。在行政管辖实践中常表现为多头管理、分裂执法等。碎片化也可谓权力分工与专业化的必然产物，但碎片化与权力分工不同。碎片化是把同一事项的不同环节或领域的监管权配置给不同行政主体，即将一个整体的规制空间分成若干部分后配置给不同行政主体以行使管辖权；权力分工是按照行业或类型划分，比如食品行业、金融行业等。分工与专业化是现代管理的一个基本表征。

碎片化与重叠之间错综复杂的关系体现在，两者既是职权配置模式也是行政管理与执法的表现形态，但并非是两条互不相关的并行线，相反两者常处在相互交织难以剥离的关系之中。其中，两者的紧密联系是主要的。首先，碎片化常常是引发管辖重叠的一个原因。职权划分与碎片化配置，同时职权配置模糊、权力边界不清晰，从而导致多头重复交叉执法，即管辖重叠。其次，行政主体对管辖空白领域或模糊地带的权力扩张，导致原本各行其是的状态逐渐演变成管辖权的交叉或共享状态。因此，在职权划分与配置的理想与完美的应然状态下，两者显然并不相同，但在行政治理的实然状态下，两者不可分割或密不可分，尤其是在跨界问题的治理上，碎片化可以是管辖重叠的一个原因，也可以是管辖重叠的一种表现样态。从执法层面看，两者还可能相互转化，碎片化可能转化为管辖重叠问题，而在管辖重叠状态下，如果两个机构均消极对待职权，互相推诿谁都不管，则变成了分散管理。事实上，重叠和碎片化常常出现在同一个行政职权争议之中，可以说是一个问题的两个面向或维度，两者都面临机构协同的挑战，都会引发管辖权争议或执法矛盾冲突，均不利于提高行政效率，容易造成行政主体之间互相扯皮和推诿责任。因此，重叠与碎片化相伴生。

碎片化管理与重叠管辖的交织在环境和资源管理领域表现得尤为突出。

以美国“多维治理漏油事件”[①]为例管窥管辖重叠与分割的并存。由这一深水漏油事件及其治理过程可知，管辖重叠与分散的问题几乎遍及美国深水钻探监管和溢油应对的每个方面。一方面，泄漏的监管后果发生于两个法律制度的交叉点：一个管理离岸活动，另一个处理石油泄漏和其他灾害。另一方面，这两种管理制度都跨越各级治理，从国际到美国本地，并涉及这些层面的多个监管主体。具言之，涉及深水钻井和石油泄漏的法律制度有五方面：纵向（跨治理层面）、横向（在治理层面内）、层级方向、合作性和公私合作动态，其核心挑战之一是监管的重叠与分散。在美国，联邦政府依据《水下土地法》《外大陆架土地法》《沿海地区管理法》对钻井进行了规范，形成了深水钻井的垂直管辖重叠，以及内政部和海岸警卫队之间的水平管辖重叠。这些重叠转化为钻井监管的碎片化管理，因为各级相关政府（联邦、州、地方）都是根据不同监管权力进行治理，这种支离破碎的结构形成了监管复杂性的关键部分，使治理变得更困难。

随着美国独立管制机构数量和国会委任立法数量的大幅增加，这种碎片化带来的治理挑战也在日益加剧。例如，边境巡逻的责任分配给若干机构，包括土地管理局、国家公园管理局和林务局、鱼类和野生动植物管理局等联邦资源监管机构，以及国土安全部内的移民和海关执法局、海关和边境保护局等行政执法机构。这些机构在不同的法规下履行不同的职能，具有独特的使命。联邦土地机构必须管理土地资源，以平衡资源开采与保护。虽然他们的首要职责不是边境巡逻，但他们管理着大部分边境领土，特别是在美国西部。根据《濒危物种法》，鱼类和野生动植物管理局负责保护脆弱物种，由于联邦土地上的活动可能危害这些物种或破坏其恢复，该机构的利益与边境巡逻有关。另一个例子出现在资源管理环境中，其中不同的机构执行特定任务，但没有一个机构负责整个系统的工作。例如，管理联邦政府的水资源需要垦务局和陆军工程兵团之间的协调，每个管理局控制必须分配给各种消费者的某些联邦水

---

① BP 深水地平线石油泄漏事件及其应对措施：近 500 万桶石油泄漏到海洋中，使用了前所未有的 180 万加仑分散剂，该泄漏对生态系统和人类健康的影响及危害将持续多年。泄漏所带来的治理挑战同样令人生畏。参见：Hari M. Osofsky. Multidimensional Governance and the BP Deepwater Horizon Oil Spill. Florida Law Review，September，2011，63(5)：1077-1137.

资产;鱼类和野生动物管理局负责保护依赖于供水的鱼类和野生动物;EPA负责保护国家的水质。这些机构依据不同的法律要求为水系统做很多事情,但没有一个机构能够完成整体或所有的工作任务。

因此,当这些碎片化的职权及其相应机构,作用于同一事物时,就可能产生管辖重叠。事实上,在具体的行政管理和执法实践中,我们也难以将管辖权的重叠与碎片化完全分离。因此,本书探讨的行政管辖权重叠,是一种广义上的包容性概念,即包含了职权碎片化或分散管理问题,至少是部分交叉或相似的。

第二章 成因分析与影响评价

如前文所述，管辖权重叠的现象在行政治理实践中普遍存在，常常引发权限争议或执法冲突，那么管辖权重叠究竟是如何形成的？它给行政法治带来怎样的消极影响？是否存在潜在的益处？这些问题的解答既是对管辖权重叠现象的进一步认知，也是为寻求防范与控制管辖权重叠的有效机制提供逻辑与现实基础。

第一节 管辖权重叠的原因分析

行政管辖重叠的产生原因是多方面的，其受到政治、经济、立法、社会、科技、文化等多重因素的影响，其中有主观原因和客观原因、直接原因和间接原因等，通常这些原因相互交织在一起，如立法原因中既有客观因素也有主观因素。有些是很多国家普遍存在的共同原因，有些则是不同国家有所侧重的个性因素。这些错综复杂的原因基本上可以归入行政原因和立法原因两个大类。

一、行政原因

行政原因包含了多方面与行政体制相关的因素，主要是机构设置、职权配置、部门利益、社会事务等与行政主体或行政活动相关的主客观因素。

（一）机构设置因素

首先，机构设置标准不合理，与经济社会发展不相适应。在我国，管理权限划分上，没有按市场经济发展的内在要求，根据大产业划分来设置综合性管理机构，而是沿袭计划经济的模式，分行业按产品来设置管理部门，如能源产品有煤、电、水、核能等，交通运输有公路、铁路、水路、航空等，于是行政机关就要设置相应的部门进行管理，行业、产品的复杂交错必然导致部门设置的重叠与部门职责划定的边界不清。这种思维模式又深刻地影响了初始阶段的行政法制建设工作，从而导致有些法律法规对于某些行政职权的规定相互冲突。①

其次，机构增设与调整具有一定随意性，容易产生职权重叠交叉。我国《地方各级人民政府机构设置和编制管理条例》规定，“地方各级人民政府行政机构应当根据履行职责的需要，适时调整。”据此，当一项公共事务出现，需要政府承担相应的行政职责时，政府就可能通过立法或其他形式设置一个新的行政组织来承担和履行相应的行政职能。② 根据以上规定，机构的设立、撤销、合并或者变更由上级机关批准，本级人大常委会备案即可，没有明确严格的实体和程序规定与要求，导致机构设立、变更等具有较大的随意性，这种随意性也体现在职权配置时没有认真审查与原有机构或相关部门之间的职权划分问题。因此可能使新设立行政组织与原来的机构组织之间产生管辖权重叠。

再次，条块分割与职责同构的行政结构，导致职权重叠的潜在可能。我国行政结构是条块分割的，而这种条块结构的典型特征为“职责同构”，即每一级政府都管理大体相同的事情，相应地在机构设置上表现为“上下对口，左右对齐”。职责同构为纵向职权冲突留下了隐患：各级政府的职权重叠，缺乏独立性，致使上下级职权界限不清，从而导致职能部门从有利于自身利益的角度，争抢立法权与管理权，致使职权冲突不断。③ 例如，在我国行政执法体系中，综合执法部门在不同政府层级的执法权责与执法力量的配备具有较大程度的同构性，不但各个执法部门有执法队伍，同一个部门各层级之间也存在着多支执法队伍。这种执法队伍林立，缺乏有效的协同与整合的格局，容易导致多头执法、多重执法问题的发生。④ 另外，条块分割的行政管理体制，也会导致同一事项的条条管辖与块块管辖之间的重叠，如国务院部委规章与地方政府法规之

① 应松年：《完善行政组织法制探索》，《中国法学》2013 年第 2 期；常健，翟秋阳：《论政策执行过程中的职权冲突及其化解》，《中国行政管理》2007 年第 11 期。

② 贾圣真：《行政任务视角下的行政组织法学理革新》，《浙江学刊》2019 年第 1 期。

③ 常健，翟秋阳：《论政策执行过程中的职权冲突及其化解》，《中国行政管理》2007 年第 11 期。

④ 赖先进：《行政执法中跨部门协同存在的问题及其改进》，《福建行政学院学报》2018 年第 6 期。

间通过立法对同一事务各自做出规定，就可能产生管辖权重叠。如果重叠的内容一致，或可强化政策法律的贯彻落实或者相对人权益的保障；如果重叠部分的内容不一致，就可能导致管辖争议或执法冲突。

最后，机构规模过大亦会导致管辖权重叠，因为“每一个大型组织都会与那些同它打交道的其他社会机构产生或多或少的冲突”[①]。机构规模大往往意味着管辖的事务更多、范围更广，这就增加了与其他行政部门职权交叉的可能性。

（二）职权配置因素

管辖权重叠的一个主要问题源于行政主体不确定的管辖权。管辖权的不确定又是由职权配置模糊不清或不合理所致。在我国，行政主体的职权主要是通过法律设定与授权两种方式进行配置的，就现状而言，存在的问题主要包括：一是行政组织法体系尚不健全，在职权配置上发挥的作用还有欠缺。二是部门立法制度的局限性。立法起草者从各部门利益出发设定机构职权，而且部门之间缺乏有效的协商沟通机制，立法信息不能充分共享，因而，各自设定的职权在管辖范围上容易发生重叠交叉。三是立法者认知的局限性。客观事物复杂多样且相互关联，人的主观能力无力穷尽，难以做到完全清晰科学地界分与归类，进而很难做到把管辖权力完整地配置给相应的行政主体，而不发生重复交叉或者空白错漏。四是客观事物并非静止不变，而是处在不断变化发展中，特别是随着高科技的快速发展，新事物层出不穷，旧事物不断更新，“由于客观情况发生变化，原先的行政权限划分已不符合客观实际”[②]。而现状是，职权划分与配置的方式及标准，基本沿袭原有模式，主要按照事务类型和行业类别来划分职能，政府的这种管理方式在面对复杂而又普遍联系的公共事务时却并不是最适宜的。

（三）规制对象因素

每一个官僚组织领域最重要的特性之一，就是其组织的界限模糊，这种模糊性来自于现代社会本身复杂的相互依赖性。[③] 作为行政规制对象，社会事务

① 安东尼·唐斯：《官僚制内幕》，郭小聪译，中国人民大学出版社2006年版，第230页。
② 莫于川：《行政职权的行政法解析与建构》，《重庆社会科学》2004年第1期。
③ 安东尼·唐斯：《官僚制内幕》，郭小聪译，中国人民大学出版社2006年版，第229页。

本身的性质特点会影响到职权划分与机构设置的科学性与合理性，具体包括两方面：

一是社会事物的多重混合属性导致问题的相关性或跨界性。管辖重叠通常发生于跨界公共事务管理领域，因为一般的公共问题有各自的管辖归属，由相对应的行政主体在其所管辖的权力范围内就可以解决，不至于引起行政职权的重叠或冲突。跨界公共问题从广义上界定，可以分为两类：一类是跨越了双方或多方的权力管辖范围，它在任何一方的权力范围内都无法得到解决；另一类处于权力边界的真空地带，谁都不跨越，却又处于这个系统范围内。跨界公共问题是客观存在的，而且随着社会发展，越来越多的社会公共问题具有跨界限、跨领域的特征。

二是事物的流动性或动态性导致问题的跨区域性。有些事物如气态和液态物体具有流动性、扩散性特征，比如在水污染问题中，水是流动的，可以跨不同的区域，会造成地表水污染、地下水污染，也会给水生物、居民带来污染。对此类事物进行管理必然会涉及多个组织部门，如果按照事物的媒介如空气、水资源等分门别类地划分给不同的机构来管辖，就会造成职权的重叠交叉。换言之，一个可移动的物质，在不同场所出现时，可能出现管辖重叠，原本处在一个机构管辖之下，但当它流动或出现在另一个场合时，又纳入了另一机构的管辖范围，从而导致管辖权重叠。例如，美国 EPA 和 OSHA 都对有毒物质暴露或空气污染问题有监管权：OSHA 主要负责工作场所内的空气污染，如石棉的有毒物质的排放；EPA 负责工作场所之外的空气污染，但当工作场所的石棉的有毒气体飘移到工作场所之外时，EPA 就有权监管，因此对于石棉这一物质的污染问题，两个机构就发生了管辖权重叠。

（四）部门利益因素

部门利益因素在中国尤为突出，这是一个典型的主观因素。对“部门利益”这一概念，学者们有不同的解释。部门利益是指“政府各部门独立于政府本身利益和人民利益的特殊集团利益或行业利益”；“行政部门的行政行为偏离了‘公共利益’导向，以追求部门自身局部利益的形式来变相地实现个人利益”；“行政部门的行政行为偏离了‘公共利益’导向，以追求部门自身局部利益的形式来变相地实现小团体或少数领导人的利益”。部门本位主义使行政主体对于行政权限的态度发生扭曲，行政职权成为实现部门利益的工具。它是产生职权重叠和权限争夺背后的利益动因，是法律法规冲突与行政结构等问题难以解决的症结所在。在部门利益的驱使下，一些部门从“部门利益最大化”的角度出发，努力巩固、争取有利职权（如审批、收费、处罚等），疏远无利或少利职权，规避相应义务，使得行政职权的权限成为各部门争抢的对象，从而引发职权冲突。[①]

部门追求的利益有多种形式。首先是直接的经济利益。近年来，部门经济利益之争有了形式上的收敛，但依然普遍存在，并走向隐秘化。如在食品监管领域，对于上规模、上档次的食品企业，职能部门的监管非常积极，工商、卫生、质监部门争着管，抢着管；但对一些小企业、小作坊，职能部门却躲着跑，明明知道没有合法的证照，谁也不去管。部门利益的另外一种形式是权力和资源，[②]因为获得权力是获取利益便捷高效的途径，部门争权的本质在于获取更多的资源。随着我国市场体制的不断演化变迁，政府对市场的监管角色日益突出，各行政部门逐渐发展成独立的利益主体，相互之间构成竞争关系，竞相谋求职权的扩张，形成了不同大小的经济威权。[③] 在各种职权类型中，审批权通常是各部门之间争夺的对象，如国家发改委与财政部关于项目招标采购的管辖权之争。审批事项的管辖重叠或管辖“真空”，是部门利益影响下审批职能割据的典型。当审批权配置与部门设租、资源分配结合在一起，行政审批就演变成公众眼中一个又一个独立的部门以及它们前面需要跨越的高高的门槛，受之影响的除了疲于应付的许可申请人，还有公共资源分配的整体效率。[④]

对部门利益的考量衍生出了两个副产品。一是部门利益助长了权力的膨胀，即扩大了自身的权限范围。每个部门都试图围绕自己的机构名称和主要职责，来捍卫自己的核心职能，努力抵御其他机构的入侵；并且努力在职能交叉、职能缺漏的空白地带，扩张和维护自己的权力，开拓自己的行政疆域。这

---

① 常健，翟秋阳：《论政策执行过程中的职权冲突及其化解》，《中国行政管理》2007 年第 11 期。

② 周志忍，蒋敏娟：《中国政府跨部门协同机制探析——一个叙事与诊断框架》，《公共行政评论》2013 年第 1 期。

③ 裴俊巍，陈慧荣：《碎片化权威主义下协同治理的司法路径——以“中国政府采购第一案”为例》，《经济社会体制比较（双月刊）》2018 年第 5 期。

④ 骆梅英：《行政审批制度改革：从碎片政府到整体政府》，《中国行政管理》2013 年第 5 期。

种政策空间位置的斗争是一种从来就没有停止过的常态行为，每一个官僚组织对于内部地带的“入侵”和发生在无人地区和外围空间及附近的事件会特别敏感。[①] 即大多数的官僚组织对处于模糊或空白地带的管辖权表现得相当敏感，往往会从自身的立场出发找到权力扩充的合理解释。二是通过行政解释或制定政策文件作为扩张管辖权限的主要途径。在部门利益的驱动下，行政主体通过各种可能的途径扩张权限范围，例如通过对上位法的解释性或执行性文件，增设或扩充自己的权限。在我国，行政主体制定的规章以下的其他规范性文件常常作为行政执法的直接依据，这种规范性文件数量众多、内容繁杂，制定主体广泛，极易产生职权上的交叉重叠，进而造成多头执法、重复执法。

特别是上位法存在立法语言模糊或不确定法律概念时，行政主体各自会从有利于自身职权利益的立场出发做出互相矛盾或不一致的解释，从而引发管辖权限争议。比如，2009 年，关于网络游戏《魔兽世界》的审批，文化部和新闻出版总署之间因为对“游戏出版物”的不同解释引发管辖争议。[②] 根据《互联网出版管理暂行规定》，文化部和新闻出版总署在网络游戏管理上存在交叉环节。从 2004 年起，一家网络游戏运营商想要从事网络游戏经营，不仅要将游戏送新闻出版总署审查，并取得新闻出版总署版号，还要从文化部取得进入文化市场的网络文化经营许可证。2008 年 7 月，文化部、新闻出版总署《“三定”规定》指明：“文化部负责动漫和网络游戏相关产业规划、产业基地、项目建设、会展交易和市场监管。”“国家新闻出版总署负责在出版环节对动漫进行管理，对游戏出版物的网上出版发行进行前置审批。”虽然《“三定”规定》明确了新闻出版总署和文化部在网络游戏产业的监管职权划分，但网络游戏产业的市场监管仍处于混乱局面。一个主要原因是双方对法律概念的理解和解释不同。

① 安东尼・唐斯：《官僚制内幕》，郭小聪译，中国人民大学出版社 2006 年版，第 225-234 页。

② 2009 年 11 月 2 日，新闻出版总署发出通知，终止对网易旗下网之易公司的《魔兽世界》审批，退回关于引进出版《魔兽世界》的申请。新闻出版总署在通知中强调，网之易公司在未经新闻出版总署审批同意的情况下，于 9 月 19 日擅自收费并提供新账号注册的行为，已经造成事实上的公开运营服务，严重违反了国家关于网络游戏上网前须经新闻出版总署前置审批和境外著作权人授权的互联网游戏作品须经新闻出版总署审批的规定。参见方烨，吴黎华，孙韶华：《文化部 PK 新闻出版总署 谁对网络游戏说了算》，http://jjckb. xinhuanet. comgnyw2009-11/04/content_188978. htm。

文化部认为，这里所说的“网络游戏的网上出版”是指网络游戏的出版物。比如，保存有游戏介绍、游戏玩法、客户端资料的游戏光盘等有形载体，这部分属于“出版物”环节的审查，由新闻出版总署来负责，其他审批由文化部负责。而网络游戏不是出版物，出版物的界定应遵照《出版管理条例》的相关规定，是指报纸、期刊、图书、音像制品、电子出版物等，必须有一种有形的载体，所以，文化部是网络游戏的主管部门。新闻出版总署则明确表示，自己是中央和国务院授权的唯一负责网络游戏前置审批和进口网络游戏审批的政府部门，凡是未经新闻出版总署前置审批上网运营或审批后擅自改变内容的网络游戏，都将被责令停止运营服务。各个部门对“三定方案”的理解和解释不同，这在客观上也造成了社会上对同一款网络产品由两个部门进行审批的现状。不难看出，解释不一致的行为背后所隐藏的部门利益，是引发这些纠纷的真正原因。

二、立法原因

管辖权的重叠除了行政体制内的机构设置与职权配置等要因之外，还在很大程度上由于法律规定上的先天不足，使行政机关依法行政变成了“依法打架”。除了作为立法对象的社会事务具有混合属性这一客观因素之外，立法原因还包括立法者、立法程序、立法数量、法律语言的不确定性、立法技术与质量问题、科学发展加深社会事务的复杂性等方面的原因。

第一，立法者的原因。立法者的法律素养、责任心等因素导致立法疏忽，即立法者没有及时发现管辖权重复或交叉设置的情形。通常是不同法的制定时间间隔比较长。例如，我国的《投机倒把行政处罚暂行条例》是 1987 年由国务院发布的一个行政法规，《烟草专卖法》是全国人大常委会于 1991 年颁布的法律，这些法律在制定过程中，忽略了与条例中的相关规定的衔接问题，由此造成了有关部门的职权冲突。

第二，立法程序的原因。立法环节中，向不同部门征求意见、协商沟通与公众参与、专家论证等机制还在不断探索与完善之中，立法程序机制对于防范在立法环节出现管辖权重叠问题所发挥的作用还不够充分和全面。比如，公众参与、专家论证的作用没有得到有效发挥；立法备案与审查机制尚不健全，可能导致重复性的法律条款或规定没有被及时清理和修改。

第三，立法数量的原因。立法数量快速增长，难以防范不同的法律规范之间在内容上的重复重叠。特别是在行政法领域，行政法律规范内容广、数量大、实施频繁，更容易造成执法依据之间交叉重叠、相互矛盾的问题。例如，在美国，虽然联邦机构之间存在管辖权重叠并不新鲜，但影响消费者健康和安全的立法激增是这一特别重要的监管领域的重叠次数增加的直接诱因。[①] 另一方面，浩如烟海的法律条文无疑加大了规范审查的难度，法律规范审查机制尚有待于进一步健全，仅仅依靠立法审查机制难以全面防范管辖权重复交叉设置的情形出现。

第四，法律语言的不确定性。语言的概括性和抽象性，决定了立法时不可避免要使用一些不确定的法律概念。例如，国务院沿用项目审批的划分方法来规范招投标，只要涉及项目，就被想当然地囊括进我国《招标投标法》的管辖范围。然而“项目”本身并不是一个有明确范围的法律术语，无法从项目的定义中明确国家发改委具体管辖的内容。因此，国家发改委在招标投标中获得了垄断性的话语权。[②] 不确定法律概念的存在很大程度上不是人的意志能够控制和决定的，这是语言本身的特点或局限性。“由于语言的不确定性所导致的法律语言在一定程度上的模糊性，使得法律规定的行政权限边界出现不同程度的交叉，从而使得行政机关之间的权限冲突在所难免。”[③]

第五，立法技术与质量问题。立法的空白与冲突。法律的制定受到立法者自身阅历、知识储备、立法能力、意识形态等因素的制约。如果立法者没有掌握较全面的立法技能，就会直接影响立法质量。比如，立法者对同义词的不规范使用，对一些概念的内涵把握不准，语言表述冗长、含糊不清等，都会造成立法语言的不规范使用，进而影响法律条文的含义解读和理解。美国学者将管辖重叠主要归因于立法冗余和国会的委任立法制度，具体将在第五章专门

---

① Teresa M. Schwartz. Protecting Consumer Health and Safety: The Need for Coordinated Regulation Among Federal Agencies. Washington Law Review, 1975,43(4): 1031-1076.

② 裴俊巍，陈慧荣：《碎片化权威主义下协同治理的司法路径——以“中国政府采购第一案”为例》，《经济社会体制比较（双月刊）》2018 年第 5 期。

③ 李琳：《论行政职权争议之司法破解——一种以诉讼为进路的解决模式》，载贺荣：《全国法院第 25 届学术讨论会获奖论文集：公正司法与行政法实施问题研究（下册）》，人民法院出版社 2014 年版，第 1085-1093 页。

阐释。

第六，科技发展加深社会事务的复杂性、立法滞后性和法律的不确定性。当今社会，社会事务变得越来越复杂，其中一个原因是科学技术的快速发展，特别在高科技领域，涉及大量的科学和技术的不确定性因素，这些不确定性已经转化为法律上的不确定性。在立法实践中，科学技术和时代发展因素越来越凸显，主要表现在老问题新定义和新事物的产生上，如前文"某小区移动通信基站纠纷"即显示了科技发展带来的新事物、新问题，而立法滞后跟不上科技的发展。

又如，美国海上钻井和石油泄漏的多维治理①即为典型一例。深水和超深水钻井本身面临着许多挑战和风险，加之深水钻探的科学技术不确定性与多种联邦权力来源相结合，给有效治理设置了相互交织的障碍。首先，监管机构和执法部门难以跟上技术发展的步伐，这些机构没有足够的资金和相应的技术来执行监管治理。其次，机构横向之间的相互作用，加剧了有效治理的难度。例如，对州政府和联邦政府控制的水域和海床，两者均有管辖权。最后，内政部与海岸警卫队之间在水平维度上所具有的共同管辖权造成了进一步的不确定性，这两个实体不得不在等级层面建立一个合作互补的监管制度。

在这里，石油泄漏造成了三个主要的科技不确定性。首先，企业和政府参与者在技术上都没有能够迅速阻止泄漏，企业参与者拥有更多的技术知识，这种知识分布的不平衡使得政府对于应对措施的初始控制变得很困难；随着对技术理解的完善，政府监管机构才逐渐获得了更多的控制权。其次，政府管制机构并不知道有多少石油泄漏到海洋中。这种信息不对称和不完全，可能使政府低估泄漏率而导致一些遏制措施的失败。最后，泄漏与周围生态系统（包括人类）的相互作用过程充满了不确定性。电流和风暴使得石油扩散的路径

① 虽然海上钻井首先发生在20世纪30年代，当时使用连接到岸边的平台进行作业，但由于相关设备的技术改进，进入21世纪后，深水和超深水钻井的数量急剧增加。由于所涉及的压力和温度等原因，深水和超深水钻井带来了许多挑战和风险。深层钻井技术已成为可能，因此在数千英尺水下的海床上进行作业，其中压力高且温度低。油位于其下方数千英尺处，压力更高，温度更高。钻井现场必须在数千英尺以上保持稳定，同时取出油并通过管道输送到岸上。此外，石油所处的地质构造可能不是很稳定。这些都给深水钻井带来技术挑战。参见 Hari M. Osofsky. Multidimensional Governance and the BP Deepwater Horizon Oil Spill. Florida Law Review，2011，63(5)：1077-1137.

难以预测、对深水位置的了解不够清楚、在深水和海面使用前所未有之多的分散剂等，均加剧了治理风险与困难。与钻井本身的高难度、高风险一样，适用于泄漏治理的法律制度对有效应对这种科技不确定性的能力有限。总而言之，科学技术和法律方面的不确定性以及监管机构应对这些不确定性的困难，造成了深水钻井和溢油应对方面的治理难题。

以上种种立法相关原因，有些属于法律自身难以克服的局限性，有些通过不断完善立法制度和立法技术可以逐渐防范和改进。需要指出的是，管辖重叠的复杂性更在于，各种原因常常相互交织在一起共同发生作用；而且各种原因之间也往往相互影响和渗透，比如职权划分不清是基于事物本身的多重混合属性，权力扩张又与职权界限模糊不清、部门利益驱使、科技发展催生新事物等要素密切相关，从而使得管辖权重叠的防范和控制变得愈加艰难。

例如，美国证券交易委员会(SEC)和商品期货交易委员会(Commodity Futures Trading Commission，CFTC)之间存在持续的管辖冲突，①显示了管辖重叠原因的多重性与复杂性。SEC 和 CFTC 之间管辖权重叠的根源是 1974 年的《商品期货交易委员会法》赋予 CFTC 专有管辖权，以管制某些金融工具(如股票、期货、黄金、外汇、保单等)，鉴于这些金融工具的复杂性和"混合"性质日益增加，并且这些新工具通常不符合传统分类定义，专属管辖权的范围就变得不再明晰或确定，这些金融工具可能同时也受到 SEC 的监管。SEC 负责监管"证券"的一般领域，CFTC 主要负责监管"商品"和"期货"，两者之间存在管辖权重叠的可能性。其深层原因在于以令人混淆的法定分类来确定机构管辖权。按照传统的分类，金融工具分为"证券"或"期货"等，国会也相应地把不同类别的金融工具的监管权分配给不同管制机构，然而，事物都是在不断发展变化的，在相互影响、相互作用之下衍生新的混同工具，致使管辖权重叠的问题无法通过现行的监管框架予以解决。例如，SEC 对其他类型的证券(包括投资合同)拥有管辖权，并且"投资合同"包括与投资有关的广泛类型的安排与合同。在这方面，SEC 与 CFTC 之间就与有形商品有关的期货合约交易的预期

---

① Mark Frederick Hoffman. Decreasing the Costs of Jurisdictional Gridlock: Merger of the Securities and Exchange Commission and the Commodity Futures Trading Commission, University of Michigan Journal of Law Reform, 1995, 28(3): 681-714.

管辖权可能存在一些明显的重叠。事实上 1987 年美国股市崩盘后,市场专业人士和投资者已经认识到,股票、期货和期权市场密不可分,进而构成单一市场。因此,SEC 和 CFTC 两个机构的管辖权限难以清晰界分开来。

本案例综合了管辖权重叠的多种原因,如传统的法律分类方法确定管辖权的缺陷(传统分类法无法解决新混同工具的分类)、立法语言的模糊(如“商品”一词的定义)、事物本身的发展变化(如金融工具的发展与混同),以及机构的不同利益和相互矛盾的行政解释等。由于各种错综复杂的因素,避免管辖权冲突的努力往往被证明是徒劳的。

第二节 管辖权重叠的影响评价

关于管辖重叠现象,学界一直存在两种声音:普遍性的观点认为,管辖权重叠只会给行政治理带来诸多负面影响和危害;另一种观点认为,管辖权重叠虽有很多消极作用,但有时候也会带来一定的积极影响。总体而言,对管辖重叠的批评是占主导地位的。

一、消极影响

立法者和学者都批评监管重叠,理由是赋予行政机构重叠的管辖权会导致重复监管或执法冲突,这种监管形式既低效又过于烦琐。在美国,当财政紧缩政策在整个政府的政策议程中占主导地位的时候,几乎每个人都认同给予行政机构重叠的管辖权是不好的。[①] 传统的观点认为,“在监管重叠中找不到任何智慧,令人担忧”[②]。学术界、评论员和利益集团经常对监管重叠提出种种谴责,例如,他们认为证券交易委员会和商品期货交易委员会之间的监管重叠“削弱了美国金融市场的竞争力,阻碍了创新并制造了严重的公共政策问题”,“职业安全与健康管理局和环保局正在浪费资源,并且由于重复执行意外化学

---

① Todd S. Aagaard. Regulatory Overlap, Overlapping Legal Fields, and Statutory Discontinuities. Virginia Environmental Law Journal,2011, 29(3): 237-303.

② Robert B. Ahdieh. Dialectical Regulation. Connecticut Law Review,2006,38(5):863-921.

排放法规,公司应对这两个机构监管的时间和成本增加了一倍”。[①]

管辖权重叠带来的消极影响具体可体现在三个方面:一是造成了重复执法和资源浪费。“有权监管某项活动的两个机构可能同时对一方进行管辖,导致政府支出浪费、双重起诉或监管不一致。”二是相互推诿责任,相对人无所适从。“有权监管的其中一方选择不作为,而是依赖另一个机构采取行动。”[②]在一些事项上,不同职能部门交叉重复执法,不同行政机关做出相互矛盾的裁决,不仅增加了政策调适对象的负担,而且导致行政管理的相对人无所适从;而在另一些事项上,却又无人问津,都把责任推给其他部门,形成政策执行的真空地带。[③] 三是行政低效,规制失灵。管辖权重叠可能妨碍各组织机构实现既定的行政目标,不一致的制度还可能导致政策效力的丧失,增加立法监督与行政监督的成本。

行政主体之间的管辖权之争,常常会产生许多不利后果,特别是严重损害行政相对人的权益。例如,山东省济南市建筑安全生产监督站(以下简称安监站)与济南市市中区质量技术监督局(以下简称质监局)的执法权之争。[④] 从2001 年开始,质监局和安监站就不断出现执法权之争。在建筑工地上,两家都对塔式起重机进行执法检查和检测,常常是一家刚走,另一家又来。南通第三建筑公司在济南搞工程建设已经 20 多年了,从两家执法部门有了执法之争后,就多次遇到两家重复检查的现象。该公司人员反映,2002 年,他们公司在济南某一处工地开工后,请市安监站对塔式起重机进行了检测,领取了证件。

---

① Todd S. Aagaard. Regulatory Overlap, Overlapping Legal Fields, and Statutory Discontinuities. Virginia Environmental Law Journal, 2011, 29(3): 237-303.

② Teresa M. Schwartz. Protecting Consumer Health and Safety: The Need for Coordinated Regulation among Federal Agencies. Washington Law Review, 1975, 43(4): 1031-1076.

③ 常健,翟秋阳:《论政策执行过程中的职权冲突及其化解》,《中国行政管理》2007 年第 11 期。

④ 2002 年 6 月 13 日,安监站收到一份行政处罚决定书,发出单位是质监局。处罚决定书中写道:安监站检测服务中心未经省质量技术监督局资格认可,其检验人员无资格证,从事特种设备也就是塔机的检验工作,其行为违反了国家质量技术监督局第 13 号令《特种设备质量监督与安全监察规定》的规定,属于违法检验行为,并做出“停止违法检验行为”和“罚款 1 万元”的行政处罚。6 月 25 日,安监站向济南市市中区法院起诉,认为这一行政处罚违法,超越职权范围,请求依法撤销。8 月 13 日,法院对此案进行了公开审理,但未做判决。8 月 13 日,在法庭上,对于各自行政执法使用法律、规章的合法性,双方各持己见,针锋相对。据悉,2001 年 7 月,济南市法制办曾召集两家开过协调会,最后无果而终。参见郑燕峰:《法规打架听谁的?》,《中国青年报》2002 年 9 月 2 日。

但6月份,质监局又来检查,在历山路一处工地开工又遇到了同样的情况。面对两家执法部门先后就同一内容进行的检查,建筑企业不得不重复交费。管辖重叠企业受累,重复检查、重复缴费,严重妨碍了企业正常的工作进程。

二、潜在益处

一些公共行政学者和法律学者对上述批评性观点提出了不同意见,认为管辖权重叠虽有局限性,但其带来的后果并不总是消极、负面的,也有积极、有益的一面,指出在某些情况下重叠的管辖权可能会提高监管计划的有效性。如我国有学者指出,在大多数情况下,特别是在常规情况下,职权冲突会给政策执行带来消极的影响。在非常规情况下,一定程度的职权冲突就可能使政策执行考虑到更全面的利益关系,从而减少简单化的政策执行方式所产生的负面作用;它也可能暴露出关键性的问题,促进解决方案的创新,成为合理变革的推动力。[①] 美国哈佛大学朱迪·弗里曼教授认为,在某些情况下,共享监管空间可以产生实质性优势,包括:(1)促进建设性的机构间竞争;(2)利用更好的决策专业知识;(3)针对任何一个机构的失败提供保险;(4)减少机构妥协的机会;(5)降低政治监督员和公众的监督费用。前四个提高了行政效率和效力,而最后一个增强了行政问责制。[②]

进而言之,管辖权重叠的潜在益处可以概括为以下三个方面。

一是提高监管可靠度,降低执法风险。就可靠性而言,管辖权重叠如同对监管机构进行了备份,当其中一个机构的监管失灵时,其他监管机构的行动可以保障监管职责的实施;或者可以降低其他机构不采取行动的风险,因为有多种可能的行动途径。因此,管辖权重叠如同设置了"监管安全网",既可以防范监管失灵,也可以填补监管空白,还可能有利于相对人的权益保护。比如,两个行政机构都实施了处罚,可以选择惩罚较轻的执法行为,进而降低行政主体产生不当行为的风险。而对于授益性行政行为,即使结果有些重复,相对人也会从中获得权益双重保障。比如,一个机构的行为未能使相对人权益得到充

---

① 常健,翟秋阳:《论政策执行过程中的职权冲突及其化解》,《中国行政管理》2007年第11期。

② Jody Freeman, Jim Rossi. Agency Coordination in Shared Regulatory Space. Harvard Law Review, 2012, 125(5):1131-1211.

分保护，通过另一个具有重叠管辖权的机构的管理或执法从而予以弥补或补救。

二是促进竞争，鼓励创新。比如，在新的监管领域，通过设置重叠的监管机构，允许多个监管机构在同一领域内开展工作，可以促进机构之间的共同努力和政策、机制创新。可见，管辖权重叠的监管机构可以相互竞争，互相学习经验，还可以相互鼓励使得其执法工作更加积极主动。这种竞争在不同机构采用不同观点和视角的情况下得到了加强。即便一个机构已经采取了有效监管，这种情况可能促使另一机构采取更优的监管措施。“因此，重叠的管辖权可能对鼓励政府层面或行政机构更好地应对特定问题至关重要。”①

三是管辖权重叠也可以降低监管俘获的概率。例如，在美国国会的委任立法体制下，从利益集团的角度来看，分散在多个机构中的监管机构可能会使它们对政策施加影响变得更加困难，因为它们必须针对更多的监管机构而不是单一机构。② 从行政机构的角度来看，分散的监管机构使得它们对利益集团的压力做出反应更加困难，因为每个机构都与其他机构共享整体政策空间。③

此外，在互相协调合作的情况下，行政主体可以相互或综合利用不同行政机构的专业专长，以实现技术优势互补。然而能否实现部门之间的有效协作又是行政管辖权重叠所面临的另一个重要挑战，对此将在第四章展开详细论述。

第三节　案例分析：EPA-OSHA 监管重叠④

美国环境保护局(EPA)和职业安全与健康管理局(OSHA)这两个机构之

---

① Kirsten H. Engel. Harnessing the Benefits of Dynamic Federalism in Environmental Law. Emory Law Journal,2006, 56(6):159-187.

② Neal Kumar Katyal. Internal Separation of Powers: Checking Today's Most Dangerous Branch from Within. Yale Law Journal,2006,115(9): 2314-2349.

③ Jean-Jacques Laffont, David Martimort. Separation of Regulators Against Collusive Behavior. Rand Journal of Economics,1999, 30(2): 232-262.

④ Todd S. Aagaard. Regulatory Overlap, Overlapping Legal Fields, and Statutory Discontinuities. Virginia Environmental Law Journal,2011, 29(3):237-303.

间,就工作场所暴露于污染环境引起的职业风险存在重大的监管重叠。OSHA 根据《职业安全与健康法》规定的权限进行监管,而 EPA 则根据各种环境法规监管职业风险。通过 EPA-OSHA 案例研究,了解美国学界关于监管重叠的两个至关重要且相互关联的问题"监管重叠的原因及其影响"的观点争鸣。

一、监管重叠如何产生

EPA-OSHA 案例既不代表全部范围也不是联邦机构之间各种监管重叠的代表性样本。尽管如此,EPA-OSHA 案例分析对于出现监管重叠原因的一些主要解释提出了质疑,并说明了一种新的替代解释。

围绕 EPA-OSHA 案例,学者们为监管重叠产生的原因提供了几种解释。

一是因为监管对象或事物的相关性。由于工作场所暴露于危险和有毒物质既是环境问题,也是就业问题,因此出现了管辖权的重叠问题。具体而言,暴露于有毒物质的工人面临的风险跨越了两个领域:环境法和劳动就业法。一方面,有毒物质的职业暴露(occupational exposures)属于环境法的管理范畴,因为它们本质上是一种局部形式的污染。另一方面,有毒物质的职业暴露属于劳动就业法的管理范围,因为它们涉及与雇主—雇员关系相关的就业条件,因而受到《职业安全与健康法》的调整。OSHA 根据《职业安全与健康法》规定的权限进行监管,EPA 则根据各种环境法规规定职业风险。

职业危害的范围不容易被限制在单一区域中。例如,工作场所的危险可能对除工人以外的人员构成风险,如学校师生、医院医生和患者、店员和顾客等。有毒物质可以在工作场所进行,工作场所的有毒物质事故也可能会伤害周围地区的工人和其他人员。例如,一些接触石棉的工人的家庭成员患上了某种疾病,显然是因为工人将石棉纤维带到衣服上。所以,工作场所暴露也可能只是几种暴露途径之一,工人在工作场所和家中都可能接触到有毒物质。[①]职业暴露于有毒物质的问题表明,有些社会问题可能属于多个法律监管领域。

① Agency for Toxic Substances and Disease Registry, Asbestos: Health Effects, http://www.atsdr.cdc.gov/asbestos/asbestos/health_effects/index.html.

因此,至少有两个监管机构对跨界社会问题具有管辖权。然而,反驳意见认为,管辖权的重叠并不必然发生重复监管或权限之争。EPA-OSHA 案例就显示,管辖权的模糊性导致 EPA 和 OSHA 这两个机构都选择回避监管。由此说明,管辖权重叠可能产生积极或消极的管辖争议。

二是因为 EPA 规范职业风险的法定权力分散在多个法规中,不同法律的广泛授权增加了发生监管重叠的风险。OSHA 主要实施针对职业风险的单一法规《职业安全与健康法》。相比之下,EPA 实施多部法律,但其中没有一个涉及职业风险。如《清洁空气法》赋予 EPA 管理“环境空气”污染的权力,EPA 已将其解释为排除室内空气。而大多数所担忧的职业吸入暴露(物质)发生在室内,这就限制了《清洁空气法》对工作场所的适用性。然而,EPA 使用工作实践标准来调节石棉的空气污染,这种污染大部分发生在室内而不是室外,理由是石棉在室内处理的方式可能使石棉释放到周围环境中。又如,《有毒物质控制法》(Toxic Substances Control Act,TSCA)广泛授权 EPA 管理“对健康或环境造成不合理伤害风险的化学物质”,而化学品暴露对健康的伤害包括了工作场所的暴露。此外,《综合环境反应、赔偿和责任法》(Comprehensive Environmental Response,Compensation,and Liability Act,CERCLA)和《资源保护和恢复法》(Resource Conservation and Recovery Act,RCRA)赋予 EPA 修复/清理或命令污染场地的修复的权力。如果这些场所被用作或可以用作工作场所,那么 EPA 的清理权限为规范职业暴露提供了基础。最后,其他一些法规,如《联邦杀虫剂、杀菌剂和杀鼠剂法》(Federal Insecticide Fungicide & Rodenticide Act,FIFRA),也赋予 EPA 一定权力处理某些类型的职业风险,比如农药暴露于空气中。简言之,多部法律对同一机构的广泛授权,可能导致监管重叠的出现。这种情形被称为“授权立法的副产品”,是指授权立法无意中带来的副作用。

三是国会可能会故意制造重叠的管辖权。与授权立法副产品的假设相反,有些学者认为,EPA-OSHA 案例涉及国会有意而非无意地创制了监管重叠。进而言之,一些学者假设监管重叠带来潜在好处,即国会为提高可靠性或引发跨机构竞争的具体目的而故意创建监管重叠。尽管很难通过解读立法历史来辨别国会制定立法的动机,但 EPA-OSHA 案例研究明确指出,国会确实故意在各机构之间建立监管重叠。根据1990年的《清洁空气法修正案》和《有毒物质控制法》，国会特别预见到其授权可能会产生监管重叠，但还是放任了这种可能性的产生，国会认为有毒物质监管的整体方法（holistic approach）将填补现有立法留下的重大空白。此外，至少从立法历史中可以推断，国会这样做的部分原因是为了提高可靠性，引发机构间竞争，或两者兼而有之。

四是行政机构想要争取更多的利益。也许一个最常见的解释是：各机构扩大其权力以最大化其权力和预算，因而产生了与其他机构的管辖权重叠。这是一种关于机构官员动机的假设。威廉·尼斯卡宁（William Niskanen）认为，机构官员关心的是"薪水、办公条件、公众声誉、权力、赞助、部门产出、改变的便利性以及管理的便利性"，所有这些都取决于机构预算的规模。① 因此，尼斯卡宁认为监管机构总会设法寻求扩大其管辖权的机会以增加其预算。由此，随着管辖权的增加，机构不可避免地与其他机构重叠。然而，反驳的意见认为，与尼斯卡宁的假设相反，机构预算的规模与机构官员或职员的任何个人利益之间几乎没有联系。② 机构预算和计划往往侧重于继续现有的计划，而不是创建新的计划。各机构可能希望压制或避免与其他机构竞争，以防止潜在的预算或权力损失。EPA-OSHA 案例支持了这些对机构扩张假设的批评。美国环保局和职业安全与健康管理局在其法定任务方面被广泛认为长期存在严重的资金不足，这使得任何一个机构都试图扩大其管辖范围的说法令人怀疑。

对监管重叠的各种解释不一定是不相容或相互排斥的。例如，机构扩张假设主要解释了行政机构的动机方面的重叠，而立法授权和故意重叠的假设主要是从国会的视角来解释管辖权重叠。因此，两者都可能是正确的。国会在授权立法中可能无意或故意产生重叠，并且行政机构可以在重叠区域内主张其权力，作为扩大其监管权限的手段。所以，一个管辖重叠的实例可能是基于多个原因而产生的，因为监管重叠在多种情况下出现，所以不同的假设解释

---

① William A. Niskanen. Bureaucracy and Representative Government. Chicago：Aldine Transaction，1971：38.

② Daryl J. Levinson. Empire-Building Government in Constitutional Law. Harvard Law Review，2005，118(3)：915-966.

了不同的重叠情形。例如,在 EPA-OSHA 案例中,四种原因中的每一个都解释了 EPA 和 OSHA 对化学事故的监管重叠,尽管每一个原因的影响程度有所不同。

二、监管重叠是否有益

长期以来,对管辖重叠的批评与诟病是占主导地位的,然而现代学者也提出了监管重叠可能存在潜在的好处。EPA-OSHA 案例同样涉及批评和支持的不同论点。

传统观点强调监管重叠造成浪费与低效,一旦发现就应该予以消除。例如,在监管改革方面的一个标准处方是使政府摆脱重复的行政计划。美国商会呼吁在金融监管中"消除监管重复"即为一典型例子。对监管重叠的批评可分为四大类:一是复制性。批评者声称监管重叠导致重复监管,从而浪费政府资源。二是冲突性。多个机构对同一事项进行监管,产生了相互冲突的可能性,进而破坏彼此监管的有效性,并增加受监管对象的合规成本。一个典型例子是,OSHA 要求"肉类加工厂的地板要粗糙以减少意外跌倒的危险",然而动物和植物卫生检验局要求"地板要光滑以便于消毒"。[①] 三是协调性。即使重叠的监管权不会导致实际上的重复、冲突或不一致,但机构之间也需要跨机构协调以避免此类问题。这种协调,无论是正式的还是非正式的,都会耗费机构的时间和资源。四是复杂性。重叠的监管权也可能增加监管的复杂性,产生监管的混乱和不确定性,也使公众或国会难以有效监督,进而可能导致每个监管机构推卸责任,即减少其对重叠管辖区域内出现的问题的关注。此外,还可能会损害行政机构的声誉并影响其监管举措的可信度。

尽管对监管重叠的批评观点占主导地位,然而,EPA-OSHA 案例研究表明,对监管重叠的批评可能会在几个方面夸大其词。反驳者认为,《职业安全与健康法》和《有毒物质控制法》都包含可能限制纯粹多余监管的条款,而且相关部门也可能会阻止纯粹多余的监管政策的发布。EPA-OSHA 案例研究表

① 即便是不直接冲突的法律规范,仍然可能产生不一致的规定或在交叉目的下工作之情形。如加工蔬菜牛肉汤,由农业部监管,要求政府检查员在场,但食品药品监督管理局规定,加工蔬菜汤不要求政府检查员在场;安全标准可能会鼓励大型汽车的生产,但环境标准可能会鼓励生产小型汽车。

明，监管重叠批评者的这种担忧可能是没有根据的，相反，监管重叠可能是有益的。

即使在一个完全有序的法律体系和明确的委任立法体制下，监管重叠亦不可避免，因为某些监管领域跨越了法律领域，因此也跨越了监管机构的管辖范围。更何况，法律体系实际上并非完全有序而是充满了不连续性，这些不连续性破坏了法律的连贯性和合理性。监管重叠则可以起到平滑"法律不连续性"(statutory discontinuities)的重要有益作用。① 法律的不连续性可能表现为立法空白的形式，任何行政机构都无权解决问题；有时候，不连续性可能采取重叠的形式，其中多个行政机构具有管辖权限。相应地，法律不连续性有两种常见类型：一是法律的"不规则边缘"(irregular edges)，法律可能会遗漏对一些例外情况的规定，这些例外可能会造成监管缺口。但是，如果行政机构拥有重叠的管辖权限，则一个机构可以弥补另一个机构管辖范围内的空白。因此，给予监管机构重叠管辖权可以使它们弥补由"不规则的法律边缘"造成的潜在管辖权空白。二是法律的"不均匀边缘"(uneven edges)，即交叉法规经常以不同的方式处理相同或类似的问题。在这种情况下，一个行政机构可被视为主要或默认监管机构，其他机构仅在主导机构不能或不可的情况下采取监管行动。或者，各机构可以协调其监管反应，以便由此产生的监管计划反映交叉法律制度的深思熟虑的组合，以平滑它们之间的某些不平衡。

EPA-OSHA 案例研究表明，行政机构更容易通过填补另一个机构的管辖范围来平滑涉及"不规则边缘"的不连续性，而不是平滑涉及"不均匀边缘"的不连续性。例如，EPA 颁布了石棉标准，将《职业安全与健康法》未涵盖的石棉标准应用于州和地方政府雇主；颁布了《皮肤测试规则》(Dermal Test Rule)，以获取 OSHA 根据《职业安全与健康法》无法获得的数据；规定了 OSHA 标准尚未涵盖的新化学品的职业暴露。

然而，在"法律边缘不均匀"的情况下，各机构一直在努力进行监管，以便将多个重叠的监管制度与不同的法定任务相协调。边缘不均匀的问题基本上

① Todd S. Aagaard. Regulatory Overlap, Overlapping Legal Fields, and Statutory Discontinuities. Virginia Environmental Law Journal, 2011, 29(3): 237-303.

比不规则边缘问题更难以解决,其中填充管辖空白是明显的路径。例如,关于蒸气侵入,EPA 和 OSHA 努力协调立法规定下产生严重不同结果。又如,EPA 根据《综合环境反应、赔偿和责任法》和《资源保护和恢复法》而使用的标准比 OSHA 根据《职业安全与健康法》而采用的标准要严格许多个数量级。最终,这种不均匀边缘的问题转变为不规则边缘的问题:OSHA 认为它缺乏对工作场所不存在的污染的监管权限,并且 EPA 已将 OSHA 的管辖权空白作为采取监管行动的前提。

综上,尽管 EPA 和 OSHA 之间存在管辖权的严重重叠,但"重复和重叠的监管必然是坏事"的观点是有争议性的。一方面,监管重叠通常被定性为有害的;另一方面,监管重叠可能是有利的,但支持监管重叠的论据并未断言它具有普遍的益处。重叠但非完全重复的监管可能是建设性的,挑战在于如何组织监管体系以实现重叠的潜在优势,同时避免其潜在的劣势,即"尽量减少其缺点……并加强其优势"[①]。从行政治理实践看,鉴于行政机构对监管权重叠的强烈抵制,监管重叠的规范价值可能取决于各机构是否有办法使用重叠的权力进行连贯和彻底的监管而不重复,找到这样做的机会可以最大限度地减少重叠的缺点并增强其优势。

① Kirsten H. Engel. Harnessing the Benefits of Dynamic Federalism in Environmental Law. Emory Law Journal, 2006, 56(6): 159-187.

第三章　历史考察与化解机制

管辖权重叠现象由来已久，给行政治理实践带来长期的困扰。为了找到有效的解决办法，多年来，政府通过机构体制改革，优化组织结构体系，提高行政效率和实效。相关的理论研究亦是从未中断，形成了不同的理论视角。各级政府及其部门在持续的实践探索中形成了化解管辖权重叠的多种机制与对策措施。本章将尝试对这些理论与机制进行系统梳理、规整与分析。

第一节　大部制改革：机构重组与整合

一、大部制概述

"大部制"（giant department）即"大部门体制"，其基本内涵包括：第一，它是政府部门设置的一种客观状态，其特点是部门数量少，各个部门的职责范围比较大；第二，它是一个机构重组和整合的过程，其标志是同级别部门的归并。[①] 关于大部制的概念，国内学者大多认同这样的观点：大部门体制是指将相近或相同的政府职能整合到一个部门来行使，或者将职能相近、业务相似的部门进行合并。但大部制并非是对分工的否定，它是对组织横向分工边界的新的扩展性界定。作为一种政府治理方式，大部门体制应该是政府职能整合、梳理与政府组织结构变革的统一。大部门体制所引发的结果是，政府部门中分散的专业机构通过合并、调整等方式组成涵盖相近职能的超级大部。[②] 政

---

① 周志忍：《大部制溯源：英国改革历程的观察与思考》，《行政论坛》2008 年第 2 期。

② 王佃利，吕俊平：《整体性政府与大部门体制：行政改革的理念辨析》，《中国行政管理》2010 年第 1 期。

府组织结构的大部制改革是针对原有管理体制的不合理而言的，这一不合理表现在部门重叠、职能错位和交叉，它导致部门扯皮、运作不畅、办事效率低下，导致资源浪费或使资源无法得到最大程度利用，无法及时有效地提供公共服务和进行社会管理。① 基于此，大部制改革无疑是解决职权交叉和减少同类机构的重要对策。②

大部制改革最早推行于西方，是当今西方发达市场经济国家普遍采用的政府组织形态。下面以英、美两国为例对大部制理念下的机构合并与重组作简要描述。

英国是较早推行"大部制"的国家，英国的大部制在很大程度上是一个以机构整合为标志的变革过程。作为一个机构整合过程，大部制改革在英国有其特殊背景，并经历了一个长期的发展过程。1914 年，英国政府只设有内政、外交、财政和贸易等 16 个部门。第一次世界大战期间，英国增设了空军、劳工、海外贸易、粮食管制和船只管制等 13 个部门。第二次世界大战中，又建立了国防、国内安全和情报等 10 个部门，并对其他部门进行了改组。进入 20 世纪 60 年代，政府分工过细、部门设置过多造成的弊端日益显现，加上英帝国殖民体系的瓦解，过去专门统辖殖民地的机构显得多余，于是开始了机构撤并的过程，基本思路是将一些业务相近的部门综合组建成"超级大部"。例如，把教育部和科学部合并为教育和科学部，国防部、海军部、陆军部和空军部合并成新的国防部，外交部和联邦关系部合并成为外交和联邦事务部，社会安全部和卫生部合并成卫生与社会安全部。大规模且系统化的机构重组发生于 1970 年，其标志是保守党政府 10 月出台的《中央政府重组白皮书》。白皮书对有关改革的必要性和目标做了如下说明："本届政府认为，政府试图做的事情太多，给企业和国民带来难以承受的负担，同时也使政府机器超负荷运转。机构重组就是要解决这一问题。"改革的总目标是：(1)改进政府决策并提高政策质量；(2)增进政策领域与部门责任分工之间的匹配程度，从而完善政策制定的制度架构；(3)通过构建合理的职责分工总框架，确保新政策和新问题出现时，

① 竺乾威：《政府职能三次转变的启示》，《北京日报》2018 年 7 月 23 日，第 13 版。

② 应松年：《完善行政组织法制探索》，《中国法学》2013 年第 2 期。

政府能够进行自我调适并积极应对。1971 年 5 月，成立不到一年的“航空物资供应署”被解散，部分职责划归国防部新设的执行机构“采购局”，部分转交给贸易工业部。据称，“把航空物资的生产管理职能（原航空物资供应署的职责）和消费管理职能（贸易工业部的原有职责）置于同一部门，更好地体现了职能整合”。政府进一步对部级机构进行整合与调整，如把原住房和地方政府部、运输部、公共建筑工程部重组为环境事务部，把海外发展署合并到外交与联邦事务部，合并贸易部和技术部为贸易工业部。[①]

美国也是实行“大部制”的典型国家。美国联邦政府成立之初，仅设有国务院、财政部和陆军部这三个部门，共有雇员 351 人，规模极小。1861—1865 年南北战争和 1865—1877 年南方重建时期，联邦行政机构增设了一批新部和大量独立机构，第一次出现了膨胀问题。在第一、二次世界大战期间，虽未增设新部，但总统办事机构和独立机构却迅速增加，联邦文职雇员多达 380 万人。第二次世界大战后，为精简机构，联邦行政机构合并了一批同领域部门，如国防部由陆军部、海军部和空军部合并而成，能源部由 50 多个与能源问题有关的机构整合而成。其后，有些大部门采取跨领域的方式整合。2003 年 1 月，美国国土安全部正式成立，联邦部门中有 22 个机构调整进国土安全部，农业部下属的动物疾病中心、国防部的国家通信系统和联邦调查局的国家基础建设防卫中心等单位也合并到国土安全部，使之成为应对公共危机的最高协调指挥中枢，同时也是现存的美国联邦政府的第一大部。[②] 在美国，新的行政机构的建立和现有政府权力的重新调整都是司空见惯的。这些变化经常发生在应对危机之时，例如，在 2009 年全球经济衰退之后建立了新的金融监管机构，即美国金融稳定监督委员会和消费者金融保护局，以及将联邦储蓄监督署合并到货币监理署。2012 年，奥巴马总统提议将六个机构合并为一个新部门，

---

① 中央编办事业发展中心，北京大学电子政务研究院：《世界百国政府机构概览：中卷》，北京出版社 2006 年版，第 1047-1048 页；周志忍：《大部制溯源：英国改革历程的观察与思考》，《行政论坛》2008 年第 2 期；石杰琳：《西方国家政府机构“大部制”改革的实践及启示——以英、美、澳、日为例》，《郑州大学学报（哲学社会科学版）》2010 年第 6 期。

② 张荆红：《英美日俄大部制改革的历程、特征及其启示》，《理论与改革》2018 年第 4 期；舒绍福：《欧美国家大部制的实际操作、基本特征及取向观察》，《改革》2013 年第 3 期；王洛忠，秦颖：《公共危机治理的跨部门协同机制研究》，《科学社会主义》2012 年第 5 期。

以更有效地提高出口竞争力，促进美国商业发展。这六个机构是美国商务部、小企业管理局、美国贸易代表办公室、进出口银行、海外私人投资公司和美国贸易发展署。这些机构都主要关注商业和贸易。白宫方面解释说，这些机构之间的重叠责任使得小企业难以与政府互动并导致“不必要的浪费和重复”。① 为了解决这些问题，奥巴马提案将通过把这六个被淘汰的机构整合为新组建机构的四个部门而实现责任的集中。这种合并将通过消除重复、重叠和加强协调，为促进美国商业创造一个更有效率和效益的组织结构。该部门还将创建“从融资和出口促进到专利保护的一站式服务，并帮助商业化创新发现”，允许小企业主与一个机构合作，接受“有助于它们竞争、成长和聘任的核心政府服务”。②

从英美两国的大部制改革实践可知，大部制改革是一个机构重组与整合的过程，一般先在同领域整合，后向跨领域整合扩展，相应的改革措施包括基于相关或相似职能融合的机构重组，具体通过机构的撤销、合并、整合等途径而实现。

二、机构重组：合并与整合

大部制改革的标志是机构合并、职能整合。合并与整合有所区别。合并(merger)是一种将全部或部分不同机构或机构职权、人员和资源永久性地合并或转让给另一个组织(可以是新建组织或是现有的部门、机构)的安排。整合(integration)是一种将长期或临时机构的相关部分汇集在一起的安排，以执行特定的行动、项目、方案或政策；与合并不同，这些努力涉及相关机构之间的非永久性人员、资源或职权转移，包括许多综合性安排，其中大多是经常出现在执法部门的短期、临时的联合执法行动，也有一些是长期存在的安排，如负

① The White House, Office of the Press Secretary, Government Reorganization Fact Sheet, http://www.whitehouse.gov/the-press-office/2012/01/13/govern-ment-reorganization-fact-sheet.

② Retooling Government for the 21st Century. The President's Reorganization Plan and Reducing Duplication: Hearing before the Committee On Homeland Security and Governmental Affairs, United States 112th Congress 2nd Session, 2012.

责信息收集、分析和传播的“跨部门中心”机构(interagency centers)。[①] 合并与整合虽有区别,但都是对行政体系中的不同政府职能和活动的重新安排,让任务类似和工作关系紧密的群体组合在一起,有助于精简和整合机构,减少管辖权的冲突,提高政府效率。

在环境监管领域,职权的重叠与碎片化现象尤为普遍且严重,环境监管组织体系通常按照媒介的类别,如空气、水和固体废物,划分成不同的监管部门,为了使环境、资源等管理更加全面系统,环境监管部门的整合重组也尤为迫切和重要。例如,美国环境保护局的组建就是一个典型的例子。环境保护局是大部制改革的典型产物,是一种职能整合下的新建机构。

环境保护局是根据总统重组计划成立的,该计划于 1970 年 12 月 2 日生效,被称为“第 3 号重组计划”。根据该计划,环境保护局有权执行其他政府单位以前执行的若干法规,并在制定“普遍适用的环境标准,以保护一般环境的放射性物质”方面发挥了作用。该计划的主要目的是在一个机构中合并执行相关法规的责任,以避免联邦政府的分散监管。[②]

在环境保护局产生之前,环境保护的监管职责分散在多个机构。实际上,当时处理环境污染的政府机构往往无法采取有效和协调一致的行动。随着对自然环境状况的关注日益增加,联邦政府越来越清楚地意识到需要更多地了解整个环境——土地、水和空气。同样越来越清楚的是,只有通过重组联邦机构、整合相关职能,才能有效地确保整个环境的保护与发展。尽管其具有一定复杂性,但出于污染控制目的,环境必须被视为单一的、相互关联的系统。而当时的部门职责分配并未反映出这种相互关联性,例如,许多行政机构的监管任务主要是根据媒介类别(如空气、水和土地)设定和分配的。然而,空气、水和土地污染的来源是相互关联的,而且往往可以转换。单一的污染来源可能是空气中的烟雾和化学物质、土地上的固体废物、河流或湖泊里的化学物质和其他废物。然而,控制空气污染可能会产生更多的固体废物,从而污染土地或

① Frederick M. Kaiser. Interagency Collaborative Arrangements and Activities: Types, Rationales, Considerations. Congressional Research Service, 2011(5):1-34.

② Teresa M. Schwartz. Protecting Consumer Health and Safety: The Need for Coordinated Regulation among Federal Agencies. Washington Law Review, 1975,43(4):1031-1076.

水;控制污水可能会产生固体废物,需要在陆地上进行处理。同样,一些污染物如化学品、辐射、杀虫剂等,通常会出现在所有媒介中,对这些污染物的成功控制需要各个独立管制机构和行政部门的协调努力,但结果也并不总是成功的。一种有效的污染控制方法需要包含:识别污染物;追踪整个生态链,观察并记录形式所发生的变化;确定人及其环境的总暴露量;检查污染形式之间的相互作用;确定生态链中最适合阻截污染的地方。在组织方面,这需要将现在分散在几个部门和机构中的各种研究、监测、标准制定和执法活动整合到一个机构中。

基于这样的背景,1970 年,美国根据"第 3 号重组计划"建立了美国环境保护局。根据该计划的条款,以下原本属于其他部门的部分或全部职能被移至新的环境保护局:由联邦水质管理局(来自内政部)执行的职能;农药研究的职能(来自内政部);由国家空气污染管理局(来自卫生教育福利部)实施的职能;固体废物管理局和水卫生局执行的职能,以及辐射管理与环境控制局(来自卫生教育福利部)执行的部分职能;美国食品药品监督管理局(来自卫生教育福利部)执行的与农药有关的某些职能;进行与生态系统有关的研究的职能(来自环境质量委员会);某些有关辐射标准制定的职能(来自原子能委员会和联邦辐射委员会);农业研究局(来自农业部)现在开展的关于农药登记和相关活动的职能。基于这一广泛授权,环保局也将在之前没有得到足够重视的环境保护领域发展监管能力,如对噪声问题的监管,并且将在这些新增领域组建一个组织。

美国还通过合并计划来实现机构精简。例如,2011 年时任美国总统巴拉克·奥巴马在国情咨文中强调:"我们在信息时代生活和做生意,但联邦政府的组织结构却没有跟上步伐。政府机构在没有全面战略规划的情况下发展壮大,重复的行政计划如雨后春笋般涌现,使每个人都难以实现其目标……在地面交通、就业培训、公共卫生和教育等各个领域,我建议将大量计划合并为更有针对性、更有效和更精简的计划。"①

① Barack H. Obama. Presidential Memorandum—Government Reform for Competitiveness and Innovation, White House, March 11, 2011.

大部制的改革，既顺应了政府处置公共事务涉及多部门难以协调处理的矛盾现实，也在一定程度上减少了部门划分、职责推诿所带来的治理低效问题。但是，机构合并与重组并未完全消除管辖权重叠，跨领域整合同时带来部门机构之间的内部协调问题。大部制就本质而言是"组织机构间的重组"，治理机制并没有得到相应的调整与改变，因此在推行过程中，大部制也把原来的部际协调问题转换成了部门内部协调问题，其结果导致了组织内部协调问题的产生。[①] 而且，在大部门体制下，部门职能领域变大，权力与职责相应增多，如何对部门实施有效监督，也成为一个难点。[②] 特别是美国从早期的同领域整合发展到跨领域整合，跨领域整合意味着"大部门的横向扩张和专业化分工的增加，组织结构更复杂，组织内部张力更大，协调事务也大大增加，产生了协调与控制问题，不同的部门都倾向于优先考虑自己的利益……结果只能是局部最优化，即重点在于达到部门的目标而不是整体的目标"[③]。因此，大部制解决交叉扯皮的作用是有限的。实践中的大部制，无法完全消除跨部门公共事务的协调矛盾与协调成本，源自西方后新公共管理时期的"整体政府"理论试图进一步弥合这种困境。[④]

三、大部制改革的中国考察

在中国，大部制改革是一个正在探讨实行中的行政机构改革方案。通说认为，我国的大部制改革开始于 2008 年。党的十七大报告中指出，要加大机构整合力度，探索实行职能有机统一的大部门体制，健全部门间协调配合机制。这次报告拉开了大部门体制改革的帷幕。2008 年开始的机构改革主要针对的是机构重叠、职权交叉、多头执法、效率低下等问题，大部门体制改革的推

① 施雪华，陈勇：《大部制部门内部协调的意义、困境与途径》，《深圳大学学报（人文社会科学版）》2012 年第 3 期。

② 石杰琳：《西方国家政府机构"大部制"改革的实践及启示——以英、美、澳、日为例》，《郑州大学学报（哲学社会科学版）》2010 年第 6 期。

③ 李·G. 鲍曼，特伦斯·E. 迪尔：《组织重构——艺术、选择及领导》，桑强，高杰英译，高等教育出版社 2005 年版，第 59 页。

④ 刘锦：《地方政府跨部门协调治理机制建构——以 A 市发改、国土和规划部门"三规合一"工作为例》，《中国行政管理》2017 年第 10 期。

出是对当今中国政府部门出现的权限重叠与冲突和执法分散化、碎片化问题的一个有力回应。

中国大部制改革从根本上面临着与西方国家不同的制度情境和现实路径。自推行大部制改革以来，我国在中央和地方层面推行了一系列的机构重组与整合。以国务院机构改革为例，从 1998 年起，专业经济管理部门大幅度缩减，宏观调控部门的职责加重；2008 年开始合并职能相近的部门，实行"大部制"，这使得国务院的组织结构与改革开放前有了很大差异。在此基础上，国务院的组成部门、直属机构、直属事业单位等各类机构的分类意义初显，不同类型的机构不仅仅行政级别和政治地位不同，更主要的是对应着不同的组织形态、政策形成过程和管理模式，处理着不同类型的行政任务。① 具体而言，对职责任务相同或具有相似属性的机构进行了一系列撤并重组。例如，根据 2008 年《国务院机构改革方案》组建工业和信息化部，将国家发展和改革委员会的工业行业管理有关职责、国防科学技术工业委员会核电管理以外的职责、信息产业部和国务院信息化工作办公室的职责，整合划入工业和信息化部。在任务属性上，原有的国家发改委的工业行业管理有关职责、与信息产业部和国务院信息化工作办公室的职责等相互之间，存在着职能交叉的可能性，按照"最大归并"原则，将工业和信息化这种同属于工业领域活动性质的管理任务归并到一起，由同一个行政部门承担相应的管理职责。②

2013 年全国人大通过的《国务院机构改革和职能转变方案》进一步提出："减少部门职责交叉和分散。最大限度地整合分散在国务院不同部门相同或相似的职责，理顺部门职责关系。"在 2013 年的国务院机构改革中，组建国家食品药品监督管理总局，整合生产、流通、消费环节的食品安全监管职责；组建国家新闻出版广播电影电视总局，整合原国家新闻出版总署、国家广播电影电视总局的职责，以推进文化体制改革。这些都在某种程度上体现了大部门体制的思路，试图变部门间协调为部门内协调，减少部门主义的影响和部门之间的摩擦，克服职能交叉、多头执法。③

---

① 贾圣真：《行政任务视角下的行政组织法学理革新》，《浙江学刊》2019 年第 1 期。

② 朱新力，罗利：《行政组织法的功能拓展及其制度设计》，《法治研究》2012 年第 11 期。

③ 宋华琳：《政府职能配置的合理化与法律化》，《中国法律评论》2017 年第 3 期。

2018 年的大部制改革，通过调整机构设置以及机构内部不同部门之间的关系，优化职能内部结构。本次改革按功能归属、因事设职的组织基本原则，按照相近职权的整合与统一、应时职权的裁并与增设等方式展开，以政府职能优化为中心调整部门隶属关系，明确归口管理。[①] 具体而言，按照功能归属的原则整合相关部门职责，组建自然资源部、生态环境部、农业农村部、文化和旅游部、应急管理部、国家粮食和物资储备局、国家林业和草原局；对司法部和国务院法制办公室的职责进行整合，重建司法部；在原国家知识产权局职责基础上，整合原国家工商行政管理总局、国家质量监督检验检疫总局的商标、原产地地理标志管理职责，重组国家知识产权局；对国家工商行政管理总局、国家质量监督检验检疫总局、国家食品药品监督管理总局等部门职责进行合并，组建国家市场监督管理总局，作为国务院直属机构。2018 年的国务院机构改革不仅大幅度调整了国务院机构设置，更将政府机构改革置于党政军群等各类组织改革的布局下统筹考虑。与以往机构改革主要涉及政府机构和行政体制不同，这次机构改革是全面的改革，包括党、政府、人大、政协、司法、群团、社会组织、事业单位、跨军地，中央和地方各层级机构。[②]

这次改革是“大部门制改革”的再次升华。具言之，这次改革坚持推动政府职能转变，坚持优化协同高效的改革思路，延续上一次国务院机构改革“大部门制”的基本原则，即推动一类事项在原则上由一个部门统筹，一件事情原则上由一个部门负责，避免“九龙治水”、职能交叉等现象发生。比如，新组建的自然资源部整合了原本分属国土、住建和发改部门的空间规划编制权，为建立国家空间规划体系并监督其实施奠定了基础。新组建的生态环境部整合了分散于环保、发改、水利、农业和海洋等部门的环境保护职责，统一行使生态和城乡各类污染物排放的监管和执法职责，改变了环境保护职能交叉、各管一段的局面。新组建的农业农村部在原农业部基础上整合了发改、财政、国土、水利等部门的农业投资项目管理职责，更好地服务于乡村振兴战略的实施。还有新组建的应急管理部，更是整合了分散于安监、国务院办公厅、公安、民政等

① 冯贵霞：《党的十九大后新一轮大部制改革的内容与特点》，《理论与改革》2018 年第 4 期。

② 刘鹤：《深化党和国家机构改革是一场深刻变革》，《人民日报》2018 年 3 月 13 日，第 6 版。

10余个部门的职责，构建起中国特色应急管理体制。这些机构和职能的优化重组将有效避免政出多门、责任不明、推诿扯皮的问题，能够解决机构改革中许多长期想解决而没有解决的难题。①

在行政管理实践中，机构整合与重组是化解碎片化管理难题的一项有力措施。以“不动产统一登记”为例，按照2007年的《中华人民共和国物权法》，国家对不动产实行统一登记制度。不动产登记，由不动产所在地的登记机构办理。但事实上，我国的不动产登记长期以来分散在多个部门，如建设用地使用权和集体土地所有权等由国土资源部门登记，房屋所有权等由住房和城乡建设部门登记，林地所有权和使用权由林业部门登记，水面、滩涂的养殖使用权由渔业部门登记，海域使用权则由海洋部门登记。多年来，由于部门利益牵扯，对于由哪个部门进行不动产统一登记一直存有争议，如在住房方面，房地产管理部门和土地管理部门都想获得这个权限。其中，按照法律规定办理转让和抵押的登记机构有十几个。这既导致了重复登记、资料分散、资源浪费、当事人负担增加等问题，又不利于登记制度的健全。比如房产证难办，是许多购房者共同面对的问题。一个重要的原因就是，办理房产证需要面对十分烦琐的手续，需要跑测绘、国土、房管等多个部门，办理中途往往还要补充各种资料。2013年，国务院常务会议决定整合不动产登记职责，对分散在多个部门的不动产登记职责进行整合，由国土资源部承担。但目前来看，无论是结束我国不动产多头登记的混乱局面，还是弥补以往数据的漏洞，都还有诸多难题待解。②

在我国整体推进大部制改革之前，行政执法领域已经开始职能整合与机构重组的实践探索。例如，从1996年《行政处罚法》最早提出的设立相对集中行政处罚权，逐步过渡到综合行政执法。2002年10月，国务院办公厅转发中央编办《关于清理整顿行政执法队伍实行综合行政执法试点工作的意见》，提出：“要严格控制执法机构膨胀的势头，能够不设的不设，能够合设的合设；一个政府部门下设的多个行政执法机构，原则上归并为一个机构。”2003年2

① 宋雄伟：《党和国家机构改革顺应时代》，《中国青年报》2018年3月26日，第2版。

② 刘德炳：《不动产统一登记实施6年难执行　一权限多部门争》，《中国经济周刊》2013年12月24日。

月，中央编办和国务院法制办联合下发《关于推进相对集中行政处罚权和综合行政执法试点工作有关问题的通知》(中央编办发〔2003〕4 号)，对有关职能部门的职责权限、机构设置和人员编制进行相应调整，旨在从源头和体制上改革和创新行政执法体制。这次改革的基本方向是，在做好两项工作的衔接的基础上，从相对集中逐步过渡到综合执法。[①] 2014 年发布的《中共中央关于全面推进依法治国若干重大问题的决定》明确指出，“根据不同层级政府的事权和职能，按照减少层次、整合队伍、提高效率的原则，合理配置执法力量”。

综合行政执法体制改革是对分散在各个部门的行政执法权进行综合化配置的改革。这种改革模式有利于整合碎片化的执法权力、执法机构，形成整体化的执法合力。党的十八届三中全会提出：“深化行政执法体制改革。整合执法主体，相对集中执法权，推进综合执法，着力解决权责交叉、多头执法问题，建立权责统一、权威高效的行政执法体制。”党的十八届四中全会提出，深化行政执法体制改革应根据不同层级政府的事权和职能，按照减少层次、整合队伍、提高效率的原则，合理配置执法力量。要进一步推进整合多部门执法权的综合执法体制改革。党的十九届三中全会指出，深入推进行政执法体制改革，一个部门有多支执法队伍的，原则上整合为一支队伍；整合同一领域或相近领域执法队伍，实行综合设置。《深化党和国家机构改革方案》明确了全国要组建市场监管、生态环境保护、文化市场、交通运输、农业等五支新的综合执法队伍。要积极推进五支综合执法队伍的组建，把分散化的执法队伍整合到有关执法队伍之中。比如，市场监管综合执法队伍的组建，要整合工商、质检、食品、药品、物价、商标、专利等执法职责和队伍；生态环境保护综合执法队伍的组建，要整合环境保护和国土、农业、水利、海洋等部门相关污染防治和生态保护的执法职责和队伍；文化市场综合执法队伍的组建，要整合旅游市场执法职责和队伍，统一行使文化、文物、出版、广播电视、电影、旅游市场行政执法职责；交通运输综合执法队伍的组建，要整合交通运输系统内路政、运政等涉及交通运输的执法职责和队伍；农业综合执法队伍的组建，要整合农业系统内兽

---

① 吕普生：《中国行政执法体制改革 40 年：演进、挑战及走向》，《福建行政学院学报》2018 年第 6 期。

医兽药、生猪屠宰、种子、化肥、农药、农机、农产品质量等执法职责和队伍。借助五大综合执法队伍组建的契机，地方要强化综合执法体制建设，结合地方实际，整合更多的执法队伍，改变行政执法体制存在的碎片化、分散化结构性问题。[①]实践表明，综合行政执法有助于降低执法成本，是解决多头、重复、交叉执法问题的基本方向和重要途径。当然，理性对待综合机构的设置是非常必要的，如果大部门成了"超级大部"，内部处室林立，超过了上级能对下级实施的管理幅度，则有可能造成管理效率的低下，甚至是无效。

改革开放以来，中国进行了八次大的政府机构改革，从一定意义上讲都是机构裁撤和功能调整的大部制改革。以往的七次大部制改革，取得了机构精简、人员减少、职能转变等成效，但仍然存在职能重叠、人员冗余、多头管理等问题，尤其是大部制改革一直局限在政府体系内部。[②] 党的十八大明确提出要深化国家机构和行政体制改革，实现国家治理体系和治理能力现代化，这为大部制改革指引了方向。党的十九大后，在习近平新时代中国特色社会主义思想的指引下，新一轮大部制改革的总体创新思路是：将政党、人大、政府、司法机关、社会组织、企事业单位和公民个人等多元主体纳入大部制改革思路中，打破过去局限于国务院部门之间的"大部制"概念；将"大系统"概念纳入大部制改革机构调整方案中；将加强和优化"党的领导"明确为国家机构调整的重要原则，贯彻到大部制改革的全过程之中；将"机构随功能走"或曰"结构功能相匹配"原则落实到机构职能、级别、编制、权能的规范中。经过本次新的大部制改革，今后中国的政府机构必将结构更加合理，功能更加完整，关系更加明确，运行更加高效。[③] 此外，部门内部的协调将成为今后我国大部制改革的一个重要内容。有学者提出，根据党的十九大和十九届三中全会部署，国务院机构改革再次启动，各部门间的职能调整和优化配置基本完成，进入了以深化机构改革为目标的后大部制时期。在这一时期，机构改革的重点之一是对大部

---

① 赖先进：《行政执法中跨部门协同存在的问题及其改进》，《福建行政学院学报》2018 年第 6 期。

② 曹丽媛，夏珑：《后大部制时期"超级大部门"的部内协调困境及解决路径》，《天津行政学院学报》2018 年第 6 期。

③ 施雪华，赵忠辰：《党的十九大后中国新一轮大部制改革的背景和思路》，《理论与改革》2018 年第 4 期。

制改革后出现的“超级大部门”进行内部组织结构的重新调整和权能的重新配置，避免“超级大部门”陷入各内设机构松散联合、机构和人员增多、职能重叠以及部门利益司局化或处室化等带来的部内协调困境之中。在后大部制时期，新成立的“超级大部门”需要紧紧围绕政府职能转变的核心，通过将决策和执行分开、建立大司局或大处室、构建等级化的协调结构和制定公共服务清单来突破困境，实现“超级大部门”的内部协调。[①]

可见，大部制改革根植于中国土壤得到了与时俱进的新发展，通过持续精进的努力探索，将进一步拓展和创新大部制改革的理论与实践体系。需要指出的是，由于社会问题的复杂性和跨界性日益增强，各国在实施机构整合与重组的大部制改革后，仍然需要解决大部门内部的协调以及部门之间的协同问题，因此以跨部门系统为核心的整体政府建设同样甚为重要。

第二节　整体政府建设：合作与协调

一、“整体政府”概述

整体政府(holistic government)是一个大概念，相关词汇包括“网络化治理”(government by network)、“协同政府”(joined-up government)、“水平化管理”(horizontal management)、“跨部门协作”(cross-agency collaboration)等等。其共同点是强调制度化、经常化和有效的“跨界”合作以增进公共价值，[②]“整体政府”是一个内涵极为丰富的理论体系，这种包容性增强了理论的解释力度，对各种“跨界管理”现象形成了专门的研究体系，主要解决以碎片化为显著特点的分割管理模式的低效问题，这也是为何该理论甚至一度被称为新公共管理之后的新的政府管理模式。

与大部制“通过合并、整合等方式组成涵盖相近职能的超级大部”的方式不同，整体政府理念强调，行政改革应该重视政府整体功能的发挥与部门之间

---

① 曹丽媛，夏珑：《后大部制时期“超级大部门”的部内协调困境及解决路径》，《天津行政学院学报》2018年第6期。

② 周志忍：《整体政府与跨部门协同》，《中国行政管理》2008年第9期。

的协调，在部门分工的基础上，通过建立正式或者非正式的协调机制来实现部门之间的整合，其核心或标志是合作与协调，目的在于提升政府能力，改进政府绩效，从而满足来自社会公众的需求，更好地服务于经济和社会发展。整体性政府尽管也有组织结构方面的变革，但更注重以边界的存在为基础和前提；而大部门体制则试图尽可能地消除原来部门间的边界，在更大的范围内构建清晰的边界。整体政府意味着对层次鲜明、专业分工的官僚制结构的一次冲击，而大部门体制则在一定程度上是对专业化管理与职能分工的延续和重新调整。[①] 在政府管理领域，打破"碎片化"模式下的组织壁垒和自我封闭的状态，强化政府部门之间的合作与协调，促进政府信息资源的共享，加强政府服务方式和渠道的整合，构建无缝隙、一体化的"整体型政府"，已成为当前国际上公共行政改革的一种新趋势。[②]

发端于 1997 年英国行政现代化进程的整体政府的跨部门协同改革，顺应了经济全球化和政治民主化潮流，认为公共行政的最佳目标不是"小政府"，而是"好政府"。改革的方式已经不是政府从各领域的全面撤退，而是选择适当的作用领域，不仅要肯定新公共管理改革所倡导的效率价值，也要关注民主价值和公共利益，希望通过协调、整合等手段促进公共服务主体之间的协同合作，在广泛应用信息和网络技术的基础上，建立起跨组织、跨部门、跨机构的治理结构，最大可能地避免职能交叉或利益冲突，提高各部门应对复杂问题的综合能力，通过打造合力来实现协同各方的"共赢"。继英国之后，以跨部门协同为核心价值的整体政府改革迅速在世界范围内兴起与发展，已然成为西方国家行政改革的普遍实践。尽管不同国家在实际操作过程中选择了不同的改革路径，但强调组织整合、跨界合作、网络化运作和多元主体共治是西方整体政府改革的共性。[③] 相比于其他方式，以跨部门协作为核心的整体政府模式受到的关注正在与日俱增。

---

① 王佃利，吕俊平:《整体性政府与大部门体制:行政改革的理念辨析》,《中国行政管理》2010 年第 1 期。

② 谭海波，蔡立辉:《"碎片化"政府管理模式及其改革——基于"整体型政府"的理论视角》,《学术论坛》2010 年第 6 期。

③ 孙迎春:《澳大利亚整体政府改革与跨部门协同机制》,《中国行政管理》2013 年第 11 期。

在某种意义上，跨部门合作代表了整体政府建设。澳大利亚管理咨询委员会在报告中就将整体政府定义为“公共服务机构为了共同目标而采取跨越组织界限的合作方式，以整体政府的姿态回应所面对的特殊问题”[①]。需要指出的是，跨部门协调与合作并非专属于整体政府建设模式，协调合作一直以来都是政府处理碎片化管理问题的一项重要措施，其特点是重视跨组织界限的共同目标，反对在组织内孤军作战。而这一点正契合了整体政府的理念，成为推进整体政府建设的一个关键举措。随着政府计划越来越相互关联，确定某一组织的使命变得更加困难。任务经常成倍增加，政府组织不仅要面对和管理自己的工作任务，还要与密切相关的工作计划无缝连接。事实上，狭隘地关注组织自身任务可能会破坏有效的政府管理，因为政府试图解决复杂问题的次数越多，使用广泛的网络就越多，任何组织的成功就越取决于其与他人协作的能力。[②] 随着整体政府模式的发展演进，跨部门合作已然成为多国政府管理与服务工作的核心机制，整体政府模式也在不断协作实践中得到了总结提升。

二、“跨部门合作”理论与实践

如前文所述，“跨部门协同”与协同政府、整体政府联系紧密，在某种程度上甚至可以互换。随着整体政府建设的推进，在整体政府模式下促进跨部门协同机制的建设与发展，也已成为发达国家政府改革的热门实践和学术界理论探讨的前沿领域。

“合作”一词，英文为 collaboration[③]，意即“一起工作”“共同努力”，可进一步解释为“两个或更多的人或团队一起合作，共同创造或实现同一个目标”，通常带有“积极、主动参与”的色彩，表达“不分彼此的合作”蕴意，相关文献中也

---

① Management Advisory Committee. Commonwealth of Australia. In Connecting Government: Whole of Government Responses to Australia's Priority Challenges,2004:4.

② Donald F. Kettl. Managing Boundaries in American Administration: The Collaboration Imperative,Public Administration Review, 2006,66(S1):10-19.

③ “collaboration”在国内学术文献中常译为合作、协作，早期国外文献中，合作一词对应的是“cooperation”，后来逐渐被 collaboration 所取代，特别是在公共管理学、行政法学研究文献中。cooperation 所表述的合作是“单纯的合作，配合对方”，一般没有 collaboration 所表达的“不分彼此的合作”之意。

常译为“协作”。何谓跨部门合作？加拿大著名的环境管理专家汤普森(Derek Thompson)、麦克艾格 (James Mccuaig)和威尔克斯(Brian Wilkes)认为，跨部门合作是带来更好决策和结果、带来方法创新以实现整个社会可持续发展的基本工具；它确保了知识共享，所有关键问题和部门得到适当的考虑，在适当的地方合作进行决策和采取行动；它在具体问题上动用整个部门的资源以共同达到具体的目标。各部门合作关系首先是一种合作伙伴关系，而不是竞争或为部门争利。每个部门都具有各自的资源和能力优势，跨部门合作也就是一个资源整合的过程，可以使有限的资源发挥最大的社会效益。[①]

在公共管理学领域，尤金·巴达赫(Eugene Bardach)认为，跨部门合作是两个以上的机构共同从事任何活动，通过一起工作而非独立行事来增加某项公共事务的效率和价值。[②]“在提供服务和监管执法方面创建联合工作能力”，机构间协作能力，即参与协作活动的潜力，是创新和创造公共价值的必要基础。[③] 跨部门合作的效果是要实现一加一大于二的整体效应，而不是简单的拼凑。

作为加强具有共同责任和重叠管辖权的机构之间的一种协作方式，跨部门合作是指一种独特的活动和安排；或者广义上涵盖一种或多种其他相关类型——协同、网络化、整合、合并和伙伴关系，[④]这种宽泛的解释涵盖了当前和过去的机构间合作的各个方面。GAO 采用了这种广义的合作概念。GAO 在报告中明确指出，协作可以广义地定义为旨在产生比组织单独行动时更多公共价值的任何联合活动。GAO 在报告中广泛使用“合作”(collaboration)一词来涵盖其他定义为“合作”(cooperation)、“协调”、“整合”或“网络化”的各种各样的跨机构活动。GAO 指出：“我们之所以这样做，是因为这些术语没有普遍

---

① 王玉明，邓卫文：《加拿大环境治理中的跨部门合作及其借鉴》，中国环境科学学会学术年会论文集，2011 年。

② 尤金·巴达赫：《跨部门合作：管理“巧匠”的理论与实践》，周志忍，张弦译，北京大学出版社 2011 年版，第 13 页。

③ Joan Subirats，Raquel Gallego. Getting Agencies to Work together：The Practice and Theory of Managerial Craftsmanship. International Public Management Journal，2001(4)：185-187.

④ Frederick M. Kaiser. Interagency Collaborative Arrangements and Activities：Types，Rationales，Considerations. Congressional Research Service，2011(5)：1-34.

接受的定义,我们无法对这些不同类型的机构间活动进行明确区分。”[①]由此可见,GAO把“合作”(cooperation)、“协调”、“整合”或“网络化”等视为合作的包容性特征或跨部门合作的具体活动形式。

在美国相关文献中,跨部门协作或合作(collaboration)与跨部门协同(coordination)是两种不同的协调运行机制。在行政系统内部,针对管辖重叠与碎片化问题的解决机制经历了从“跨部门合作”到“跨部门协同”的发展历程,而“跨部门合作”机制亦经过了一个从工作上的联络安排到密切联络,再进一步发展成全面合作关系的演进过程。早期的合作,主要是一种工作联络安排,不同机构实施的联络安排也存在差异,其中包括制定联络协议与非正式的临时安排。在联络协议中通常详细描述每个机构的管辖范围,明确各方的责任,并指定联络官以确保机构间联络的连续性。联络工作一般由高级官员和各机构内的总法律顾问(general counsel)承担,他们有着友好的工作关系。在非正式联络安排中,各机构之间虽没有关于联络如何运作的书面协议,但总法律顾问及其工作人员一般每6到8周会面一次,讨论共同关心的问题。机构之间也未制定正式的沟通程序,但实际上,每个机构都会通知对方其启动调查或执法行动的意图,并寻求对方对该行动的评论或意见。非正式安排完全取决于机构负责联络的工作人员,工作人员之间的沟通取决于他们各自的主动性;尽管这些非正式安排在大多数情况下似乎能够顺利运作,信息和专业知识能得到慷慨分享,而且规则之间不相互冲突,但几乎不能保证,当发生人员变动时,这些当前的安排是否将继续成功地运作。因此,制度化的联络安排应确保定期沟通,并尽量减少人事变动对继续工作关系的影响。一般地,采用正式还是非正式的联络安排取决于各机构管辖权重叠的不同性质,如果重叠的管辖权很复杂或范围较广,则需要制定协议界定具体责任。[②]

由于认识到需要密切合作,美国联邦贸易委员会(FTC)和美国食品药品监督管理局(FDA)于1954年签订了正式的联络协议。该协议概述了每个机

---

① GAO. Results-Oriented Government. Practices That Can Help Enhance and Sustain Collaboration among Federal Agencies,GAO-06-15,October 2005.

② Teresa M. Schwartz. Protecting Consumer Health and Safety: The Need for Coordinated Regulation among Federal Agencies. Washington Law Review, 1975, 43(4):1031-1076.

构的管辖权，赋予 FTC 对食品、药品、器具和化妆品广告的专属管辖权，以及 FDA 对此类产品的错误标识的专属管辖权，除非这些机构做出明确相反的协议。该协议的主要目的似乎是减少管辖权重叠和重复工作领域。1971 年，协议重新修订，以便在各机构之间提供更灵活的工作关系。为此，各机构之间没有划定具体的管辖范围；相反，FTC 对食品、非处方药、器具和化妆品的广告拥有主要管辖权，FDA 对处方药广告以及食品、药品、器具和化妆品的标签拥有主要管辖权。新协议还要求协调执法计划，交换信息和证据，并仔细选择最能保护消费者的程序。通过强调联合规划和减少管辖权分配，各机构表示致力于最大限度地保护消费者所需的密切协调。因此，从表面上看，1971 年的协议反映了早先文件中未包含的新的合作精神。①

实践表明，各机构之间的合作是必要的，因为每个机构都会依赖于另一个机构来进行有效的执法。在美国，几乎在所有政策领域内，公共法律、行政命令和行政指令所要求的机构间协调安排和活动的数量、重要性和相关建议都在不断增长。② 早在 1937 年，美国参议院在新政扩大政府职责的第一阶段和早期(很大程度上不成功的)多机构执行沃尔斯特德法案(禁酒令)之后，就设立了一个专门委员会，负责调查政府行政机构的协调状况，专门委员会负责全面彻底研究政府行政部门，各局、委员会，独立机构及所有其他机构的所有活动，以确定任何此类机构与任何其他此类机构的活动是否发生冲突或重叠，还有为了精简、效率和经济，任何此类机构是否应与其他机构协调或撤销或减少其人员。该委员会委托布鲁金斯学会(Brookings Institution)进行了一项研究，在其内容广泛而详细的报告中得出结论："为防止重复，更糟糕的是，在交叉目的下工作时，必须建立和维持协调机制。"③

那么，究竟有哪些不同类型的跨部门合作方式？GAO 认为，至少可以识

① Teresa M. Schwartz. Protecting Consumer Health and Safety: The Need for Coordinated Regulation among Federal Agencies. Washington Law Review, 1975,43(4):1031-1076.

② Frederick M. Kaiser. Interagency Collaborative Arrangements and Activities: Types, Rationales, Considerations. Congressional Research Service,2011(5):1-34.

③ Senate Select Committee to Investigate the Executive Agencies of the Government with a View to Coordination. Investigation of Executive Agencies of the Government: Preliminary Report, Washington, D. C., 1937:40.

别六种不同类型的协作安排和活动。尽管缺乏对这些“安排和活动”一致、快速、详细的定义，但可以为主要的机构间活动和安排框定广义的理解，以使其区别于作为一个宽泛涵盖的合作概念。跨部门合作旨在确保或加强具有重叠管辖权和共同责任的机构之间的联络与配合，这些安排和活动包括：(1)合作，这种安排在很大程度上依赖于成员之间的自愿或酌情参与，这些成员在这种活动和安排中相对平等或至少具有平等性。(2)协同，由主导机构或官员指导一个或多个其他机构的运营、项目或计划的安排。(3)合并，是指新增或将现有部门、机构、局、办公室或者其下属部门、人员和资源的全部或部分管辖权永久地合并或转让给其他不同机构的安排。(4)整合，这是一种将长期或临时机构的相关部分汇集在一起，以执行特定的行动、项目、方案或政策的安排；与合并不同，这些努力涉及相关机构之间非永久性的人员、资源或权力的转移。(5)网络化，涉及联邦政府和其他级别政府的安排，包括联邦、州、地方政府，在某些情况下还涉及外国政府。(6)伙伴关系，一种以公私伙伴关系为特征的安排，公共部门组织从联邦政府延伸到州和地方政府，在某些情况下还包括外国政府；以及涉及不同类型的私营组织，包括非政府组织、非营利组织、营利性公司、政府资助的企业和政府特许公司等。① 这几种组织类型在具体内涵上可能会有重叠，也可能被同时运用于同一组织结构的变革。换言之，同一组织结构中存在几种不同类型的活动和安排，这些活动和安排在某些情况下也很难区分开来。

对于这六种合作形式或类型，公共部门也没有普遍接受的概念界定，由于缺乏商定好的精确定义，每个概念的不同解释和术语可能基于其在机构内部的使用传统或随着时间的推移而改变。时间也是影响对这六个概念理解的可能要素，因为术语的使用及其意义在不同时期会发生变化。例如，几十年或更久以前所使用的合作含义可能与今天有很大不同。此外，某些概念，例如伙伴关系和网络化，可能已经从较早时期发生变化，如今，这类安排已较少使用或含义不同。此外，确定各种合作安排所采用的标准也可能有所不同或极为宽

---

① Frederick M. Kaiser. Interagency Collaborative Arrangements and Activities: Types, Rationales, Considerations. Congressional Research Service, 2011(5):1-34.

泛。总之，术语的使用含义并不确定，有时不一致，有时又可互换而没有区别。

GAO进一步提出，各机构可以通过参与以下活动或安排来加强和维持其协作努力：(1)制定相互促进或联合战略，旨在帮助调整活动、核心流程和资源，以实现共同目标。(2)通过利用资源来支持共同结果，并在必要时利用资源，确定并满足需求。(3)就角色和责任达成一致，包括领导力。(4)建立兼容的政策、程序和其他手段，跨机构边界运作，包括兼容的标准和数据系统，并经常进行沟通，以解决文化差异等问题。(5)建立监督、评估和报告协作成果的机制。

综上，跨部门合作具有以下特点：(1)合作的前提：共同利益、相互依赖性、强烈兴趣。合作的一个固有特点就是自愿、平等、协商。比如在加拿大，跨部门合作讲究"桌上平等"和共识决策，参与者基于平等和尊重原则进行合作。又如，美国农业部和内政部建立了跨部门的"荒地消防领导委员会"，指导相关部门一致实施荒地火灾管理政策，例如跨越不同联邦机构的全国资源分配和优先排序，促进跨机构边界的合作。一位官员指出，委员会成员是代表各部门荒地火灾管理的最高权威，可以为各自的部门协商制定荒地火灾管理政策。但即便如此，合作不能影响各自的利益。专门合作机构的工作也是为了确保其集体做出的政策决定不会对各自机构的不同利益、使命和责任产生不利影响。合作机构可能还需要找到共同点，如共同利益或兴趣等，同时仍满足各自的运营需求。① (2)合作方式有正式和非正式之分。非正式途径，受人事变动以及联络官的素质、责任性、专业能力等影响较大。(3)合作范围非常宽泛，包括政府系统之外的公私合作。例如，加拿大环境与可持续发展的跨部门合作，不仅注重政府间、政府内部机构间的合作，而且让各类非政府环保组织参与其中。这些正是合作的特点，合作不限于政府系统内部，通常包括公私合作在内的更广泛的关系。

按照GAO的界定，协同是广义上合作的一种具体形式，"coordination"一词可以译为协调、协同，"协调"与"协同"在英语世界中不做区分，但从国内相

---

① GAO. Results-Oriented Government. Practices That Can Help Enhance and Sustain Collaboration among Federal Agencies, GAO-06-15, October 2005.

关文献解读,这两个词似乎有所不同,协同可以理解为是对协调的一种更高阶段的发展形式。对于跨部门协同含义的理解,从国内文献看,不能拘泥于语词表达形式,国内文献中有“跨部门协同”“跨部门合作”“跨部门协作”等不同表述,但表达的内涵往往相同或相似。跨部门协同,顾名思义,是不同行政机构或部门之间的协调与合作。但作为部门之间深度合作的一种具体机制,“跨部门协同”这一术语被赋予了新的内容,具有超越一般或共同意义上的协调或合作的概念的特定内涵。按照美国学者弗雷德里克·M.凯撒(Frederick M. Kaiser)的观点,跨部门协同是部门间合作的一种方式,而且是日益受到关注、正在不断发展的方式。[①] 这些年来,跨部门协同越来越多地出现在相关学术文献中,更多地被学者所关注和重视,并逐渐发展成一种相对独立和颇具特色的跨部门协调合作机制,旨在化解管辖重叠与碎片化问题带来的政策分散、行政低效等问题,可以减轻各机构之间的冲突和竞争,提高机构行政能力,改变组织和行政文化。跨部门协同已经成为当前西方各国公共管理改革的新趋势。

在我国,浙江富阳的专门委员会制度是跨部门合作的一个典型实践案例。[②] 浙江富阳富春江的大桥建造工程开工后,作为主管部门的富阳交通局却面临着前所未有的焦虑:由于势单力孤,大桥的前期工作根本无法按计划完成,巨额投资的工程陷入僵局,拖延了四年没有进展。这一困境折射出地方政府治理的碎片化现状,各类规划,各自为“规”;生产力布局,各自为“阵”;资源配置,各自为“营”;部门力量,各自为“战”。部门泾渭分明、壁垒森严,各唱各的调,各干各的事。如何摆脱困境走出僵局?当地政府考虑了将职能相同相近的部门,重组为一个职能更宽、管理范围更广的大部门,使相关职能由一个大部门负责,统一协调管理相关领域的事务,即做“加减法”。但这一途径并不现实,并且由于大部门是相对的,一个部门不可能把一项工作全部管到位、管到边,更有甚者,部门越并越大,还有可能回到过去“知县+衙役”的陈旧模式。相较之下,不动机构,只对相同相近职能进行整合的“乘除法”显然更为适用。

---

① Frederick M. Kaiser. Interagency Collaborative Arrangements and Activities: Types, Rationales, Considerations. Congressional Research Service, 2011(5): 1-34.

② 夏燕:《浙江富阳试水大部制:专委会牵头部门负责制》,《观察与思考》2008年第22期。

经过一段时间的酝酿，2007 年 4 月，富阳市委正式出台了“4＋13”的运作机制。市四套班子成立工业化战略推进领导小组、城市化战略推进领导小组、作风建设领导小组以及决策咨询委员会，以协调重大事项。同时，建立全新的市政府工作推进运行机制，成立 13 个专门委员会，分别为：计划统筹、规划统筹、公有资产管理运营、土地收储经营、体制改革、社会保障、工业经济、环境保护、重大工程建设、城乡统筹、社会事业发展、现代服务业发展、运动休闲委员会。13 个专门委员会由 1 名副书记、6 名副市长分别担任主任，实行牵头部门负责制，组成部门包括各个职能相关的委、办、局等。这样一来，各部门领导的权力都被收了上来，并按照 13 个新划分的领域重新进行了整合。这一案例也表明，在解决管辖重叠与碎片化的实际问题中，大部制和整体政府建设常常也是混同使用，相互借鉴的，并在此基础上产生行之有效的具体工作机制。

第三节　管辖重叠的解决机制

对于行政机构运行过程中，因为事务、地域管辖等可能产生的争议，法律法规等规定了若干解决机制，大致可以分为裁决型、协商型、调解型三种。

一、裁决型解决机制

裁决型解决机制是指以共同上级行政机关为裁决主体的行政权限争议解决途径。这是行政实践中普遍存在的行政权限争议解决途径，许多国家通过立法的形式确立行政权限争议的行政裁决制度。[①] 从我国立法规定看，裁决机制有三种表述：一是共同上级机关裁决。如《中华人民共和国水法》第五十六条规定：“不同行政区域之间发生水事纠纷的，应当协商处理；协商不成的，由上一级人民政府裁决，有关各方必须遵照执行。”二是共同上级机关决定。三是共同上级机关指定管辖。如我国《行政处罚法》第二十一条规定，对管辖发生争议的，报请共同的上一级行政机关指定管辖。

---

① 李惠宗：《德国地方自治法上机关争诉制度之研究》，元照出版公司 2002 年版，第 17 页。

目前，我国关于裁决机制如何运作仍没有清晰统一的立法规定，虽然《中华人民共和国立法法》(以下简称《立法法》)为法律冲突的选择适用设计了裁决机制[①]，对管辖争议的裁决有重要参考和指导意义，但《立法法》也没有明确规定裁决机制如何运作或需要遵循怎样的程序和规则。

与我国目前相对粗放的行政裁决制度不同，其他一些国家或地区详细规定了行政职权配置、权限冲突以及权力协调等内容，特别是对权限争议行政裁决的范围、条件、程序、期限和责任等都有较为明确的规定。例如，西班牙将行政权限争议分为两类，分别为隶属同一个部的行政主体之间的权限争议和两个部之间或隶属于不同部的行政主体之间发生的权限争议。在第一类争议中，由其共同上级机关依据以下程序处理：如果两个机关对同一事务都主张有管辖权，则主张有管辖权的机关应向正在处理该事务的机关提出中止的要求。被要求的机关应停止程序，立即将全部记录送交共同直接上级机关。共同上级机关在 10 天内处理并做出处理决定，行政主体必须服从。如果是第二类争议，则依《权限制裁法》的规定审判。[②] 1996 年《葡萄牙行政程序法典》把行政权限争议分为事务权限争议和地域权限争议两种，并专门对行政权限争议作了详细规定。首先要明确受理机关及其权限，一般是由对争议的各行政机关行使监督权的上级机关处理。其中，隶属于不同部的机关之间的权限争议，由总理处理；隶属于同一部的各机关之间或都在部长监督下的自治法人之间的权限争议，由部长处理。如果权限争议是不同部之间因职责产生的，则争议的行政机关应依职权请求处理，并且任何利害关系人都可以向有权限做出处理决定的机关提出附理由说明的申请，请求处理。如果争议的行政机关没有主动表明立场，则处理机关应要求听取争议行政机关的意见，并在 30 日内

---

① 我国《立法法》为解决法律冲突的适用问题，在明确了基本适用规则之外还设计了一个裁决机制，即：同一机关制定的新的一般规定与旧的特别规定不一致时，地方性法规与部门规章之间对同一事项的规定不一致，不能确定如何适用时，部门规章之间、部门规章与地方政府规章之间对同一事项的规定不一致时，以及根据授权制定的法规与法律规定不一致，不能确定如何适用时，可适用裁决机制。

② 厉尽国：《法治视野下的行政权限争议及其解决——从"魔兽争霸"网游监管权之争谈起》，《西南政法大学学报》2010 年第 6 期。

做出决定。①

二、协商型解决机制

治理是现代公共行政的重要特征，而治理的一个重要表现就是协商与合作。当行政机构间发生事务管辖争议时，首先应进行行政机构间的协商，通过协商性的机制来解决争议。② 我国《地方政府机构设置和编制管理条例》第十条规定："行政机构之间对职责划分有异议的，应当主动协商解决。协商一致的，报本级人民政府机构编制管理机关备案"；《浙江省行政程序办法》第十一条规定，"两个以上行政机关对同一行政管理事项发生职权争议的，应当主动协商解决"；《湖南省行政程序规定》《山东省行政程序规定》《汕头市行政程序规定》均主张"行政机关之间发生职权和管辖权争议的，由争议各方协商解决"。

所谓自行协商，就是发生管辖争议的行政机构之间依法主动就争议事项进行协商寻求一致的解决方案，通过相互沟通，互相配合，达到消解冲突之目的。协商与协调不完全等同，协商一般发生在横向的同层级行政主体之间，协调大多带有自上而下的权威性。如《中华人民共和国环境保护法》（以下简称《环境保护法》）第二十条规定，"国家建立跨行政区域的重点区域、流域环境污染和生态破坏联合防治协调机制，实行统一规划、统一标准、统一监测、统一的防治措施。前款规定以外的跨行政区域的环境污染和生态破坏的防治，由上级人民政府协调解决，或者由有关地方人民政府协商解决。"又如，《浙江省行政程序办法》第十四条第三款规定，"县级以上人民政府应当加强对所属行政机关之间行政协作的组织、协调。"由此可见，协调通常由上级机关来组织实施，协商发生在平行的行政主体之间，比如同一层级的职能部门之间、不存在上下级关系的不同地方政府之间，解决方案亦表现为一种平等合作关系，而非领导或指导关系。当然，协商与协调也并非截然分开的，在实践中，自行协商过程中可能需要协调，协调过程中也会有协商。例如，以往类似或相近的执法

① 李惠宗：《德国地方自治法上机关争诉制度之研究》，元照出版公司 2002 年版，第 337-340 页。

② 刘文戈：《海峡两岸有关行政机构事务管辖争议解决的机制比较》，《学术探索》2013 年第 7 期。

部门因执法管辖权发生争议后，通常是部门之间私下协商，或由有关部门或市领导出面协调，具体方式主要是组织一些协调会议，协调内容和程序较为随意，协商效果得不到保证。但协商与协调的区分是相对的，事实上，不管是实务部门还是理论研究，很多都没有对两者进行刻意区分。

虽然相关立法明确了行政主体之间自行协商解决的机制，但由于没有具体的协商程序规定，未免使协商流于形式，很难达到预期效果。更何况，各职能部门都往往站在自身立场去考虑问题，部门本位思想非常严重，更加影响了协商的诚意和主动性，自行协商通常难以奏效。只有相关行政主体从全局出发，按照一定的原则和程序协调权限争议，才能及时化解冲突，恢复行政秩序。①

关于协商程序，我国台湾地区的相关经验可资借鉴。该地区对于协商性的解决机制规定，"不能分别受理之先后者，由各该机关协议定之，不能协议或有统一管辖之必要时，由其共同上级机关指定管辖。无共同上级机关时，由各该上级机关协议定之"，明确了协商主体是发生争议的行政机构或者是各自的上级机关，协商的结论应以协议确定。在协商的程序方面，地方层面的规范性文件《台北市政府所属各机关管辖权归属及争议处理要点》及其附件对于台北市有关行政机构管辖权归属争议的协商过程进行了规定，其流程包括两个阶段：第一个阶段是"第一次府内跨局处协商会议"，时间长度是 6 日，参与的人员包括各机关主管级以上人员，其中研考会负责列管争议案件，法规会负责厘清法规适用争议，而人事处负责对有关事项的权限明细进行澄清；第二个阶段是"第二次府内跨局处协商会议"，时间长度为 30 日，与会人员包括各机关主任秘书级以上人员，其中研考会负责列管争议案件，法规会负责厘清法规适用争议，而人事处负责对有关事项的权限明细进行澄清，秘书处则负责与"人民陈情案"有关的事项。根据这一规范性文件，行政机构管辖权争议的协商程序每一阶段的主管机关、参与人员、协商议题、时效等要素非常明确，协商的效能也得以提升。②

---

① 金国坤：《行政执法权限争议协调机制研究》，《新视野》2007 年第 3 期。

② 刘文戈：《海峡两岸有关行政机构事务管辖争议解决的机制比较》，《学术探索》2013 年第 7 期。

提升协商机制的约束力，需要完善协商程序，正式的协商解决通常需要对协商结果予以明确，比如签订协商或者合作协议。在这个意义上，地方政府合作机制，可以说是一种正式的协商解决机制。有学者提出，地方政府的合作实质上是行政管辖权的让渡，是一种行政管辖权交易的组织化和制度化的形式。[①] 行政管辖权的让渡是指参与合作的各地方政府或地方政府部门将一种或几种权力，或者某种权力的某一运行环节（决策、执行、监督等）交由某一区域性的管理机构行使，从而形成一种或几种区域管辖权的过程。[②] 地方政府合作机制常发生于跨区域的没有领导和被领导关系的地方政府之间，包括平级的地方政府之间，以及虽然不是平级的地方政府，但没有直接的上下级关系的政府之间。因为不存在上下级关系，所以对于一些跨区域的事项，需要协商合作才能有效管理。

在我国，对一些跨区域公共事务的管理，如疾病防控、社会治安的维持、生态环境的保护等，通常需要地方政府之间的合作才能得以有效完成。因为，每个地方政府的行政管理权力只在本辖区内有效，本辖区政府对其他辖区内的公共事务无权干涉，这样一来，跨越两个或两个以上行政区共同边界的不可分而治之的跨界公共问题就难以得到有效的治理，要填补跨界公共问题和公共物品提供的权力真空，客观上需要相关行政管辖权之间的协调合作。地方政府合作，即通过双方或多方之间的协商与合意，对一些跨区域问题进行共同治理，从而克服管辖重叠与分散管理的障碍。与以往松散、随机的自行协商不同，地方政府合作跨越不同行政区域，协商以后不仅产生合作协议，而且往往能基于协议产生一种正式的组织机构，如“长江三角洲道路运输协调委员会”就是由浙江、江苏、上海三地道路运输管理部门共同成立的协调性机构。

---

① 彭彦强：《行政管辖权交易：地方政府合作的权力基础》，《中共四川省委党校学报》2009 年第 4 期。

② 杨龙，彭彦强：《理解中国地方政府合作——行政管辖权让渡的视角》，《政治学研究》2009 年第 4 期。

三、协调型解决机制

(一)概述

协调一词并非与某个固定模式相捆绑，其内涵具有很大的包容性，既可以是一种解决机制或模式，也可以是解决机制的具体方式方法。作为一种方法手段，它可以运用于任何一种解决机制或程序中，例如，自行协商中可能会借助协调会议，同样，裁决机制的运行也会介入协调会议等。

但作为一种解决机制类型，协调型有着与裁决型、协商型不同的特点与内容。它主要是指同级或上级政府组织对政府不同职能部门或下级政府、部门之间组织协调以解决管辖争议的机制，其特征是介于协商和裁决之间，既不像自行协商那样完全基于平等关系，也不同于裁决机制借助层级关系和法定权威。协调机制包含一定的权威但又不如裁决机制具有强制性。与自行协商不同的是，协商机制的主体往往是同一层级的行政机关，不存在上下级隶属关系。协调发生的主体一般是具有隶属关系的上下级之间或同级政府与所属职能部门之间。此外，协调机制通常具有稳定的组织机构或协调方式，比如议事机构、协调会议等。

协调本质上以自愿为基础，因此在实践中的运作总缺少相应的约束力。虽然有的地方开始强化其约束力，也收到了一定实效，但主要还是行政手段的制约。如《南方都市报》报道，深圳市市长签署实施一个行政执法协调办法，授权市政府法制办进行协调。根据该办法，法制办有权对执法部门的“打架事件”按法律依据进行“一审”裁决，确定管辖权属。如果部门对裁决不服，可“上诉”到市政府，由市政府做出“终审裁决”。该意见书具有法律效力，拒不执行生效决定者，将由市政府给予通报批评，对相关责任人由行政监察机关追究行政责任。① 可见，协调并非完全基于双方或多方的自愿平等关系，实施协调机制的政府机关可以通过行政手段对协调结果赋予一定程度的约束性或拘束力。对于行政协调，迄今法律上没有给予完全或充分的定性，其具体实施带有一定裁量性。

---

① 张国栋:《执法部门“内斗”找法制办评理》,《南方都市报》2005 年 3 月 27 日。

（二）协调方式

从实践运作看，协调方式以会议协调为主。会议协调一般有正式和非正式两种类型。非正式会议协调是一种松散随意的会议形式，通常表现为地方政府有关部门或领导出面协调，协调内容和程序较为随意。协调不一定产生结果，产生结果一般也不具有强制力。在行政管理实践中，地方各级政府部门对一些需要加以协调的事项，动辄召集会议，一两次会议解决不了，就召开三四次会议，甚至更多；小会处理不了，则开大会；低层次会议不行，则开高层次会议。似乎想要协调成功，非召开会议不可。可是，会议多了，有时不但无济于事，甚至会误事，效果更差。[①] 这些年来，地方政府已基本建立了部门联席会议制度。例如，为认真贯彻落实《国务院关于全民所有自然资源资产有偿使用制度改革的指导意见》（国发〔2016〕82 号），2016 年 9 月，经省政府同意，浙江省建立了全民所有自然资源资产有偿使用制度改革部门联席会议工作制度，由省国土资源厅、省发改委、省财政厅、省环保厅、省建设厅、省水利厅、省农业厅、省林业厅、省国资委、省统计局、省海洋与渔业局、省旅游局等 12 个单位组成，负责统筹推进国有土地、水、矿产、国有森林、海域海岛等自然资源的有偿使用制度改革。

在中央层面，会议协调通常表现为一种固化的正式会议形式，即"部际联席会议"。它既不是一个领导岗位，也不是一个实体组织，但与随机性的会议形式相比，它不仅仅是一种会议形式，而且也是一种常规性的工作机制。由于不是一种固定的组织形态，所以会议的组织和召开也可以是临时性的。部际联席会议通常适用于横向协调，但如果是由国务院领导牵头的部际联席会议，就具有纵向协调的特征。

部际联席会议不仅可以解决管辖权争议，而且还常常联合制定政策。近年来，在我国，部际联席会议在"重特大安全事故""全国古籍保护""整治非法证券""全国地面沉降防治""政府绩效管理"等多个领域得到了积极的推行和尝试，多部门联合发文、联合整治等呈现稳定增长的态势。例如 2005 年住房和城乡建设部等九部委《关于调整住房供应结构稳定住房价格的意见》、2008

---

① 金国坤：《行政执法权限争议协调机制研究》，《新视野》2007 年第 3 期。

年国家发改委等10部门《招标投标违法行为记录公告暂行办法》、2009年国家发改委等九部委《贯彻落实扩大内需促进经济增长决策部署进一步加强工程建设招标投标监管工作意见》、国土资源部等12部门《关于进一步推进矿产资源开发整合工作的通知》等。①

在国外，与我国部际联席会议比较相似的有澳大利亚的部际委员会，它具有以下特点：官员以各自部门代表的身份正式参与会议；他们被授权代表部门发言，阐明部门在所涉问题上的立场；成员构成和业务范围有明确界定，而且受到相关权威的首肯；决策以共识为基础。简言之，"代表性"和"共识决策"是部际委员会最鲜明的特征。部际委员会这一组织形式历史悠久，由于与官僚制有历史渊源因而被冷落，目前多称跨部门任务小组或工作小组。相比之下，一个明显的区别是，澳大利亚的部际委员会是一个组织，而我国的部际联席会议是一种工作机制。②

（三）协调机构

协调解决机制的组织载体首先是专门的协调机构，主要包括政府编制管理机关、协调议事机构、政府法制办公室。③

1. 编制管理机关

《地方政府机构设置和编制管理条例》规定了编制管理机关负责行政机构之间对职责划分的争议的协调，但只是提出处理意见，最后由本级政府决定。其中第十条规定，"地方各级人民政府行政机构职责相同或者相近的，原则上

① 周志忍，蒋敏娟：《中国政府跨部门协同机制探析——一个叙事与诊断框架》，《公共行政评论》2013年第1期。

② 周志忍，蒋敏娟：《中国政府跨部门协同机制探析——一个叙事与诊断框架》，《公共行政评论》2013年第1期。

③ 根据2018年《深化党和国家机构改革方案》，将司法部和国务院法制办公室的职责整合，重新组建司法部，法制办作为国务院组成部门。随后，地方各级政府的法制办也进行相应改制，如司法厅整合政府法制办公室职责，重新组建司法厅。由此，各级司法部门作为政府推进协调综合执法的重要机构，要深化机构改革，扮演好统筹和协调的角色。但法制办的协调职责依然保留和延续。以司法部为例，新组建的司法部，既负责起草有关法律和行政法规草案，又负责综合协调行政执法，有利于改变部门主导行政立法的格局，从行政立法源头上提高行政执法依据的协同性。司法部门要加强对行政执法的综合协调、监督，及时发现各部门在推进依法行政中存在的问题，向政府提出解决跨部门协同问题的对策和建议。参见赖先进：《行政执法中跨部门协同存在的问题及其改进》，《福建行政学院学报》2018年第6期。

由一个行政机构承担。行政机构之间对职责划分有异议的,应当主动协商解决,协商不一致的,应当提请本级人民政府机构编制管理机关提出协调意见,由机构编制管理机关报本级人民政府决定。"机构编制管理机关通常按照"三定方案"做出处理意见。"三定方案",即"定机构、定编制、定职能",以此来确定行政机关的组织结构。而在国务院编制管理部门所制定的"三定方案"中,往往规定了"方案由中央机构编制委员会办公室负责解释",这种关于"三定方案"的解释,其实就是一种争议解决机制,是一种静态的、制度上的解决机制。①

2. 国务院议事协调机构

各级政府设有议事协调机构,②以国务院议事协调机构最为典型。《国务院行政机构设置和编制管理条例》第六条规定:国务院行政机构根据职能分为国务院办公厅、国务院组成部门、国务院直属机构、国务院办事机构、国务院组成部门管理的国家行政机构和国务院议事协调机构。国务院议事协调机构承担跨国务院行政机构的重要业务工作的组织协调任务。国务院议事协调机构议定的事项,经国务院同意,由有关的行政机构按照各自的职责负责办理。在特殊或者紧急的情况下,经国务院同意,国务院议事机构可以规定临时性的行政管理措施。由此可知,国务院议事协调机构是国务院行政机构的重要组成部分,是为了完成某项特殊性或临时性任务而设立的跨部门的协调机构。

议事协调机构有常设和临时两种,国务院内部的议事协调机构一般是常设的,此类议事协调机构在一个发展时间段内会长期存在;有时候也会设置临时性的或者是阶段性的机构,如政府在某一阶段有某个重要的政策目标,涉及多个部门,所以成立议事协调机构来进行协调,在政策目标完成后撤销。在地方政府中,议事协调组织通常表现为一个临时机构,而且数量众多,一个副职

① 刘文戈:《海峡两岸有关行政机构事务管辖争议解决的机制比较》,《学术探索》2013 年第 7 期。

② 《地方政府机构设置和编制管理条例》第十一条规定,地方各级人民政府设立议事协调机构,应当严格控制;可以交由现有机构承担职能的或者由现有机构进行协调可以解决问题的,不另设立议事协调机构。为办理一定时期内某项特定工作设立的议事协调机构,应当明确规定其撤销的条件和期限。第十二条规定,县级以上地方各级人民政府的议事协调机构不单独设立办事机构,具体工作由有关的行政机构承担。第十九条规定,地方各级人民政府议事协调机构不单独确定编制,所需要的编制由承担具体工作的行政机构解决。

干部可能身兼几十个议事协调小组的负责人。① 如果以功能分类，国务院议事协调机构还可以分为两类：一类是政策性比较强，涉及政策讨论、政策咨询、政策提出等方面，没有单设的办事机构；还有一类是关于政策的执行、督促、监督，比如一些工作需要几个部委配合来做，需要议事协调机构推动政策的执行落实，这种常需要单设办事机构来协调推进。议事协调机构的具体名称有多种，比如协调领导小组、协调小组、协调委员会等。经过多年的实践运作，议事协调小组在解决政府部门之间的争议特别是权限争议方面发挥了重要作用，这一特定组织模式也已作为正式序列组织和常规治理手段的一项有效补充，承担着不可或缺的功能，且这一功能还没有被其他组织机构的功能所取代。

作为中国党政系统组织体系中的特定名词和特有话语，以“领导小组”为代表的议事协调机构，是中国党政系统及其运行过程中若干个“特殊板块”之一。议事协调机构既是一种带有独特结构特点以及存在方式的组织模式，同时也是中国政府与政治运行过程中特有的一种工作机制和手段。这类议事协调机构具有独具特色的组织结构模式，议事协调机构由更高层级的领导负责，多部门参加，牵头部门承办，协调各方，集中力量，形成了“领导重视、齐抓共管、联动协调”的典型操作方式。议事协调机构采用高密度集合型的权力结构，充分“借用”更高级别领导的原有权力，这一独特的领导构成和权力来源方式造就了议事协调机构不同于一般性常设机构的显著权威性。议事协调机构成为一个超部(门)级的权力单元，由部门领导过渡到了政府领导，实现了权力和权威上的明显放大。虽然对议事协调机构的政治级别在制度上没有明确的规定，但它们在现实运行中的影响力显然要强于其他常设序列机构。比如，国务院议事协调机构的实际地位就高于各部委，在与其他常设部门的联合发文中一般都居于首位，各级地方政府的议事协调机构基本上也是如此。②

3. 政府法制办公室

政府法制办公室(以下简称法制办)是各级政府设立的负责本级政府法制

① 澎湃新闻 2019 年 1 月 13 日一则报道:《副市长一人身兼 40 多个职务，网友:领导您辛苦了!》，据澎湃新闻记者统计，该市长担任了 40 余个议事协调小组的组长或副组长。

② 周望:《借力与自立:议事协调机构运行的双重逻辑》，《河南师范大学学报(哲学社会科学版)》2017 年第 5 期。

工作的办事机构。因其在政府法治建设过程中的独特地位与作用，可以直接反映出一级政府依法行政的水平高低。在我国，2018 年政府机构改革之前，上至国务院，下至每个区、县各级政府都设有法制办，不同层级政府的法制办在功能定位、职能划分上略有差异。政府各级法制办承担政府部门之间进行法规制定时的统筹和协调工作。

一般地，法制办的法定职责包括法律规范冲突的审查与协调。如国务院《法规规章备案条例》第十五条规定，“部门规章之间、部门规章与地方政府规章之间对同一事项的规定不一致的，由国务院法制机构进行协调；经协调不能取得一致意见的，由国务院法制机构提出处理意见报国务院决定，并通知制定机关。”国务院法制办内设政府法制协调司，专门协调各部委的立法活动。协调司的重要职责就是协调部门之间在有关法律、行政法规实施中的矛盾和争议；办理地方性法规、地方人民政府规章和国务院各部门规章的备案审查工作，审查其同宪法、法律、行政法规是否抵触以及它们相互之间是否矛盾，根据不同情况提出处理意见。

在行政法治实践中，法制办越来越多地介入执法权限争议的协调，因为执法冲突背后是执法依据的冲突，这正是法制办对法律规范审查与协调的要求。深圳市政府 2004 年 7 月起改革行政执法协调办法，收效良好，主要是赋予并有效发挥了法制办的协调职能。据《南方都市报》报道，2004 年 7 月，深圳市龙岗区某纺织厂污水处理站发生三名工人中毒死亡事故。龙岗区政府组成事故调查组，确定由环保部门做出查处，但市环保局认为此事故不属于环境污染事故，环保部门无权处理，因而提请协调。8 月，法制办召集市环保局、市安全生产监督管理局、市劳动局以及龙岗区政府相关部门进行协调。法制办裁定依据《环境保护法》，环保部门主要负责环境污染事故的查处。该厂属于环保局直接负责管理的企业，根据环保局监测，该厂排污水口及向厂界处排放废水符合法定标准，其生产人员中毒死亡不属于环境污染事故，主要是工厂管理人员和生产人员缺乏安全生产意识，违反安全生产规定所致。2003 年底，深圳市政府法制办协调后，最后裁定由龙岗区安监局负责查处，环保和卫生部门配合。2004 年 7 月始，深圳市市长签署发布实施一个行政执法协调办法，授权市政府法制办进行协调。根据该办法，法制办有权对执法部门的“打架事件”按法律依据进行“一审”裁决，确定管辖权属。如果部门对裁决不服，可“上诉”至市政府，由市政府做出“终审裁决”。该意见书具有法律效力，拒不执行生效决定者，将由市政府予以通报批评，对相关责任人由行政监察机关追究行政责任。法制办对执法部门“打架”下达协调意见书，依据法律确定管辖权属，其裁决稳定性均较高，通常没有“上诉”至市政府。①

四、问题与不足

尽管有若干差异，但上述三种机制都是在政府系统内部对行政机构管辖争议的解决方式，是一种内部行政程序和活动。在行政法治实践中，行政裁决、协商、协调三种机制均发挥了有效作用，但也都存在一定的局限性。一是由于制度化、规范化严重不足，这三类机制既缺乏具体的法律法规依据，又没有相关的程序保障，对权限争议的解决往往不及时、缺乏权威性。二是这些解决机制无论是自行协商、协调还是报请裁决或决定，都需要行政主体的主动性，但在现实中，由于种种原因，许多权限争议机关往往并不主动寻求争议的解决。主要原因有二：其一，权限争议机关谋求解决争议的利益驱动力不足，这是因为在行政机关权限争议当中，直接的受害者往往是行政相对人，而不是权限争议机关本身。其二，权限争议机关缺乏谋求解决争议的制度驱动力。我国法律并没有做出诸如“在行政机关之间发生权限争议影响行政相对人权益时，争议机关必须先寻求权限争议的解决，不得使行政相对人成为行政机关权限争议的无辜受害者，否则要承担相应的法律责任”此类规定。② 对此，美国的GAO主动审查机制有一定的启发借鉴作用（详见第五章）。

具体而言，前述各种解决机制的不足之处包括以下三点。

第一，裁决机制的局限性。这一以权威为基础的行政裁决，是控制、平息政府间、部门间职权冲突的一个快捷、高效的方法，但并不总是能得到公平和理想的结果。一方面，下级的横向的政府间、部门间的利益之争，往往在上级权力结构中也会有所体现，上级裁决的结果往往与依托权力的强弱相关，因而

---

① 张国栋：《执法部门“内斗”找法制办评理》，《南方都市报》2005年3月27日。

② 黄先雄：《论我国行政机关权限争议的法律规制——从几例“部门之争”说开去》，《国家行政学院学报》2006年第2期。

难保公平。上下级间的利益之争，由于权力的不平衡，更容易以上级机关的意志来解决冲突；另一方面，将职权冲突诉诸高层领导，由于高层领导未必清楚下层职权纠纷的细节缘由，各方各说各的理，领导无所适从，经常是快刀斩乱麻，做出主观的裁决，其结果往往不是最优，甚至不是次优，而且极有可能仅使冲突得到暂时平息或控制，而不是化解，易为以后冲突再次爆发留下隐患并增加化解难度。①

第二，协商机制的局限性。效率是行政活动的重要指标，然而协商性机制对协商程序的时限没有明确的规定，这有可能会导致无限协商，最后影响到行政部门的工作效率。一些地方政府虽然在其行政程序办法中规定了行政机关对同一管辖事项发生职权争议的，应当主动协商解决，然而对于如何激励和促进主动协商解决、有哪些具体程序要求与制约、协商结果的执行力如何等，均没有明确具体的规定，往往使协商机制流于形式。换言之，由于没有法律程序、相关配套机制的依托以及功能依附性，自行协商机制运行及其效果明显虚化。

第三，协调机制的局限性。协调是政府内部化解职权纠纷的常用途径，其优势在于提供一个对话平台，并通过一定程序化解部门间的争端，降低司法资源的消耗，从而确保行政部门整体的有机运转。然而就该机制运行现状看，存在较多问题：一是协调机构众多，协调职能不明确。过多地设立协调机构，降低了原职能部门的地位，甚至有可能取代了原职能部门的工作，不但没有起到真正的协调作用，反而使问题变得更加复杂，削弱了职能部门应有的权威，增大了协调的难度。二是依靠会议协调，缺乏协调法定化程序。行政协调缺乏较合理的规则体系，难以在正常情况下顺利地进行。某市曾经有一个管辖争议，协调了十几年，协调机构先后提出过四次协调意见，每一份协调意见上都有当时的主管市长批准执行的意见，却始终没有执行，以至于一些部门认为，反正也解决不了，干脆不再报，还有的索性把一些长期协调不下来的问题，当作推卸执法责任的理由来到处使用。② 故增强协调机制的法律化运作以实现

① 常健，翟秋阳：《论政策执行过程中的职权冲突及其化解》，《中国行政管理》2007 年第 11 期。

② 金国坤：《行政执法权限争议协调机制研究》，《新视野》2007 年第 3 期。

其纠纷处理的专业化、常态化是很有必要的。

随着经济、科技的快速发展，社会事务日趋复杂，国家职能不断扩张。政府为适应这些发展变化，内部的分工更趋精细，原来属于同一管制事项的程序被切割为许多片段，每一片段由不同的行政机关负责，而每个片段共同决定了此一管制事项最终决定的内容。[①] 处在当代复杂的管制环境下，部门间的分工势必更加深化，行政机构之间的职权争议和纠纷会越来越复杂化，仅仅有上级机关裁决、自行协商、专门机构协调这些机制是不足够的，而且部门间协调的成本和难度也会增加，因而迫切需要进一步寻求有效方法和路径。

① 朱新力，罗利：《行政组织法的功能拓展及其制度设计》，《法治研究》2012年第11期。

第四章 跨部门协同机制

跨部门协同是现代行政治理的核心挑战之一。[①] 随着整体政府建设的推进，协同治理模式愈来愈成为破解管辖重叠与碎片化难题的一种有效路径。许多国家的监管领域都受到管辖权支离破碎与重叠的影响，实践表明，有效监管离不开跨部门协同的工作机制。本章将系统梳理和分析有关跨部门协同的理论研究与实践经验，特别是借鉴美国成功的实践经验和最新理论研究成果，结合我国实际状况，对跨部门协同机制机理在我国的本土化适用和创造性发展进行探究。

第一节 跨部门协同的含义、特征、类型

一、跨部门协同的含义

目前，国内外有关跨部门协同的研究文献并不少见，但对于什么是跨部门协同，有着不同的理解。跨部门协同的概念界定需要解决两个问题：什么是协同？跨部门中的部门如何界定？

（一）协同的含义

协同，英文为 coordination，但 coordination 与“协同”并非是唯一对应的，coordination 也常译成“协调”，与“协调”相比，“协同”一词似乎更契合当下的话语体系和被学者所青睐；关键在于，与“协调”的一般或传统含义相比，“协

---

① Jody Freeman, Jim Rossi. Agency Coordination in Shared Regulatory Space. Harvard Law Review, 2012,125(5):1131-1211.

同”被赋予了更丰富和新颖的内涵,反映了行政治理实践的一种新近发展。

在管理学领域,传统上,“协同”被认为是组织努力实现但可能无法完全实现的理想。例如,穆尼(Mooney)将协同定义为“为追求共同目标而提供团结努力的有序安排”①。基于此,协同活动包含两个要素:(1)协调行动以实现共同目的;(2)解决或避免冲突。第一个可以通过管弦乐队的比喻来说明,乐队所有演奏者都遵守指挥的指示,以便将每个部分融合成和谐的作品。第二个可以通过交通警察的比喻来说明,该交警使驾驶者能够安全地通过拥挤的交叉路口。如果组织内的目标达成共识,那么协同可能包括围绕共同目标的整合。如果目标的共识很低,冲突将占主导地位,协同可能包括顺应或包容,以便组织成员不会阻止彼此实现其个人目标。但是,大多数组织都具有这两种情形,因为组织是某些领域的冲突和其他领域的合作的复杂混合体。②

乔治·格林伯格(George D. Greenberg)提出了五种实现协同的方式。③(1)自发型协同。即没有上级机关介入情况下自行协调。(2)说服型协同。任何组织都存在潜在的冲突根源,但只要存在明确的目标,就可以采取说服的方式或诉诸共同的判断标准解决冲突。“领导本质上是指导,而不是指挥。”根据莱瑟姆(Latham)的说法,管理的作用是培养下属单位之间合作的潜在意愿。但随着离心力的增加和目标的分歧,依靠说服力将不足以确保组织活动的协调一致。④ (3)强制型协同。当管理层与子单位之间意见分歧时,解决冲突的一种方法就是强制。即在任何情况下,无论下属单位是否批准,管理层都会制订解决方案并强制执行。下属单位通常接受强制解决方案,因为不服从的成本太高了。管理层必须对自己的目标有一个清晰的概念,并且必须具有强制实施方案所需的权威、意志和知识。(4)讨价还价型协同。解决冲突的另一种

① Mooney J. The Principles of Organization. In Waldo D. Ideas and Issues in Public Administration. New York: McGraw Hill, 1953: 86.

② George D. Greenberg. The Coordinating Roles of Management: A Typology for Analysis. Midwest Review of Public Administration, 1976,10(2):67-76.

③ George D. Greenberg. The Coordinating Roles of Management: A Typology for Analysis. Midwest Review of Public Administration, 1976,10(2):67-76.

④ George D. Greenberg. The Coordinating Roles of Management: A Typology for Analysis. Midwest Review of Public Administration, 1976,10(2):67-76.

方法是管理层与子单位之间的讨价还价，寻求一种交换，而不是对手的绝对服从，其中每个交易者以牺牲其他价值较低的目标为代价来实现某些目标。如果管理的正式权力薄弱，就像在一些政府机构中那样，制裁可能并不比撤回先前提出的诱因更具威胁性。(5)中立裁决型协同。当组织目标出现分歧时，最相关的冲突通常发生在组织的子单位之间。在这种情况下，管理层通过担任中立审判员的角色，仍然可以解决小部分冲突。仲裁和调解是中立裁决的两种基本形式。

可见，协同是一项复杂的任务，可以通过多种方式实现，具体取决于要协同的组织特征。在实践中，组织之间的协同有时通过讨价还价达成，有时通过裁决、制订共同目的或通过试图强加自己的解决方案来实现，主要取决于组织目标的清晰度或多样性、正式权力的规模、讨价还价的资源等因素。随着具体情形的变化，其中某一种协同方式可能占主导地位，即便其他方式也在一定程度上发挥着作用。

(二)跨部门协同的含义与特征

跨部门协同是部门间合作的一种方式。尽管协同依赖于一种包容性的合作观，但它与合作之间存在区别。合作是一种在很大程度上依赖各方自愿的成员之间酌情参与的安排或活动，其相对平等或至少在这种活动和安排中具有平等性。机构间协同可以定义为适用于特定情形和操作的一种特定的合作形式。与多个机构在共同工作中可以感受到互惠互利的合作相比，协同更像是一种自上而下的工作。当一个享有对多个组织管理权的领导指示这些组织进行合作以实现特定的联合目的时，协同就产生了。[①] 与合作相比，原则上，跨机构协同安排将具有正式权力的主要官员或机构置于指导或命令其他成员的位置。[②] 但两者之间的界限很模糊，因为合作中，有些领导也会主动指导活动或运营，而在正式的协同安排中可能会发生大量的合作。例如，主管领导可能会在确定广泛的政策和流程以及具体的任务和职责时与其他参与者进行有意

---

① Stanton T. H. Improving Collaboration by Federal Agencies: An Essential Priority for the Next Administration. Washington, D. C. :National Academy of Public Administration, 2007:3.

② Frederick M. Kaiser. Interagency Collaborative Arrangements and Activities: Types, Rationales. Considerations. Congressional Research Service, 2011(5):1-34.

义的协商。因此，这种区别不一定是绝对的或适用于所有合作与协同安排。

在理想状态下，合作（但不是协同）承认参与者之间的一定程度的自愿性，即使要成为合作安排的成员，这些组织的实际参与可能也会因它们自己的决定而不是主导机构的指示而有所不同。这种情况反映了平等，即使不是平等，也与其他组织之间产生横向合作安排。根据这种解释，合作组织内部仍可能存在一定程度的综合权威；但它不会像协同那样全面、详细、正式。机构合作的缺点在于没有主管官员或主导机构，某些成员可能没有充分参与或根本没有参与，进而危及机构间合作的程度。①

美国 GAO 将机构间协同定义为包括大型部门内各行政机构之间的交叉项目的协调，例如林业局和农业部内的动植物卫生检验局之间，以及跨部门管辖的协调。② 从 GAO 的定义可知，在美国，跨部门协同主要发生在行政系统各个部门或机构之间。由于各国行政组织体系构成不同，所以跨部门中的"部门"的具体形式也不尽相同。例如，在加拿大，跨部门合作中的"部门"并非专指政府内部的具体职能部门，而是具有更加广泛的内涵，还包括其他各类社会部门，不仅包括政府这个"第一部门"，还包括企业这个"第二部门"，以及非政府组织（又称非营利组织）这个"第三部门"。③

跨部门协同概念的复杂性远非如此。一般认为，跨部门协同是指一些特定的活动与安排，是一种工作机制，但有时候也可以是一些特定的组织机构。一个最具影响力的例子是美国国家情报总监（Director of National Intelligence，DNI），已经获得了由 16 个部门和机构组成的美国情报界的广泛而实质性的权力。DNI 是作为总统行政办公室以外的独立实体而设置的，拥有一定的预算、支出和人事权力，能够为集体情报界以及个人组成部分提供权力和影响力。DNI 还被授予明确的法定权力，以指导和协调情报界的运营和活动，这些权力可以说是当前或过去的机构间协调安排所无法比拟的。此外，

---

① Frederick M. Kaiser. Interagency Collaborative Arrangements and Activities: Types, Rationales, Considerations, Congressional Research Service, 2011(5): 1-34.

② GAO. Managing For Results: Barriers to Interagency Coordination, GAO/GGD-00-106, March 2000.

③ 李兴，赵理文：《环境与可持续发展：加拿大的经验与启示》，中共中央党校出版社 2010 年版。

国家情报总监应实施指导、监督，与相关机构和部门负责人协商，确保消除浪费和不必要的重复情报；根据总统的指示，制定统一的标准和程序，允许任何联邦机构或部门的员工访问敏感的分隔信息，并确保在这些机构和部门中始终如一地执行这些标准和程序。

在国内文献中，协同与协调、合作等未作刻意区分，因此“跨部门协同”与“跨部门合作”等，都是应对跨部门工作事务的长期工作机制或是一种协同治理机制。所谓的跨部门协同，即是在整体政府的框架下，为了解决政府管理碎片化、单一主体能力不足等问题，打破政府部门间既有的行政壁垒，用新的工作方式、责任机制实现信息共享，对人力、物力、财政等各方面进行优化配置，协调互通，最终实现既定政策目标的治理方式。① 跨部门协同，“其目的是为了在碎片化的政府机构之间寻求弥合，消除部门之间的矛盾和张力，充分体现分工合作，最大可能地提高政府效能”②。

在我国，跨部门合作长期存在于层级制组织体系内，然而应对跨部门工作事务的“协同治理”机制，在理论架构上仍有与常规层级体系不同的治理与运行特征。协同治理机制是嵌入在科层制权威结构中的运行机制，是应对跨部门工作事务的长期工作机制。跨部门工作事务常见于政府公共管理活动中，但是，多种类型的跨部门工作事务具有“临时性”特征。跨部门工作事务的产生多由于临时性工作事务需要多部门联合进行处置，因此跨部门合作机制更多是建立在部门分工基础上的即时合作机制。在我国行政治理实践中，无论是否进行跨部门工作的联合，科层制的威权管理模式都将贯穿始终，而无法形成扁平化的组织管理结构，那么网络治理模式特征不会在我国政府的跨部门工作事务管理中居于显著地位。③ 换言之，在我国行政管理体制下，协同治理更带有自上而下的特性。可见，同样是跨部门协同，其在不同国家的具体实践不尽相同，其运作机制带有本土化色彩。

---

① 袭亮，陈润怡：《政府跨部门协同：困境与未来路径选择——以“河长制”在M市的实施为例》，《山东行政学院学报》2018年第4期。

② 陈慧荣，李志超：《信访协同制度化与国家社会治理能力》，《中国行政管理》2014年第10期。

③ 刘锦：《地方政府跨部门协同治理机制建构——以A市发改、国土和规划部门“三规合一”工作为例》，《中国行政管理》2017年第10期。

究竟如何界定跨部门协同的内涵？它是整体政府建设的一种具体实践模式，如同大部制建设下的机构重组与整合，跨部门协同是促进整体政府建设的有效举措，是针对管辖权重叠与碎片化的一种化解机制，是介于上级机关裁决和部门自行协商之间的一种机制架构，体现为在机构之间的联络、互动、协调、合作等安排和活动。在我国，跨部门协同机制具有以下特点：(1)主要发生在不具有上下隶属关系的行政主体之间。(2)它是组织机构之间特定的活动和安排。(3)通常存在主导机构或牵头部门。(4)需要介入一定的权威而非完全的自愿协商。(5)有正式或非正式的制度安排，在特定情况下可形成一种稳定、长期的活动形式或组织机构。(6)它是一种以治理结果为导向的工作机制。协同治理的需求来自实践，因此如何应对实践需要是评判协同治理机制良好与否的重要标准。(7)协同不是通过机构整合与合并，主要是不同机构或职能之间的信息交流与政策协调，既不是相互代替，更不是恢复传统的管理方式。(8)协同是有条件的，需要以制度为保障，其程序与权力的行使均必须体现依法行政的要求。

（三）跨部门协同的类型

基于跨部门协同实施的领域、环节或发生的主体类别，跨部门协同可以分为多种类型。从澳大利亚政府的实践来看，跨部门协同可以应用于公共事务管理的三个层次：政策制定中的协同；政策执行和项目管理中的协同；公共服务提供中的协同。在美国，跨部门协同有多种表现形式，如同级政府之间、同一政府不同职能部门之间的“横向协同”，上下级政府之间的“纵向协同”，政府公共部门与非政府组织之间的“内外协同”，反恐或国际援助领域的国家间协同等。经济合作与发展组织(Organization for Economic Co-operation and Development，OECD)把跨部门协同机制分为两大类：结构性协同机制和程序性协同机制。结构性协同机制侧重协同的组织载体，即为实现跨部门协同而设计的结构性安排，如中心政策小组、部际联席会议、专项任务小组等。程序性协同机制则侧重于实现协同的程序性安排和技术手段，如面临“跨界问题”时的议程设定和决策程序、制度化信息交流平台、促进协同的财政工具和控制工具的选择等。[①]

跨部门协同有不同的深度或层次。比如,经济合作与发展组织根据互动水平和政策产出两个维度,认为政策整合(integration)在协同层次上高于政策协调(coordination)。政策整合比政策协调有着更多的主体间互动,在政策产出方面,前者强调政策一体化或者统一政策,后者只求提高各部门政策之间的一致性。迈耶尔什(Meijers)把跨部门协同分为三个层次,从高到低依次是政策整合(policy integration)、政策协调(policy coordination)和政策合作(policy cooperation)。合作是为了实现各自的目标,协调是为了确立共同的目标或期望,整合是追求一体化的政策结果。[②]

从传统上划分,跨部门协同有等级制、市场和网络三种理想型协同机制。等级制通过更高级别第三方的强制命令实现协同。对于大型组织系统来说,等级制被认为是最常见的、最强硬的、最有效的协同方式。常见的方式是设立一个跨界别的、更高级别的办公机构来协调下属部门。该机构也许是常设的,也许是临时性的。然而,等级过多也是有成本的,当组织成本超过跨界交易成本时,市场机制就纳入考虑范围。市场机制通过自愿平等的相互交换实现合作,构成要素就是买方和卖方。市场协调关键是要降低交易成本,如信息搜寻、讨价还价、监督执行等的成本。网络机制通过平等互惠和信任实现合作。网络协同的关键特征是权威结构的分散性、协同各方的平等性、横向的信息沟通以及自愿互惠的合作。[③]

以上种种基于不同视角对跨部门协同类型所作的划分,描绘了一幅纵横交织、错综复杂的"跨部门协同"图景。

此外,"跨部门协同"还可以作如下划分:(1)根据协同的威权程度或协同方式不同分为正式协同与非正式协同;(2)根据协同环节或适用领域不同,分为联合执法与联合制定政策;(3)根据协同的原因不同,分为外部力量型协同与内生动力型协同;(4)从协同模式的演进看,有自由裁量式、强制合作式、第

① 周志忍,蒋敏娟:《中国政府跨部门协同机制探析——一个叙事与诊断框架》,《公共行政评论》2013 年第 1 期。

② 陈慧荣,李志超:《信访协同制度化与国家社会治理能力》,《中国行政管理》2014 年第10 期。

③ 陈慧荣,李志超:《信访协同制度化与国家社会治理能力》,《中国行政管理》2014 年第 10 期。

三方主导式三种模式，其中第三方主导模式逐渐得到普遍适用，成为当前跨部门协同的主流模式。第三方主导模式是指存在一个“牵头机构”的协同模式，“牵头机构”是国内外通用的横向协同的组织模式。但对于何者为“牵头机构”，有着两种不同的实践：一是对同一跨界公共事务都有管辖权的机构中的一个，通常是所涉跨界公共事务的主管部门或专业相关程度最高的一个行政部门，如环境综合治理由环保部门牵头。二是独立于涉及管辖权争议机构的另一个组织，如部际议事协调机构。“牵头机构”是一个组织协调者，主要起到组织协调的作用。在我国，牵头机构安排存在于两种场合：一是在“部际联席会议”的设立、运行、撤销过程中有明确的“牵头部门”。二是部门职责分工时明确了一些牵头部门。不论出现在哪种场合，牵头部门对相关机构没有指挥命令权，平等协商和共识决策依然是协同的主要特征，因此属于横向协同的特定形式。牵头部门安排所解决的只是一个简单的组织问题，平等主体共同行动需要提议或发动者，需要组织协调者。①

二、跨部门协同的理由

为什么选择跨部门协同？跨部门协同的理由分两个层面：一是跨部门协同的必要性。二是跨部门协同的先进性，即与机构合并重组、跨部门合作相比，跨部门协同具有不可替代的优越性。

（一）跨部门协同的必要性

跨部门协同的必要性是多方面的。部门之间本身存在相互依赖性，必须进行机构间协调，以避免两个机构的重复工作和对同一产品的不一致监管，更好地保护相对人的权益。

第一，部门之间本身存在相互依赖性，即依赖彼此的专业知识、信息资源和权威来进行有效执法。现代行政是建立在高度专业化分工的基础上的，可以说任何一项行政任务都不是单一行政机关所能独自完成的，行政目标的实现需要各部门在各自的权限范围内相互协作。例如，美国联邦贸易委员会

① 周志忍，蒋敏娟：《中国政府跨部门协同机制探析——一个叙事与诊断框架》，《公共行政评论》2013年第1期。

(FTC)和美国消费品安全委员会(Consumer Producer Safety Commission, CPSC)存在跨部门依赖性①,FTC 和 CPSC 依赖彼此的专业知识和权威来进行有效的执法。FTC 可能依靠 CPSC 的裁决或规则制定程序,为其执法工作提供专业知识或数据库,因为 FTC 没有技术人员或研究能力来分析大多数产品危害。EPA 和 OSHA 之间有时利用机构各自的专业知识和权威协调其监管活动,例如,根据 OSHA《皮肤测试规则》,EPA 在《有毒物质控制法》授权之下发布了一项行政规则,该规则要求化学工业生成与 OSHA 监管机构相关的测试数据。②

第二,跨部门协同能更好地保护相对人的权益。例如,FTC-CPSC 案例中,产品是否适合家庭使用可能取决于其设计或标签,这可能受 CPSC 的管辖;如何通过广告促销则几乎完全取决于 FTC 的管辖范围。事实上,否定或最小化标签警告有效性的广告宣传以前一直是 FTC 的管辖事项。例如,FTC 与"Klean-Strip 油漆祛除剂"制造商签订了一份同意协议,据称该制造商在其广告中歪曲了产品的安全性,从而破坏了产品在未按照说明使用时在有害标签警告中给出。因此,在类似情况下,是否能充分保护消费者免受产品危害,可能取决于两个机构的协调执法努力程度。

第三,必须进行机构间协调,以避免两个机构的重复工作和对同一产品的

---

① 根据《联邦贸易委员会法》第五条规定,FTC 有权防止"商业中的不公平或欺骗性行为或做法"。这项宽泛的规定使 FTC 有权对所有商品(包括食品、非处方药、10 种仪器和化妆品)的虚假和误导性广告和标签进行处理。根据《消费者产品安全法》(CPSA),美国消费品安全委员会(CPSC)拥有广泛的管辖权,可以对那些"对消费者造成了不合理的伤害风险,并且没有受到其他联邦安全法规的明确规定"的"消费品"进行监管。该法案特别排除了在 CPSC 的管辖范围之外的由 FDA 监管的食品、药品、器具和化妆品,美国环保局规定的"经济毒药",美国农业部监管的肉类和家禽。CPSA 可以按行业规则执行其法规,这些规则可能就消费品的"性能、组成、内容、设计、构造、装饰或包装"以及产品附带的警告或说明设定安全标准,法规包括允许 CPSC 以外的各方(如消费者或行业团体)以及委员会本身制定这些标准的独特条款,如果 CPSC 发现规则不能充分保护消费者免受产品风险的影响,可能会颁布行政规则以规范来自市场的产品。FTC 和 CPSA 两者都具有管理产品警告或说明的权限。FTC 的权力也延伸到广告,尽管 CPSC 也有权通过其订购公开缺陷通知的方式间接管理广告,在某些情况下,这种补救广告可能类似于 FTC 的纠正广告订单。此外,FTC 间接监管 CPSC 管辖范围内的产品测试和设计领域,以监管与产品功能相关的促销声明。参见 Teresa M. Schwartz. Protecting Consumer Health and Safety: The Need for Coordinated Regulation Among Federal Agencies. Washington Law Review, 1975,43(4):1031-1076.

② Todd S. Aagaard. Regulatory Overlap, Overlapping Legal Fields, and Statutory Discontinuities. Virginia Environmental Law Journal, 2011,29(3):237-303.

不一致监管。如果没有机构间合作,政策制定及其实施可能会分散或重复进行。机构间合作可以减少政策碎片化和交叉管辖,还可以通过协调与合作来弥补职能分离过程中可能出现的监管"真空"。不仅如此,跨部门协同还"可以降低政府和私营部门的监管成本,提高专业知识,并在不影响透明度的情况下降低官僚偏离的风险。协同还有助于保持共享或重叠权威的功能利益,例如促进机构间竞争,加强问责制,同时最大限度地减少不一致政策等功能障碍"①。

(二)跨部门协同的先进性

与机构重组整合相比,跨部门协同具有一定的先进性,即不可替代的优势。

首先,机构重组整合具有局限性,不能解决所有管辖权重叠带来的问题,而跨部门协同机制可以弥补这种局限性。具言之,机构重组整合不能随时随地进行,因为机构改革通常是宏观层面的体制改革,涉及面广、影响大,通常每隔几年才进行一次大规模的机构改革,如我国的国务院机构改革;而管辖争议问题随时可能发生,带有经常性、普遍性、临时性等特点,因此需要跨部门协同这种灵活性的工作机制予以化解和控制。在美国,虽然总统可能比国会更能强有力地优化机构设置,但由于宪法和法律的限制,总统往往无法靠自己完成大规模的官僚重组。从历史上看,一些美国总统曾要求对联邦官僚机构进行结构和程序上的变革,然而现实是,如果没有国会的支持,这种影响深远的利益诉求通常无法实施。管辖重叠问题不限于首次权限分配所致,而是在行政实践中,随着多种因素可能随时产生,如新事物的出现、不一致的行政解释或理解,以及部门利益、信息孤岛等因素。协同机制适用范围广,更具灵活适用性,可用于分散管理、多头执法或重复执法等情形,以及对规制不足或空白、相互推诿等问题的解决或控制。

其次,机构合并不能完全消除目前的监管低效问题,且不能用来确定大规模整合是否实现了预期的目标。通常它可能只是重新安置而不是根除官僚主

---

① Jody Freeman, Jim Rossi. Agency Coordination in Shared Regulatory Space. Harvard Law Review, 2012,125(5):1131-1211.

义的冗余、低效甚至失灵。例如，美国 2002 年的《国土安全法》在合并一些现有机构的同时又创建了许多新的机构，国土安全部现在包括分散在整个政府中的 40 多个机构，并没有消除新组织结构中重叠和潜在冲突的职能，所以这种整合是否提高了效率或效益是有待考证的。另外，尽管有人提议在金融监管改革的争议期间将商品期货交易委员会和证券交易委员会合并，但国会仍然无动于衷：一方面是因为已经分散在多个机构中的机构合并可能很难实现；另一方面，合并很可能只是将机构间的协调问题转化为机构内部问题。组织形式的选择，无论是单一监管机构还是多个监管机构，对于有效性而言可能均不如部门间协调和信息共享那么重要。

再次，合并重组还存在潜在的缺点，可能包括丧失职权分工与碎片化管理带来的好处，如提高行政效率与专业技术水平等。科学管理理论认为，组织内部的分工能够促进专业化管理，提高管理效率。因为"机构的管辖区域对应于各自的领域，每个领域都与特定的学科技能和有关事项的知识相结合。每个机构通过在该领域进行监管的经验以及在该领域有效管理的目的，获得与其领域相关的专业知识"[①]。例如，EPA 雇用具有环境监管必备技能的员工，要求其员工和机构熟悉环境问题。OSHA 在职业安全和健康问题方面也是如此。当这两个机构在某一环境规制问题上产生管辖权重叠时，如果 OSHA 也尝试在环境监管方面积累专业知识和资源，这将造成不必要的重复建设和投入。如果试图通过合并来消除机构管辖重叠，则可能导致一个机构失去其专业优势。所以通过两个机构之间建立协同机制来解决权限重叠的矛盾是更为合适和妥当的。换言之，一个机构为缺乏解决一个跨界问题的相应专业知识而新增设人员和机构的举动并不可取，可以考虑机构协同，实现资源、信息与技术的共享，避免重复建设与财政浪费。一般地，某个问题跨界领域越多，所需要的相关专业知识就越多，跨部门协同机制的优越性也就会体现得越充分。

最后，机构合并整合以后可能产生新的问题，主要有两种情形：一是仍然有一些未能经过合并整合的领域或部门存在管辖重叠与碎片化现象；二是重

---

① Todd S. Aagaard. Regulatory Overlap, Overlapping Legal Fields, and Statutory Discontinuities. Virginia Environmental Law Journal, 2011,29(3):237-303.

组合并后形成的大部门机构内部也会产生新的管辖重叠与碎片化问题需要化解，因此，信息共享和机构间协同依然是对碎片化管理体制有效运作的重要挑战。实行“大部门制”改革，将职能和管辖范围相近、业务性质类似的政府部门进行整合，组建一个大的部门统一行使相关管辖权，有利于减少政出多门、职权交叉的现象，但是部门再大，也得有个边界，超越了这个边界，部门之间就必然会出现协调配合的问题。特别是各个大部门均具有较为独立、完整的行政资源和权力系统，很容易造成各个大部门之间协调困难的问题，从而影响政府决策的整体性。此外，不但各个大部门之间需要协调，而且部门合并后，各个内部机构之间也势必形成某种程度的紧张关系，容易发生争夺部门资源和权威的行为。所以，在一个大部门系统内部仍然需要一个运行协调机制。[①] 如G省J市药品监管职能分散问题，尽管2013年的改革让药品安全监管功能回归到食药监部门，但是，改革之后负责食药监管的还是多个部门，包括：海洋渔业部门、林业部门、宣传部、公安局、质监局、邮政管理局等。[②] 另外，相比于跨部门合作，协同也具有一定的先进性。合作的一个明显缺点是，因为缺乏主管领导或主导机构，相关部门是基于自愿参与合作协商，即合作以机构间的合作愿望为前提，因而通常不能确保跨部门合作的深度和广度。例如，几个相关机构中的某一个未能参加合作协商会议，则不同机构的竞争要求和优先事项该如何处理等问题，都会直接危及合作工作的进展。相比之下，主导式跨部门协同，因为存在一个具有一定权威性的主导机构或牵头部门，因此能够有效克服跨部门合作自身无法消除的内在缺陷。另外，机构间合作比协同机制更缺乏主动性，合作一般用于碎片化的管理，以共同利益为基础，比如跨界河流环境污染治理，因而合作尚缺乏常态化的有效机制与机构建设；协同除了化解碎片化管理困境之外，还常常用于解决管辖权边界模糊及其争议问题，已基本形成了一些跨部门合作的稳定的工作机制。

---

① 杨建生，梁智俊：《从“大部门制”改革看我国行政组织法的完善》，《云南行政学院学报》2010年第6期。

② 王清：《政府部门间为何合作：政绩共容体的分析框架》，《中国行政管理》2018年第7期。需要说明的是，2018年国务院机构改革，将国家食品药品监督管理总局与国家工商行政管理总局、国家质量监督检验检疫总局等部门职责合并，组建国家市场监督管理总局，作为国务院直属机构，进而改变了这些年来在食品药品领域的碎片化监管现象。

第二节 跨部门协同的影响因素

尽管管理任何程序都很难，但管理跨部门组织协作无疑是一项更艰巨的工作。跨部门协同在实践中常常面临诸多障碍与挑战，如何克服障碍促进协同机制建设，同时挖掘协同有利因素而因势利导，成为当前行政法治的一个重要实践课题。

一、挑战：协同障碍因素分析

国外一些学者对跨部门协同面临的障碍进行了系统的研究。古尔德纳（Alvin W. Gouldner）曾经指出：每个组织都会努力地保持自己的自主性，跨部门合作意味着组织失去了一些自由和自主性，可能因此失去单方面控制结果的能力，同时还可能受到失败的牵连。凯瑟琳·奥尔特（Catherine Alter）和耶拉尔德·黑格（Jerald Hage）等人系统描述了跨部门合作存在的风险和代价：失去技术优势，失去竞争优势，失去资源（时间、资金、信息、原材料、合法性、地位等），失去单方面控制结果的能力，目标偏向或目标置换，失去稳定性和确定性等。结论是，保护权力和地盘是任何政府部门的天然倾向，除非外力迫使，政府部门常常倾向于规避跨组织的关系。① 马修·弗林格斯（Matthew Flinders）总结了跨部门协同面临的六大障碍：(1)投入和收益不对等；(2)法规的约束；(3)技术不兼容；(4)关注眼前和局部利益的政治激励结构；(5)部门忠诚形成的文化障碍；(6)技术和能力的欠缺。② 可见，影响跨部门协同的障碍因素是多方面的，既有共性因素，也有由各国不同的国情所产生的个性因素。例如，在美国，跨部门协同相对应的英文是"interagency coordination"，"agency"一词在美国是指国会通过立法创建的独立管制机构，不同于政府部门(executive)，这是因为管辖权重叠与碎片化现象与独立行政机构的创建及

---

① 转引自周志忍，蒋敏娟：《中国政府跨部门协同机制探析——一个叙事与诊断框架》，《公共行政评论》2013年第1期。

② 转引自周志忍，蒋敏娟：《中国政府跨部门协同机制探析——一个叙事与诊断框架》，《公共行政评论》2013年第1期。

其数量上的快速增长有很大关联，管辖重叠大多发生在美国独立行政机构之间。换言之，美国独立行政机构的迅速增加是引发协同挑战的一个主要因素。

关于跨部门协同障碍，美国 GAO 也作了专门的调研分析，主要有三大因素：[①]一是相互竞争的任务和职责不明、缺乏明确的权限使机构间协同变得困难。例如，美国 1997 年的 GAO 报告指出，没有任何一个组织被明确赋予指导和协调职责，如果没有明确界定的角色和职责，可能很难确定哪个组织应该领导联邦机构来解决卫生和植物检疫（SPS）措施问题。二是不兼容的程序、流程、数据和计算机系统。不兼容的计算机网络和管理信息系统可能成为机构间协调的关键技术障碍。如 1994 年的 GAO 报告反映，有关"弱势群体""经济上处于不利地位"的认定标准的不一致限制了州和地方管理者使用通用表格进行多个联邦就业培训计划的能力，因为资格认定的要求在各个政府救助计划中没有统一的标准。又如 1995 年的 GAO 报告指出，美国农业部的下属机构有数百个不兼容的网络系统，这些网络系统相互独立，信息不共享，有些机构仍在花费数亿美元继续开发自己的网络，导致网络系统重复建设和信息重叠问题长期存在。这一障碍在我国也同样存在，例如行政审批部门间信息不能有效共享而形成的"数字鸿沟""信息孤岛"问题，成为制约整体审批效率提高和电子政务发展的障碍。三是责任与问责也是一个重要障碍因素。"也许最重要的是，复杂的组织间服务系统的兴起创造了一类新的问责制问题。对于当选的官员来说，让其对自己的行为负责是很困难的。但是，当计划实施的责任通过一个更大、更复杂的系统传播时，谁最终要对公共计划的绩效负责？因为责任不可避免地被分享——跨政府组织和政府层面，以及公共、私营和非营利部门，是否有可能明确地对任何人负责？"[②]

除此之外，组织文化因素也是一个普遍存在的重要障碍。以机构为中心的组织文化通过单一棱镜来看待自己的运营、责任和优先事项，这种近视观点不鼓励其与其他机构合作，采取其他方式以适应新的要求和职责。并且，将组

① GAO. Managing for Results: Barriers to Interagency Coordination, GAO/GGD-00-106, March 2000.

② Donald F. Kettl. Managing Boundaries in American Administration: The Collaboration Imperative. Public Administration Review, 2006, 66(S1):10-19.

织文化从以机构为中心的文化转变为以机构间为导向的组织文化可能会产生并导致更多的协作努力。[①] 在美国，组织对协作的抵制仍然是一个主要问题。为此政府长期致力于改变联邦组织的文化，以加强合作，促进协作领导者和管理者成为权威职位。文化因素在我国的影响更为突出，具体包括：一是“内外有别”的信任体系，使各部门倾向于信任本部门工作人员，而对其他部门采取怀疑、排斥的态度，缺乏跨部门协同治理的信任基础。二是“和为贵”的中庸之道使得许多官员害怕“伤了和气”“不利于团结”，只在自己的职责领域内完成分工任务，而拒绝能够带来更高效能的协同行动。三是传统文化的封闭性和排他性直接导致了行政治理的各部门以部门利益为导向，不能正确处理局部利益和全局利益的关系，凡是有损于部门权威、需要消耗部门资源的，都不愿合作；即使是本部门产生危机，也都抱着欺上瞒下、“家丑不外扬”的封闭心态而不愿协同共治。[②]

组织因素，即官僚结构的影响亦不容忽视。官僚层级制结构虽具有普遍性，但在我国，这一组织结构体系对跨部门协同的影响更为明显。我国跨部门协同工作长期存在于层级制组织体系内。在等级体系中，我国跨部门协同的主导模式可归结为“以权威为依托的等级制纵向协同模式”，其协调机制相应具有两个明显特征：对权威的高度依赖和信息的纵向流动。[③] 基于此，国外有学者认为中国的决策过程是封闭的，只有政治系统内部的行动者才能影响政策制定。政策的形成是基于部门间的讨价还价，而非法治的约束在官僚制组织体系中，高层级的“威权”是统合各部门形成共同愿景、指导协同工作的最为重要的影响力量。这一控制体系的基本框架特征是，地方政府最高行政长官掌控整个工作事务的全进程，同时相关部门负责人全部纳入威权掌控组织的核心治理集团。在这一权力架构下形成的协同机制和协同机构，有时难以实现有效协同的预期效果。以集中行使审批权为例，在发展过程中，尽管各地大

---

① Frederick M. Kaiser. Interagency Collaborative Arrangements and Activities: Types, Rationales, Considerations. Congressional Research Service, 2011(5):1-34.

② 王洛忠，秦颖：《公共危机治理的跨部门协同机制研究》，《科学社会主义》2012 年第 5 期。

③ 周志忍，蒋敏娟：《中国政府跨部门协同机制探析——一个叙事与诊断框架》，《公共行政评论》2013 年第 1 期。

多对行政服务中心进行了“监督、管理、协调、服务”的职能定位，但实际上，对于以上任何一项职能，目前的行政服务中心并不具备相应的职权保障。遇到不同部门意见相左时，如果互不让步又没有政府领导出面，中心几乎无法协调；遇到部门设置障碍时，如果不“惊动”领导，中心基本无力解决。[①] 此外，协同障碍还体现为缺乏有效的程序与问责机制，协同主体启动协同机制的主动性不够，管辖权重叠的“依法打架”，通常只有在执法实践中发生争议，或者相对人权益受其侵害而要求维权时问题才可能暴露；也没有具体明确的责任追究机制，行政主体自我检查与防范的积极性不高、主动性不够。

科技快速发展，分工越来越细，跨界公共事务越来越多，行政职权划分也愈发困难，管辖重叠的可能性也就越大，基于此，协同的难度就越大，协调成本也越高。这几乎成为各国面临的共同问题，也是各国长期以来机构间各自为政的深层原因。因此，克服种种障碍、提高协同效率成为各国提升跨部门协同工作实效的一个共同任务。

二、应对：协同有利因素分析

要克服障碍和应对挑战，行政主体需要了解哪些因素有助于促进有效协同，从而最大化其利益并最大限度地减少其缺点。国外学者通过 EPA 和 OSHA 之间发生的六个管辖重叠案例，分析了哪些因素有利于有效协同。[②] 虽然 EPA-OSHA 案例研究的样本非常有限，无法为最终确定允许机构有效协调其监管重叠的因素提供依据，但确实提出了一些有利于有效协调的可能因素，虽然不能保证这些因素各机构都能适用，但为有效协调创造了有利条件。

第一，政府内部而非政府间的重叠可能有助于有效协同。同一政府内的机构对相同的政治机构做出回应，这使他们不太可能被拉向冲突的方向。对于同一政府内部的机构间关系，外部人员和内部人员可能要求更大程度的一致性，从而降低了对机构间竞争、冲突和重复的容忍度。这种对一致性的要求也可能增加重叠的显著性，导致各机构更加努力地进行协调。部门间重叠还

① 朱新力，罗利：《行政组织法的功能拓展及其制度设计》，《法治研究》2012 年第 11 期。

② Todd S. Aagaard. Regulatory Overlap, Overlapping Legal Fields, and Statutory Discontinuities. Virginia Environmental Law Journal, 2011, 29(3): 237-303.

提供了中央协调机制的好处。

第二，具有相似观点和目标的机构不太可能倾向于制定使协同变得困难的冲突政策。在这些机构之间出现冲突的情况下，它们更可能涉及所选手段的不一致，而不是根本上相互冲突的目标或方法。例如，EPA 和 OSHA 都以公共卫生为导向，追求健康保护和实际可行性相兼容的目标。虽然 EPA 和 OSHA 的观点与目标的相似性并不一定促成协同，但它们可能会使协同变得更容易一些。

第三，财政紧张阻碍了机构增加预算的机会，这可能会阻碍机构官员扩大其管辖范围并相互竞争。如果协调允许各机构就其各自的管辖范围提出合理主张，而不在重复的活动上花费资源，则协调似乎是互利的。

第四，当各机构在一个机构之间确定明确的优先顺序时，机构可以进行有效协调，这使得一个机构有权主导某一特定区域内事务，但如果没有主导机构，则可以通过"快速触发"(a quick trigger)机制让其他机构采取行动，即一个机构已开始采取监管行动，则另一机构自觉按兵不动；如果一个机构迟迟不见动静，则另一机构毫不犹豫主动出击进行监管。两方面的结合，使得各机构能够通过填补监管空白进行协调，而不会造成不必要的重复。

第五，法定协调机制和广泛的直接沟通可能有助于协同，但并非必然要求协同。美国环保局和职业安全与健康管理局已经在《有毒物质控制法》(该法规定了机构间协调条款以指导环保局和其他机构的管理重叠问题)下使用了一些法定协调机制，但它们也在没有使用此类机制的情况下进行了有效协调。

概而述之，协同的有利因素主要呈现以下规律：各部门目标和任务的一致性或兼容程度越大，越容易实现跨部门协同；行政事务相邻程度越高，如同一系统、行业内的组织比不同系统、行业的，同一区域内的组织比跨区域的，更容易达成协同。此外，交流互动频率也可以成为一个有效的积极因素。机构之间频繁沟通是促进跨机构边界工作和防止误解的另一种方式。非正式交流互动越频繁，越能够促进跨部门协同的实现。也就是说，部门之间除了通过制度、公文、函的形式进行合作外，还可以通过非正式互动即部门交往的方式实现信息共享和案件交流。非正式交流的一个好处，就是增进互相之间对信息的了解，提高两个部门对案件移交的认识，这是对正式合作框架的一种补充和完善。

第三节 深度协同:跨部门协同的机制创新

尽管跨机构协同的安排越来越多地被应用和推广,但其实施效果仍有待于提升,跨部门协同的实施并不总能确定随着时间的推移而获得更多的成功。发展和推进跨部门协同,就是要构筑深度协同工作机制;而如何推进跨部门协同的深度发展,则在很大程度上取决于协同工具的创新性和有效性。

一、协同工具及其运用

美国哈佛大学弗里曼教授把美国的协同工具分为四种不同的类别:机构间协商(interagency consultation)、机构间协议(interagency agreements)、联合制定规则或政策(joint rulemaking or joint policymaking)和总统协调管理(presidential management of coordination)。这些协同工具是功能性的,描述了行政机构之间互动的常见模式。[①] 以下主要介绍其中的两种:联合制定规则或政策和机构间协议(主要是签订谅解备忘录)。

(一)联合制定规则或政策

联合制定规则或政策,被描述为“多个利益相关方、公私方之间进行协商谈判,以就监管或执法问题达成共识”[②]。行政机构多次使用该流程,特别是在金融监管、环境保护和联邦税收征收监管领域。例如,证券交易委员会经常与其他机构联合制定规则。事实上,联合制定政策,既是一种协同类型,又是一种协同工具。作为一种协同工具,联合制定政策主要适用于整个协同流程的早期阶段,协同环节一般分为协同政策、协同执法、协同监督三个阶段。

EPA 和 NHTSA(美国高速公路安全管理局,National Highway Traffic Safety Administration)联合制定规则,是其中一则典型案例。弗里曼教授在《奥巴马政府的国家汽车政策:“汽车交易”的教训》一文中详细阐释了联合制

---

① Jody Freeman, Jim Rossi. Agency Coordination in Shared Regulatory Space. Harvard Law Review, 2012,125(5):1131-1211.

② Jody Freeman, Laura I. Langbein. Regulatory Negotiation and the Legitimacy Benefit. New York University Environmental Law Journal,2000,9(1):60-138.

定政策的具体应用。[①] 美国的国家汽车政策形成的法律、行政和政治背景颇为复杂。2009 年奥巴马上任时,汽车行业面临三种不同的车辆标准:由 NHTSA 设定的联邦燃油经济性标准,由 EPA 设定的联邦温室气体标准,以及由加州设定的单独的温室气体标准,此标准也已被其他各州采纳。

因此,奥巴马政府时期,汽车行业至少面临两个监管机构,甚至可能有三个。由于各监管机构制定标准的方法存在相当大的不一致性,因此产生混淆和冲突的可能性很大。例如,两个联邦监管机构可能采用不同的严格程度,运用不同的标准制定方法。不均匀的严格性本身可能不会造成难以克服的问题,因为制造商可以通过满足最严格的标准来同时满足这两个标准。然而,如果这些机构采用不同的方法来制定这些标准,那么它可能会严重影响合规性并提高制造商的成本。[②]

如果这些机构独立制定标准,它们也可能设计了不一致的实质性监管计划。同样,这在很大程度上源于他们不同的法定权限。例如,《清洁空气法》为 EPA 提供了向制造商提供某些合规灵活性的空间,以降低合规的总体成本。这些主要包括各种信用额度——例如空调改进等——可以无限制地存储、借用和交易。相比之下,《能源独立和安全法案》(the Energy Independence and Security Act, EISA)对公司平均燃料经济性(corporation average fuel economy, CAFE)计划中的信用交易设置了一定的限制,并禁止 NHTSA 在设置和执行 CAFE 标准时考虑空调改进。因为独立行动,各机构也可能产生不和谐的执法计划。例如,虽然《能源政策与节约法案》(Energy Policy and Conservation Act, EPCA)明确允许制造商支付违规罚款,《清洁空气法》并未授权制造商支付罚款作为故意合规策略。

此外,也许同样重要且具有挑战性的两个联邦机构有不同的使命和文化。EPA 的核心使命是保护环境和公共卫生,而 NHTSA 必须在其车辆节能任务

---

① Jody Freeman. The Obama Administration's National Auto Policy: Lessons from the "Car Deal". Harvard Environmental Law Review, 2011,35(1):343-374.

② 说明:有多种方法可以设定燃油效率和排放标准,包括基于车辆重量的标准或基于车辆其他属性的标准。在基于属性的标准下,每种车型都具有通过温室气体排放或燃料经济性测量的性能目标,而这种目标又与由特定属性定义的车辆类别具体相关。

与确保汽车安全的职责之间取得平衡。①这两个机构传统上独立地执行任务，并按照公平的原则进行操作。除了两个联邦机构之外，加利福尼亚州已采用自己制定的温室气体标准。如前所述，加州空气资源委员会采用了基于权重的方法，并设定了比CAFE标准更严格的目标。这些标准是否可以以及如何与新的国家CAFE标准和联邦温室气体标准一起工作仍有待观察。

因此，在这种情况下，独立监管机构极有可能产生具有不同严格程度的不一致标准，以及重复或混淆的合规计划和不相容的执法政策，这可能会增加工业成本，并折损新标准对消费者和公众的潜在好处。

基于上述背景，2009年5月，奥巴马政府宣布了一项国家汽车政策。该政策为美国历史上新车和卡车设定了第一个联邦温室气体排放标准和最严格的燃油效率标准。与此公告一致，EPA和NHTSA在联邦公报中发布了意向通知，建议在各自的法定权限内联合制定这些标准，并详细解释预期的严格程度、合规要求和实施时间表。

联合制定政策为克服管辖重叠的潜在可能提供了一种有效手段。为了符合各自法规的要求，NHTSA和EPA选择设定单独的燃油效率和温室气体标准，但同意对此标准作一些调整，以便制造商可以建立统一车型以同时符合联邦和州两种标准，即相同的技术改进将有助于制造商同时满足这两个标准。

从理论上讲，这些机构可以通过发布兼容的规则来实现这一目标，而无须经过耗时和密集的联合颁布程序。然而在实践中，共同完成细节使得成功协调的可能性更大。更好地整合他们的方法不仅可以降低汽车行业的交易成本和总体合规成本，而且还可以为行政机构制定更强大、可防御和可管理的计划。

在其最重要的影响中，联合规则制定允许EPA和NHTSA超越其传统的若即若离的关系。根据GAO审查该程序所得出的报告，这些机构比以往任何时候都更密切地合作，从规则的序言到结论共同承担责任。作为这种密切合作的证据，该报告指出，两个机构的工作人员定期会面，以协调他们在整个规

---

① EPA于1970年由行政命令创建，旨在通过“合理和系统地”组织联邦“环境相关活动”来“确保保护，发展和改善整个环境”。NHTSA的工作重点在于“拯救生命，预防伤害，减少交通相关的医疗保健和其他经济成本”。该机构的主要使命和专业知识是车辆安全。

则制定过程中的工作。他们组建了联合技术小组,其工作反映在全面的联合技术支持文件中,该文件描述了标准制定方法和模型的调和统一。由于这种密切合作,GAO 得出结论:每个机构对两套标准的制定都有重要的贡献。

这种联合规则制定的一个重要好处在于促使各机构汇集资源和专业知识。例如,EPA 建立了一个备受推崇的汽车排放实验室,以测试和开发减排技术。NHTSA 的相对优势在于车辆安全,而非减排(和燃油效率)技术。资源和专业知识的共享导致了 NHTSA 测算模型的一些重要更新,使该机构能够更准确、更全面地传达改善燃油经济性的成本和效益。同时,规则制定期间持续的共同参与无疑扩大了这些机构工作人员的视野。联合规则制定还为设计可行的计划要素和解决重要的法律问题提供了一个论坛。联合规则制定还要求各机构努力解决各自法规规定的独特限制和权限。此外,联合规则制定将各机构绑定在一起,从而实现了比其他情况更密切的协调。这种统一规则的方法可能也有助于联邦政府说服加利福尼亚州,联邦政策足够强大,加州应该同意并支持它。最后,这种共同努力也为未来的协同打下了基础。

尽管该过程显然是劳动密集型的,但是这些机构在不到一年的时间内制定了规则,符合 NHTSA 法定的 18 个月的新 CAFE 标准的交付周期要求。事实上,这个过程花费的时间相对于其他 CAFE 规则制定时间短。鉴于问题的复杂性和任务的艰巨性,联合规则制定似乎是非常有效的。"汽车交易"实例的成就是,它在美国启动联邦温室气体监管计划的同时强化了燃料效率标准。然而,其最重要的监管意义是它为联合规则制定提供了新的突出地位,凸显了联合规则制定的重要性,即在机构共享规制空间或监管权密切相关的情况下,联合制定规则具有提高监管的清晰度及其质量的巨大潜力。

从"汽车交易"案例可知,在制定监管计划时就需要植入协调机制,而不是仅在执法环节或者权限争议发生之后,才考虑部门之间如何协调。联合制定政策可以防范管辖权重叠的发生,减少很多重复劳动,如重复调查、重复制定规则等,而且可以在每个环节实现信息共享,减少冗余和浪费。但该工具的使用有一个前提,所涉及行政主体都需要规则制定权,这样就可以实施联合制定规则,如果有一方没有,就需要从国会寻求这样的权力,以便实现联合制定规则,从而促进有效监管。尽管规则制定阶段的协调对于整体监管兼容性至关重要,但即使是最兼容的规则,如果协调在实施阶段分崩离析,也可能导致功能失调。①

(二)机构间协议:谅解备忘录

美国联邦政府中最普遍使用的协调工具是谅解备忘录(memorandum of understanding),典型的谅解备忘录为特定任务分配责任建立程序,并对机构进行约束以履行相互的承诺。谅解备忘录大多是双方或多方行政机构为促进其法定职责而自愿制定的协议,此外,总统可以要求或指示行政机构(如果愿意)签署此类协议。例如,奥巴马政府曾发布各种总统备忘录,指示若干机构共同合作,包括向环保局、能源部、内政部和其他机构发出命令,制定碳捕获和碳封存战略,并向几个机构下达命令,以推荐新的海洋政策。

各行政机构通过签署不同谅解备忘录以达到各种目的,主要有四种类型的谅解备忘录。第一类谅解备忘录的目的是划定管辖范围,即厘清共享管辖权的机构如何行使执法权限以限制重复。例如,1954 年美国食品药品监督管理局和联邦贸易委员会之间的谅解备忘录规定,除非公共利益另有规定,否则只有一个机构对处方药广告实施强制执行行动。第二类谅解备忘录的目的是建立信息共享或信息生产程序。例如,美国能源部与国家海洋和大气管理局之间的谅解备忘录是为了支持风能、太阳能和其他依赖天气的能源的部署而议定联合开展信息和研究。第三类谅解备忘录的目的是同意在共同任务中合作。2010 年美国国防部和国土安全部的谅解备忘录即属于这一类,根据该谅解备忘录,两家机构同意就网络安全进行合作。第四类谅解备忘录的目的是,协调审查或批准多个机构有权在特定实质性领域采取行动的情形。这类谅解备忘录通常涉及多个机构的协议。一个很好的例子是 2009 年九个联邦机构就联邦土地上的输电线路选址签署的谅解备忘录。

上述例子也说明了谅解备忘录带来的好处和挑战。好处在于,通过简化多机构审批流程并消除不必要的重复,机构间协议可以降低申请人和行政机构的交易成本。通过将连续的决策过程转换为具有单一记录的综合过程,各

① Todd S. Aagaard. Regulatory Overlap, Overlapping Legal Fields, and Statutory Discontinuities. Virginia Environmental Law Journal, 2011,29(3):237-303.

机构可以改善其决策所依据的专业知识。尽管如此，新协议的必要性表明，即使国会承认集体行动问题并指示机构进行协调，各机构有时也未能这样做。各机构可以签署谅解备忘录，但随后可能弃之不用长达多年。此外，尽管这些协议通常非常详细和具有实质性意义，但这些协议通常不具法律效力。它们可能在各个主管部门之间，甚至在单一主管部门的整个生命周期中都不稳定，因为心怀不满的机构只能通过拒绝合作来阻止实施。因此，尽管谅解备忘录可能是有前景的工具，但它们的成功实施可能需要一个中央协调员，特别是在行政机构不同意的情况下。

谅解备忘录的内容差别很大。有一些谅解备忘录非常详细，尽管文件不长，通常不到10页。这类谅解备忘录可以细化目标，分配责任，建立指标，承诺人员和资金，并建立监督责任，有些还包括重新审查和更新协议的截止日期。另一些谅解备忘录更像是框架文件，表明了合作与协调的广泛愿望，概述了原则，只有在各机构实际使用它们来协调具体活动的情况下才能实现，即需要在后续协议或执行性安排中进行更详细的阐述。例如，美国能源部能源效率和可再生能源办公室与美国商务部、国家海洋和大气管理局之间的天气依赖和海洋可再生能源资源谅解备忘录。

一则典型的谅解备忘录案例是，农业部、商务部、国防部、能源部、环境保护局、环境质量委员会、历史保护咨询委员会、内政部和联邦能源监管委员会签署的，以加快选址和建设美国合格的电力传输基础设施为目的的谅解备忘录，即九个机构签署的传输谅解备忘录(transmission MOU)。[①] 选址涉及许多不同的权力机构，管理联邦、州、部落和县的土地使用的部门，以及构成景观

① 2005年，大型输电项目因选址长期延误而受挫，国会指示能源部协调联邦许可程序。能源部和其他联邦机构于2006年签署了一份谅解备忘录，以厘清各自的职责，能源部保留了领导权。最初的谅解备忘录收效甚微，许可申请人继续按机构顺序进行，导致相当长的延误。由于担心联邦土地上的输电项目进展缓慢，奥巴马政府重新考虑了这种状况。经过数月的谈判，九个主要机构签署了一项新协议，在该协议中，他们建立了一个综合而非顺序审查的流程。新的谅解备忘录并不保留能源部作为牵头协调机构，但特别指出主要的土地管理者——内政部和美国农业部，将成为联邦土地项目的牵头机构。对于所有其他申请，谅解备忘录规定牵头机构将成为主要监管机构，即联邦能源监管委员会。该协议还规定了机构审查和协调的明确时间表，并提供单一的行政记录。参见 Jody Freeman, Jim Rossi. Agency Coordination in Shared Regulatory Space. Harvard Law Review, 2012,125(5):1131-1211.

的土地私人所有者。因此，涉及多个联邦土地管理机构的项目受到各种程序和程序要求的约束，以遵守法定任务和多项授权。该谅解备忘录的目的是协调这些不同的要求并指定单一的联邦联络点。在非联邦土地上，项目申请人必须遵守流程并遵守每个土地所有者和州的要求。该谅解备忘录改进了项目申请人、联邦机构以及参与选址和许可过程的州和部落之间的协调。当项目申请人希望建设电力传输基础设施时，它将通过阐明这些机构的作用和责任来提高统一性、一致性和透明度。该谅解备忘录提供了单一联系点(point of contact)，用于协调在联邦土地上建设电力传输设施所需的所有联邦授权(federal authorizations)。

根据该谅解备忘录，美国能源部根据《联邦电力法案》(Federal Power Act，FPA)第二百一十六条实施其权力，并经 2005 年《能源政策法》第一千二百二十一(a)节修订，指定一个牵头机构作为项目申请人、国家机构、印第安部落和其他人就拟议项目的联系点；协调编制统一环境文件，作为第三节所界定的授权使用联邦土地进行合格项目所必需的所有联邦决定的基础；协调项目开发和选址所需的所有联邦机构审查，包括《秃鹰与黄金鹰保护法》《清洁空气法》《清洁水法》《海岸带管理法》《濒危物种法》《马格努森·史蒂文斯渔业保护管理法》《海洋哺乳动物保护法案》《国家海洋保护法案》《联邦电力法》《鱼类与野生动物协调法》《候鸟条约法》《国家环境政策法》《国家历史保护法》；保留有关合格项目的所有联邦行动的综合行政记录。

根据 FPA 第二百一十六(h)节，能源部被授权担任牵头机构，负责协调联邦授权以及在联邦土地上建立州际电力传输设施所需的相关联邦机构审查。美国能源部先前已将其第二百一十六(h)节权力委托给联邦能源监管委员会，用于由能源部部长指定的国家利益电力传输走廊内的输电项目。该谅解备忘录保留了该授权。通过该谅解备忘录，能源部行使其权力，指定一个牵头机构，负责协调所有必要的联邦授权和联邦机构审查，以获得除根据 FPA 第二百一十六(b)节提出的申请之外的传输提案。对于此类传输项目，参与机构将根据有关传输设施选址的联邦能源监管委员会规定履行本谅解备忘录规定的职责。

除了上述正式的协同工具之外，政府在官僚机构中理所当然地进行了大量的非正式协调。非正式协调经常发生在代理机构之间没有任何明确的沟通时，如同一个机构观察另一个机构正在做什么或预期另一个机构的决定，并相应地调整其决策，以避免紧张或摩擦。但是，非正式协调通常是明确的，涉及不同机构官员之间的对话，共享实践和不成文的协议。机构官员无疑经常交换信息和情报，处理管辖冲突，并以可能在很大程度上无形且难以跟踪的方式合作开展政策问题。最不广泛的互动仅仅是“对话”，并且发生在“有相关任务的监管机构互相交流，交换信息，分享想法，以及相互学习的情况”之时。①即使在相关政治原则没有高度积极监督的情况下，这种互动也很可能发生，这是一种礼让或必要性问题。虽然难以期望行政机构可以通过这些非正式渠道取得很大成就，但非正式方法似乎也可能补充更正式的协调过程，因此不应将两者视为相互排斥。相比之下，正式和详细的协调在时间和资源方面可能相当昂贵。例如，EPA 和 OSHA 不经常使用《有毒物质控制法》规定的机构间协调机制，因为这些正式机制通常涉及极其冗长的过程。尽管如此，由于其临时性质，非正式协调也可以证明其优点是有限和短暂的。即使是稳定的，美国国会研究服务报告曾指出，这种安排“仍然缺乏正式固定的成员资格和责任”，使得它们难以识别和评估。随着时间的推移，某些机构间非正式活动也可能会变得制度化，但仍然是非正式的。例如，来自政府各部门的一组职业官员，包括能源部、环保局、惩教部和交通部的代表，定期在午餐时间会面，交流信息和专业知识，共同发展解决共享问题的方法。这就是所谓的“布朗午餐小组”(Brown Bag Lunch Group)，其成功取决于其相对的非正式性和长期性，这使参与者能够从共享的机构记忆中受益。②

二、协同工具质量评估

(一)协同工具质量评估：一种统计学方法的运用

对跨部门协同工具质量或绩效的评估，有助于行政主体选择恰当的协同

① Robert B. Ahdieh. Dialectical Regulation. Connecticut Law Review, 2006,38(5):863-927.

② Jody Freeman, Jim Rossi. Agency Coordination in Shared Regulatory Space. Harvard Law Review, 2012,125(5):1131-1211.

方式，改进协同工具的现有不足，进一步发展、创新协同机制。然而，对协同工具质量的准确评价并非易事。由于若干原因，对成功与失败的可靠评估常常受到阻碍。弗里曼教授提出了三个标准：效率、效果、责任。首先，评估协同工具对机构决策成本和交易成本的影响，这两者都与效率有关；其次，评估工具对机构决策质量和专业知识生产的影响，以及监管程序的私人操纵，所有这些都主要与监管有效性有关；最后，转向问责制并解决协调工具如何影响行政过程中的官僚偏差和透明度的问题。①

如何实施绩效评估？在此尝试运用统计学方法，主要是围绕评价指标的设计原则、评估指标体系的构建、评价指标权重系数的确定、综合评价方法的选择四个方面，进行一些粗浅的分析。②

1. 评估指标的设计原则

从功能上讲，构建绩效评价指标体系的最终目标是要为绩效评价服务。绩效评价指标应当恰好能包含评价的基本内容，反映出项目的绩效特性，使评价人员能通过指标体系了解项目绩效。通常，在指标体系构建过程中需要遵循以下原则：(1)目标一致性原则。目标一致性指的是在评价体系中，应将绩效目标、绩效评价指标和评价目的置于同一目标内涵范围中。(2)相关重要性原则。在设计指标体系时需要通盘考虑，运用不同的指标从各个侧面反映项目的全貌。设计指标必须在全面性和精简性之间取得平衡，考虑到实际条件，应当尽量选择最能体现项目绩效、最具有代表性、最相关的关键指标。(3)系统性原则。要按照一定的次序排列，使各指标在同一体系内，相互协调，形成有机整体。

2. 指标体系的构建

在遵循上述原则之基础上，拟定跨部门协同工具质量的评价指标体系，见表 4.1。

---

① Jody Freeman, Jim Rossi. Agency Coordination in Shared Regulatory Space. Harvard Law Review, 2012,125(5):1131-1211.

② 杜栋，庞庆华，吴炎：《现代综合评价方法与案例精选》，清华大学出版社 2008 年版，第 3-8 页。

表 4.1 协同工具质量的评价指标体系

一级评价指标	二级评价指标	三级评价指标
效率	决策与执法成本	时间 资源
	合规与守法成本	时间 费用
效果	专业知识	数据信息 专业技术
	决策质量	系统性风险 机构间竞争
责任	问责制	推卸责任/行政不作为 政策特权/部门利益主义
	透明度	参与程度 监督程序

3. 评价指标权重系数的确定

权重系数是以某种数据形式权衡被评价事物总体(指标体系)中诸特征要素(指标)相对重要程度的量值,其大小直接影响到评价结果的准确性。目前确定权重的方法有几十种之多,但大体上可归纳为主观赋权法和客观赋权法两种类型,前者如专家打分法、专家咨询法(德尔菲法)、层次分析法(AHP法)、功效系数法等,后者如因子分析法、主成分分析法、灰色关联评估法等,其中应用较多的是专家咨询法和 AHP 法。但每种方法都有各自的缺陷。主观赋权法容易受主观因素的影响,随意性较大;客观赋权法虽克服了主观随意性,但也受到指标样本随机误差的影响。我们采用专家咨询法,并注意博采众长。

4. 综合评价方法的选择

综合评价方法的分类有很多,按照评价与所使用信息特征的关系,可分为基于数据的评价、基于模型的评价、基于专家知识的评价以及基于数据、模型、专家知识的评价。在选择评价方法时应适应综合评价对象和综合评价任务的要求,根据现有资料状况做出科学的选择。对跨部协同工具质量的评价而言,由于其中的指标绝大多数属于主观或定性的指标,所以较适合用专家打分法或模糊综合评价法。专家打分法是在定量和定性分析的基础上,以打分等方式做出定量评价,其结果具有数理统计特性。其最大优点是,在缺乏足够统计数据和原始资料的情况下,可以做出定量评价。专家评价的准确程度,主要取决于专家的阅历经验以及所掌握知识的广度和深度。此方法具有使用简单、直观性强的特点,但其理论性与系统性不强。

模糊综合评价法是一种基于模糊数学的综合评价方法。该综合评价法根据模糊数学的隶属度理论把定性评价转化为定量评价,即用模糊数学对受到多种因素制约的事物或对象做出一个总体的评价。它具有结果清晰、系统性强的特点,能较好地解决模糊的、难以量化的问题,适合各种非确定性问题的解决。模糊综合评价模型建立步骤如下。

(1)确定协同工具质量综合评判因素组成的集合 $\boldsymbol{U}$

$$\boldsymbol{U}=\{u_1,u_2,\cdots,u_n\}$$

式中,$u_i(i=1,2,\cdots,n)$,为评判因素。

(2)给出评判因素给出的评语集合 $\boldsymbol{V}$

$$\boldsymbol{V}=\{v_1,v_2,\cdots,v_k\}$$

式中,$v_i(i=1,2,\cdots,k)$,为事先确定好的各种可供选择的评语,适用于各评判因素。

(3)确定评判因素的权重

评判因素的权重主要取决于两个方面的因素:①各评判因素对评判对象的影响程度;②评判专家的主观认识。由于人的主观性,各专家对某一评判因素考虑的重要程度不同,因此给出的权重分配也不同,这是个模糊性问题,一般可以通过历史数据统计分析、专家评分以及层次分析法等来确定各评判因素的权重,给出各个评判因素相应的权重。

$$\boldsymbol{W}=\{w_1,w_2,\cdots,w_n\}$$

式中:$w_i\geqslant 0$ 且 $\sum_{1}^{n}w_i=1$。

(4)建立评判因素集 $\boldsymbol{U}$ 和评语集 $\boldsymbol{V}$ 之间的单因素评判矩阵 $\boldsymbol{R}$

若我们用 u_1 一个因素来评价某一事物,结果认为 u_1 处于 v_1 等级为 r_{11},认为 u_1 处于 v_2 等级为 r_{12},…,认为 u_1 处于 v_m 等级为 r_{1m},则这个结果可用模糊集合$\boldsymbol{R}_1$来描述，$\boldsymbol{R}_1$可记为向量的形式。

$$\boldsymbol{R}_1=(r_{11},r_{12},r_{13},\cdots,r_{1m})$$

$\boldsymbol{R}_1$就是对评判对象所做的单因素评价。

同样可得$\boldsymbol{R}_2,\boldsymbol{R}_3,\cdots,\boldsymbol{R}_n$，把$\boldsymbol{R}_1,\boldsymbol{R}_2,\boldsymbol{R}_3,\cdots,\boldsymbol{R}_n$组合称为评判矩阵

$$\boldsymbol{R}=(\boldsymbol{R}_1\quad \boldsymbol{R}_2\quad \cdots\quad \boldsymbol{R}_n)^{\mathrm{T}}$$

即

$$\boldsymbol{R}=\begin{bmatrix} r_{11} & r_{12} & \cdots & r_{1m} \\ r_{21} & r_{22} & \cdots & r_{2m} \\ \vdots & \vdots & \vdots & \vdots \\ r_{n1} & r_{n2} & \cdots & r_{nm} \end{bmatrix}$$

其中r_{ij}表示从第i个评判因素中对评判对象做出第j种评语的可能程度。

(5)进行模糊综合评判

一般有两种常用的综合评判模型：主因素突出型和加权平均型。对于主因素突出型，在评判时主要考虑几个突出因素，评判算子可采用模糊集的内积，即

$$D=W\circ R=(\bigvee_{i=1}^{n}(w_i\wedge r_{ij}))_{1\times m},(j=1,2,\cdots,m)$$

对于加权平均型，这种模型是要让每个因素都对综合评价有所贡献，可采用的算子对为(·,+)，即：

$$D=(\sum_{i=1}^{n}w_i r_{ij})_{1\times m},(j=1,2,\cdots,m)$$

评价协同工具质量的高低不是绝对的，它可能部分达到了预期效果，即满足了某些评价标准而不是其他或所有标准，或达到了一些预期目标而不是其他或所有目标。这种评价还受不同评价主体或机构、评价人员的资质等因素的影响。全面系统的评估还要考虑一些其他因素、条件影响机构间安排的建立、运行和执行。例如，一项重要的跨部门协同工作可能会受到环境显著变化的帮助或破坏，这在任何评估中都可能难以控制。另一个例子是，对不同行政救助项目的跨部门协同，还必须考虑到可能产生影响的各种其他条件，其中包括失业者的技能、培训和经验，整体就业市场状况及其影响就业机会的竞争，提供水平相当的工作等。此外，关于参与度指标，还会涉及参与的激励和利益

(互惠互利)、参与成本、参与者的专业性、能力技能和信任信心等因素。

跨部门协同是一种治理结果导向的工作机制。协同治理的需求来自实践,因此如何应对实践的需要是协同治理机制良好与否的重要评判标准。在评估行政部门跨部门协同的行动时,美国 GAO 采用了以下标准:"已解决"意味着已实施完成所需行动;"部分解决"是指所需的行动正在制定中,或已开始但尚未完成;"未解决"是指主管部门、各机构或两者在实施所需行动方面取得的进展甚微或根本没有行动。这是从问题是否得到解决的角度,对跨部门协同机制实施绩效最终做出的评判和检查。合作机构应确定启动或维持其协作工作所需的人力、信息技术、物质和财务资源等。通过评估其相对优势和局限性,合作机构可以通过利用彼此的资源来寻找机会满足资源需求,从而获得在单独工作时无法获得的额外收益。

(二)协同工具质量的定性分析

1. 协同工具可以降低治理的双重成本

协同工具可以降低治理的双重成本:一是行政主体的决策与执法成本;二是行政相对人的合规成本。乍一看,协调似乎会增加机构的决策成本。因为协同机制的建设需要前期投入,但是,一旦机制建成,行政机构之间就可以避免重复建设与投入,比如通过实现信息共享避免重复信息收集与数据库建设等。另外,一个机构可以通过利用另一机构的专业技术,避免自身对人力资源、技术培训方面的重复投入。协调还有可能降低相对人的守法或合规成本。如前文所述,"部门打架,百姓躺枪"表现为不同部门的重复处罚、检查、收费等,增加了相对人的负担。协调机构之间不一致的监管方法,在降低成本的同时也提高了执法的效率。

2. 协同工具对机构专业知识和决策质量的影响

协同工具可以帮助机构管理重叠职能或相关职权分配,从而提高专业知识的积累和最终机构决策的质量。例如,在美国 EPA-NHTSA 联合规则制定中,各机构组成了联合技术团队,汇总了数据和信息,并仔细审查了各自的建模技术,以估算监管成本和效益。正如美国 GAO 在其报告中指出的那样,经过几十年的公平合作,这是各机构首次以这种综合方式运作。这种互动使得各机构能够参与一种联合管理或执法,使每个机构能够根据更好的信息和改进的专业知识做出决策：NHTSA 根据 EPA 的新研究修改了其模型的几个组成部分，两个机构都修改了各自的方法并使用了共同方法以尽量减少差异。与此同时，两个机构都没有放弃各自模式，表明这种互动不会导致双方失去独立性或某种合并，而是帮助各机构更全面地思考，并有助于减轻系统性风险。机构间协议可能会产生同样的效果。例如，关于网络安全的谅解备忘录专门旨在加强信息共享，并结合了国防部和国土安全部官员拥有的不同专业知识和知识基础。美国能源部与美国国家海洋和大气管理局之间关于合作开展支持可再生能源发展的研究协议，以及九个机构关于传输达成的谅解备忘录协议也是如此，这要求各机构生产单一的综合环境记录。这些举措旨在利用不同机构的专业知识来产生净收益，而不是将这些机构以破坏其独特能力的方式结合起来。①

因此，协同机制对于管辖重叠与碎片化的意义在于，通过要求行政机构相互依赖的结构流程，可以促进跨部门的竞争力，并鼓励机构成为政策构想的"实验室"。合并机构职能的方式可能会破坏这种能力，但协同机制可以保持机构独立性，同时以富有成效的方式引导机构间竞争。协调还可通过增加数据和专业知识来改善决策的分析基础，并且可以显示机构考虑的多样化观点。但是，目前还无法保证决策"质量"总能因这些协同工具的相互作用而改善。质量是一个难以捉摸的概念，存在于旁观者眼中。②

3. 协同工具对套利、捕获、官僚漂移的影响

在美国的政治与立法体制下，另一个重要的考虑因素是协调工具是否有助于降低利益集团监管"套利"和机构"捕获"的风险。套利是指受监管实体有可能利用共享或重叠权限来获得最佳交易，或者为了推动监管标准下行而相互竞争。如果存在这种风险，协同可以成为帮助减轻任何负面后果的重要工具。在监管方法公开、一致的情况下，行政机构更难以单方面采取行动而不计后果，机构间协商、签署协议、联合决策以及类似协同工具为各机构提供了相

---

① Jody Freeman, Jim Rossi. Agency Coordination in Shared Regulatory Space. Harvard Law Review, 2012,125(5):1131-1211.

② Jody Freeman, Jim Rossi. Agency Coordination in Shared Regulatory Space. Harvard Law Review, 2012,125(5):1131-1211.

互掣肘以应对套利和捕获行为的机会。利益集团要俘获几个机构的成本显然比俘获一个机构的更高。促进机构互动的机制，例如咨询要求，可以通过在机构决策过程中引入其他观点来削弱任何一个利益集团的影响。评估协调时的另一个关键考虑因素是它是否会加剧官僚主义漂移的风险，协调工具可以通过促进机构间相互监督作为国会直接监督的补充来帮助控制行政机构的责任推卸。比如谅解备忘录可以要求各机构对责任承担做出具体承诺，最终形成一种“准合同”，以便他们相互承担责任。各机构共享信息和专业知识的联合政策制定活动使各机构相互密切合作。一般而言，更正式和具有法律约束力的协调文书应该使各行政机构更难以推卸责任，因为它们会增加各机构对彼此的责任。①

综上，协同的好处是可观的。这些协同工具在不同程度上可以降低政府的监管成本和行政相对人的守法成本，完善专业知识技能，通过促进思想交流和汇集不同机构的专业知识提高政府行动的有效性，在不影响透明度的情况下降低官僚主义漂移的风险。协同还有助于保持规制共享或管辖权重叠的功能利益，例如促进机构间竞争和问责制的实施，同时最大限度地减少不一致政策等功能障碍。此外，协同机构通过启动或维持其协作工作所需的人力、信息技术、物资和财务资源，为这项工作带来了不同的资源和能力。换言之，协同机构可以通过利用彼此的资源来寻找机会以满足资源需求，从而获得在单独工作时无法获得的额外收益。

三、我国跨部门协同及其发展

（一）现状与困境

对跨部门协同的学术研究尚处于起步阶段，除介绍、评述相关理论和发达国家实践外，相关研究侧重于对我国特定政策领域协同实践的案例分析，少数涉及大部制下协同机制构建的规范研究，在对跨部门协同实践的系统梳理、总结和分析方面还很薄弱。问题在于缺乏对现状的系统把握和领悟，故而在进

① Jody Freeman, Jim Rossi. Agency Coordination in Shared Regulatory Space. Harvard Law Review, 2012,125(5):1131-1211.

行制度和机制设计时缺乏基础。[①] 从实践层面看,我国跨部门协同机制自身特色比较明显,即以专门议事机构为主要组织模式,以部际协调工作为基本运行程序和方式,以联合执法为主要协同工具。

1.以专门议事机构为主要组织模式

在我国,基本形成了以“议事协调机构”为组织结构形态的协同治理体系。议事协调机构历经长时间的发展,其运行架构已呈现出较为清晰的普遍性和规律性:一是领导成员。各级议事协调机构的负责人基本都由同级党政领导班子成员担任。二是组成部门。议事协调机构的成员单位由十几个乃至数十个常设职能部门构成,而其中又有一个担负着主要职责的“牵头部门”。三是办事机构。按惯例设在“牵头部门”的内部,便于承担议事协调机构的日常工作。四是“牵头部门”及办事机构主导而设的督促检查机制、考核评比机制。[②] 在议事协调架构中,具体负责跨部门工作事务的职能部门仅仅只负责具体操作层面的事务,实际工作中的跨部门协同决策和部署全部由议事协调机构(工作领导小组)来完成,从而大大提升了决策的约束力和驱动力。而负责日常跨部门工作事务管理的协同机构,为议事协调机构工作领导小组下设的“办公室”负责。各个具体职能部门的行政领导和分管的地方政府副职领导构成办公室的主要负责人和成员,大大提高了跨部门工作事务协同决策的效率和成果。[③]

2.以部际协调工作为基本运行程序和方式

关于部际协调机制的具体工作方式,国家统计局 2013 年 9 月发布的《服务业统计部际协调机制工作办法》(以下简称《部际协调办法》),明确了部门统计协调机制工作的组成单位和组织方式,对部际协调机制的具体工作方式给出了一个范例。具体而言,《部际协调办法》从有利于统计工作开展的实际出发,将成员单位确定为部际联席会议成员单位以及承担服务业统计职责任务

① 周志忍,蒋敏娟:《中国政府跨部门协同机制探析——一个叙事与诊断框架》,《公共行政评论》2013 年第 1 期。

② 周望:《借力与自立:议事协调机构运行的双重逻辑》,《河南师范大学学报(哲学社会科学版)》2017 年第 5 期。

③ 刘锦:《地方政府跨部门协同治理机制建构——以 A 市发改、国土和规划部门“三规合一”工作为例》,《中国行政管理》2017 年第 10 期。

的44部门。各部门直接负责和承担服务业统计工作的处长担任部门协调联络员，随时进行工作沟通和联系。为便于开展工作，结合部门业务管理工作的相关性，又进一步将成员单位分设为四个联络员工作组。各组根据工作需要可建立相应的联络机制，每年由各部门人员轮流担任组长，安排本组当年的各项工作。《部际协调办法》明确了国家统计局为服务业统计部际协调机制牵头单位并常设办公室，主任由国家统计局分管副局长担任，成员由国家统计局相关司、处的负责人组成，秘书处设在服务业统计司。此外，按照《部际协调办法》要求，服务业统计部际协调机制例会制度业已确立，每年召开1～2次常规性工作会议。

《部际协调办法》亦对协调机制工作程序做出了明确规范，分为七个步骤：(1)各成员单位需依据国务院文件规定的职责分工，负责在本部门、本行业贯彻落实国家部门服务业统计调查制度，积极推进服务业统计工作的开展。(2)各成员单位应积极研究、努力探索、认真总结服务业统计制度执行、名录库建设、服务业统计工作开展中遇到的难点问题和解决办法，形成研究成果并定期交流。(3)各成员单位对于统计制度执行和统计工作开展中所涉及的多部门职责不清、范围交叉、标准不一等难点问题，可提交协调机制办公室协商解决，也可提请召开专题性会议、研讨会商议解决。(4)各工作小组或各成员单位组织开展的调研研讨、试点试行等服务业统计工作，应及时整理汇总有关资料，提交协调机制秘书处，用于通报和交流。(5)各成员单位每年在年度工作会议前应积极研究和准备材料，会后认真组织贯彻落实。(6)协调机制办公室负责筹备和组织工作会议并形成会议纪要。(7)各成员单位对工作中遇到的突发性问题，可随时提议协调机制办公室，采取多种方式，及时妥善磋商解决。[①]

《部际协调办法》不仅对服务业部门统计提供了具体指导，而且也为地方政府部门统计的协调机制建设提供了样板制度和重要参考，地方统计已初步建立了部门联席会议制度。从这一统计部门规章可以了解我国政府部门之间

---

① 王群英：《筑建服务业统计协调机制新平台——解读〈服务业统计部际协调机制工作办法〉》，《中国统计》2013年第12期。

部际协同的具体的操作流程与运作方式。

3. 以联合执法为主要协同工具

在我国,联合执法是政府解决跨部门执法问题的一种有效机制。这种模式能够协调多个执法力量,解决长期难以解决的社会治理问题。但是,在实践中,联合执法表现出一些弊端,比如大多数联合执法执行的是一个行政机关的"法"、存在联合执法机会主义、各部门容易对联合执法产生依赖进而弱化日常监管执法、联合执法法律责任难以确定、绝大多数联合执法是临时性和突击性的专项整治活动等。要根据不同治理主体的特点,建立长效性、制度化的跨部门联合执法机制,比如在城市政府联合执法机制建设中,街道(乡镇)与政府执法部门的有效联动,成为解决城市社会治理问题的关键;要建立街道与政府执法部门之间的跨部门联合执法机制。北京市在这一方面进行了积极的探索和实践。2018 年,北京在政府工作报告中提出,要实现"街乡吹哨,部门报到",建立街道与政府部门、政府部门与政府部门之间的协同联动机制。在行政执法方面,北京市在各街乡建立实体化综合执法平台,将执法部门人员下沉到街乡,实现了街乡与部门的长效执法联动。朝阳区完成了 11 个试点单位实体化综合执法平台建设,形成了"两级统筹,常驻固化,进驻响应"的模式。综合执法平台建设解决了综合执法"九龙治水"的问题,破解了"基层无人、街乡无权、协同无力、运行无效、解难无策"等现实难题,实现了日常管理与综合执法的有机衔接、融合,有效地破解了执法力量分散、执法衔接盲区、部门协调不畅等问题,形成了综合执法合力。在联合执法机制建设中,重点要完善牵头部门负责制度,实现跨部门联合执法有主、有次,避免联合执法陷入"无人负责"的低效困境中。①

在地方政府层面,跨部门协同主要应用于跨界公共事务的治理领域,比如"河长制"就是其中一个具体实践模式。流域治理是跨界特性最为典型的领域之一,通过这条联结不同公共组织的纽带,不同涉水机构产生了无法分离的关系。其中,涉水部门之间的协同失灵,也就是"九龙治水",尤为人们所诟病。2007 年太湖蓝藻暴发并引起供水危机后,无锡市于当年 8 月开始了对辖区内

① 赖先进:《行政执法中跨部门协同存在的问题及其改进》,《福建行政学院学报》2018 年第 6 期。

镇级以上河道治理机制上的创新尝试——“河长制”管理，即各级政府的主要负责人担任辖区内重要河流的河长，以负责河道、水源地的水环境的治理与水资源的保护。“河长制”是跨部门协同在流域治理应用中的一种具体模式。涉水管理中的关键部门包括水利、环保、交通、农林、国土资源、住建等，此外，财政、发改委等核心部门和监察等监督部门在流域治理的过程中也有了相应的分工和任务。我国流域治理主要实施的是科层式政府协同机制，包括来自上级机关的协同、流域机构的专门协同以及地区及部门间的横向协同三大类。这些协同的努力在一定程度上改善了流域公共治理的碎片化现状。但是研究表明，这类协作网络目前还属于典型的弱关系状态，从关系强度和关系密度上看还很不尽如人意，在改变流域治理碎片化现象上作用有限。①

从我国实施跨部门协同机制的现状看，要协调好各部门力量，难度依然很大。我国跨部门协同机制的建设与运用还存在以下问题：一是手段单一、程序不健全。在部门协同上，联席会议制度是最为常见的协同方式，比如 2019 年 4 月，国务院同意建立由应急部、发改委、财政部共同牵头的自然灾害防治工作部际联席会议制度。其他常态化的有效协同方式仍比较匮乏。二是协调机构建设不均衡。国务院设立了专门的协调机构，但地方上的组织建设力量仍较薄弱；另外，“设立专门的协调机构，对于重大的治理领域和治理事项，可以通过设立专门的协调性议事机构，并建立常态化和制度化的沟通协调制度”②，可见专门协调机构主要解决一些重大的治理事项，而对一些非重大的跨界跨领域的治理事项，仍缺乏常态化、制度化的协调机制。三是部门利益主义仍然比较严重，缺乏合作理念与合作精神的培育。即使任务是相辅相成的，当机构都关心、维护、管理它们自己的任务和相关资源时，抑制跨部门协同的阻力就可能会出现。政府的目的在于创造公共价值，无论是纵向的政府各层级还是横向的政府各部门，都应该超越狭隘的部门利益，超越单打独斗与竞争式的发展模式。四是缺乏主动合作的意愿，缺乏有效的激励与问责机制，尚缺乏把政府绩效的评估考核与协同机制建设相绑定的有效举措。“在各部门间的合作过

---

① 任敏：《“河长制”：一个中国政府流域治理跨部门协同的样本研究》，《北京行政学院学报》2015 年第 3 期。

② 边晓慧：《构建协同政府超越碎片化治理》，《光明日报》2013 年 4 月 11 日，第 14 版。

程中,对协同治理中各部门有明确的职责权限规定是开展跨部门协同最重要的一步,也是政策执行过程中的难题。尽管经过多年的努力,协作部门间的职能重叠问题已得到很大改善,但不可否认的是,这仍然是实践中广泛存在的亟待进一步解决的问题。"[①]五是协同程序缺乏透明度与参与度。美国跨部门协同不仅发生在政府系统,而且还涉及公私合作伙伴关系,并且强调跨部门协同的监督评估。除了国会、法院和总统的监督之外,还有利益相关者的"火警"监督机制。相比之下,我国的部门协同尚囿于行政系统内部程序,"行政相对人无权参与该程序,因而纯粹地将行政争议解决机制视为内部程序,将会影响到行政相对人的权益"。"特别是在行政机构消极管辖争议的情形下,行政相对人应当有权启动行政机构事务管辖争议解决机制。""法律可以将争议解决机制各步骤的时间要求进一步明确,各流程的参与主体及其职责应当清晰。"[②]

(二)跨部门协同机制的发展路径

在我国,协同治理能否形成良好的治理效果以及是否可以持续嵌入在以部门分工为特征的机制组织中,主要取决于协同治理能力的大小以及基于此种能力而构建的协同治理机制。[③] 那么,应如何推进跨部门协同机制的建设?

首先,在我国,形成良好的跨部门协同治理能力需要一个重要的"掌控"力量贯穿跨部门协同过程的始终。《关于深化行政管理体制改革的意见》提出:"理顺部门职责分工,坚持一件事情原则上由一个部门负责,确需多个部门管理的事项,要明确牵头部门,分清主次责任。"所以推进"主导式"跨部门协同机制甚为重要,为此要完善主导机构或牵头部门的职责权限建设,例如牵头部门的确定与主导机构的创建,主导机构的职责与权威保障和发挥领导作用的程度以及具体运作机制等。

其次,要探索运行机制的优化与创新,力图构筑一套系统的可操作的跨部门综合执法制度措施与运行模式,目前我国跨部门协同主要通过建立与实施

---

① 袭亮,陈润怡:《政府跨部门协同:困境与未来路径选择——以"河长制"在 M 市的实施为例》,《山东行政学院学报》2018 年第 4 期。

② 刘文戈:《海峡两岸有关行政机构事务管辖争议解决的机制比较》,《学术探索》2013 年 7 期。

③ 刘锦:《地方政府跨部门协同治理机制建构——以 A 市发改、国土和规划部门"三规合一"工作为例》,《中国行政管理》2017 年 10 期。

联络员、协调会议、信息通报等制度，这些制度在协同治理实践中发挥了重要作用。在此基础上，可以借鉴美国跨部门协同的最新研究成果与实践经验，进一步健全协同工具机制建设，具体可包括：(1)信息互通机制，包括机构协商、行政通告、征求意见、联合会议、计算机系统的改进等，如定期收集有关机构的监管和研究活动的信息以及为检索此信息而开发的系统，这些信息对于远程计划规划以及个人执法行动都很有价值。虽然计算机系统不能取代个人联络，但有利于各机构之间建立更有效的联络关系，并可能更广泛地协调跨部门的执法方案。(2)资源共享机制，包括技术合作与共享、消解程序冗余、大数据平台建设等。为此需要进一步推进信息化平台建设：一方面为跨部门协同提供各种数据信息共享机会；另一方面，在信息数据共享的前提下，通过技术平台的信息整合系统规范化和程序化的过程设置，形成必须协同的管理过程。(3)协同工具与程序优化机制。借鉴美国协同工具，通过诸如备忘录、承诺书、联络协议、政策手册等协同工具的运用，实现协同工具的优化；利用现代化信息技术，强化部门协同，再造办理流程与程序。[①] (4)监督制约机制：一是防范重复技术投资等资源浪费的监督审查(识别、合并、清理等)，美国国会、总统和预算办公室(Office of Management and Budget, OMB)经验有可资借鉴之处；二是进一步完善基于绩效评估的问责与激励机制，如部门不配合的责任追究、举证责任等，提高机构对改善协作的关注度和使命感。

最后，构筑"以结果为导向"的跨部门协同机制，核心是基于结果的责任机制。"结果导向"是发达国家当代政府改革的新理念之一，也是政府绩效评估的重要指导原则。其中美国 1993 年的《政府绩效与结果法》(Government Performance and Results ACT, GPRA)是颇有成效与特色的一个范例。一个典型例子是美国海岸警卫队，在结果导向的绩效管理中，海岸警卫队意识到自己的使命是拯救生命而非检查船舶，进而围绕诸如海上安全事故数、因事故死

---

① 例如，我国浙江省持续深化"最多跑一次"改革，加快政府数字化转型，大力建设"浙里办"APP，取得了显著成效。围绕群众眼中"一件事"，强化部门协同，再造办理流程，实现掌上联动办理。例如，不少市县将水电气过户作为"一件事"，老百姓只需填写水表户号、电表户号和燃气表号等三个字段，在手机电子签名后，后台依托表单数据共享生成三个申请表和用户协议，实现掌上联动办理。参见《"浙里办"，让上海人足不出沪在"浙"办成事》，https://zj.zjol.com.cn/qihanghao/100071078.html，2019-05-08。

伤人数、事故造成的财产损失等控制指标设定目标。基于此，他们实施了资源配置和工作重心的战略转移，与行业协会和企业建立伙伴关系，员工招聘时提高知识和技能水平要求，合作出台相应操作准则和指南，加强培训提高员工的安全意识等。[①] 可见，结果导向的目标能促使行政机构对履职方式和工作重点进行反思。为了有效实现行政目标，对于跨界公共事务的管理，行政部门必须考虑实现任务的效率和效益，而跨部门协同的工作方式往往是此类问题的正解。

如何“以结果为导向”促进跨部门协同的发展？以美国为例，GPRA 专注于战略规划、长期目标的制定和结果的问责制，为 OMB 及行政部门考虑所需的长期战略目标和战略的适当组合提供了一个框架，以确定并实现跨越机构界限的联邦目标。例如，GAO 之前曾报告过，GPRA 下的战略和年度绩效规划流程为联邦机构提供了识别其他机构解决相关问题的机会，并与这些机构协调以确保计划目标是互补的，战略是相辅相成的，并且，在适当情况下使用共同的绩效衡量标准。此外，GPRA 和 OMB 的管理工具为联邦机构之间的合作提供了机会。OMB 作为行政部门整体管理的焦点，在协调联邦政府的资源和活动方面发挥着关键作用。为了更好地实现跨机构政策目标，GAO 建议 OMB 全面实施 GPRA 要求，以制订政府范围的绩效计划。[②] 政府范围内的绩效计划可以提供更广泛的联邦政府目标和战略视角，以解决跨越不同联邦机构的问题，包括政府工作中的冗余和其他低效率问题。如 GPRA 所设想的，对结果的关注意味着促成相同或类似结果的联邦计划应该合作以确保目标一致，并且酌情相互加强计划工作。联邦机构可以将其战略和年度绩效计划用作推动与其他机构和合作伙伴协作的工具，并为实现结果制定互补的目标和战略。此类计划还可以通过使机构目标和战略与协作努力相结合，加强对协作的问责制，例如，通过公开报告机构结果，加强了对合作的问责制。[③] 随着 21 世纪的挑战不断发展，美国国会、OMB 和执行机构将越来越重视联邦政府

① 周志忍:《为政府绩效评估中的“结果导向”原则正名》,《学海》2017 年第 2 期。

② GAO. Results-Oriented Government: GPRA Has Established a Solid Foundation for Achieving Greater Results, GAO-04-38, March, 2004.

③ GAO. Results-Oriented Government: Practices That Can Help Enhance and Sustain Collaboration among Federal Agencies, GAO-06-15, October, 2005.

如何通过改善协作来最大限度地提高绩效。

在我国，构筑以结果为导向的跨部门协同机制，可以考虑运用前文所列示的评估指标体系，加强协同工作的监督检查与质量评估，评估其相对优势和局限性，使用政府绩效管理系统来加强对跨界任务管理结果的问责制，特别是通过更加重视促进组织内部和跨组织边界的必要协作以实现结果的工作机制。政府可以在部门考核绩效计划中为各部门负责人在组织内部和跨组织开展协作工作设定相应的职责或期望，以鼓励其跨越传统的组织边界或“孤岛”进行协作；并通过公开报告机构实施结果，加强对合作的问责制。

此外，需要指出的是，跨部门协同为行政组织带来了多元文化，重要的是要解决这些差异，以实现有凝聚力的工作关系，并创造加强和维持协作努力所需的相互信任。提升协同工作的能力需要各方之间的相互信任，信任是加强和维持协作努力的关键，是协同机制有效运作的函数。部门之间可以通过联合活动或其他方式培养信任，如提供机构间培训、组织一些共同参与的会议等，这些活动提供了面对面互动的机会，有助于构筑相互之间有凝聚力的工作关系。

21 世纪，是协作治理的世纪。事实证明，无论是公共政策的目标还是政府的价值已经不能通过碎片化的活动来实现。协同政府与协同治理作为政府治理的一种新模式，不能仅仅通过简单的机构合并建立“超级管理机构”，而是更应该强调部门间的沟通、互动、协作与协同，进而在开放的过程中构建一个协同政府并不断推动整体性治理。事实上，加强部门间的合作与协同，构建一个协同治理的政府已经成为当今世界各国寻求治理模式创新的重要思路。[①] 随着 21 世纪挑战的不断加深，我国国家治理现代化能力的提升将越来越重视政府如何通过改善协作来最大限度地提高绩效和结果。虽然政府部门进行了协同治理的持续努力和重要实践，但许多问题都涉及多个行政机构，而且多个机构的行动仍没有得到很好的协调。因此，需要继续鼓励机构间展开合作。今后的重点是要进一步关注需要加强合作的其他重点领域和新兴领域，以促进行政法治实践中跨部门协同的深度发展。

① 边晓慧：《构建协同政府超越碎片化治理》，《光明日报》2013 年 4 月 11 日，第 14 版。

第五章　管辖权重叠的立法消解

监管重叠反映了法律重叠，立法因素是管辖权重叠的深层次原因。前文所述的跨部门协同，对于难以避免的管辖重叠问题，是一种必要且有效的解决机制。但有些管辖权的重叠现象在立法环节是可以防范和控制的。与立法对策相比，跨部门协同是"解决了一个症状而不是问题"[①]，问题的解决还需要寻求立法上的改进和完善，否则治标不治本。管辖权重叠长期以来困扰着行政执法，追根溯源，立法环节难辞其咎。为此，本章尝试从立法层面寻求对策，对管辖权重叠的立法原因以及行政组织法的完善等方面进行较为系统的探讨和分析。概而言之，主要围绕两个问题：一是法律如何产生监管重叠；二是监管重叠如何促进法律完善。

第一节　管辖重叠与重叠规范

一、法律如何产生监管重叠

法律法规的冲突主要是指对各部门的职责权限的互相矛盾的规定，或对同一事项的管辖权界定模糊。[②] 这些冲突的法律规范，可能是相似或相同的立法条款，即规范重叠；有些虽然条款不同，但从内容上看，对同一事项的职权设置做出了重复、交叉或不一致的规定。由于法律重叠并不必然导致法律无效，

---

① Mark Frederick Hoffman. Decreasing the Costs of Jurisdictional Gridlock: Merger of the Securities and Exchange Commission and the Commodity Futures Trading Commission. University of Michigan Journal of Law Reform, 1995, 28(3): 681-714.

② 常健，翟秋阳：《论政策执行过程中的职权冲突及其化解》，《中国行政管理》2007年第11期。

“长期的法定解释原则认为，如果重叠的法规适用于同一事项，则两个法规都适用，除非不能兼顾两者”[①]，这就造成了行政治理实践中“依法打架”的局面。因此，对管辖争议问题必须从立法层面加以规范和控制，构建和谐统一的法律体系，才能正本清源，产生事半功倍的效果。

从立法内容上看，管辖重叠的主要产生情形有以下五种。

一是不同的法律法规将同一行政职责赋予了不同的职能部门，要求齐抓共管。[②] 例如，《反不正当竞争法》和《价格法》分别授权工商行政管理部门、价格主管部门进行执法处罚；《种子法》规定，由农业、林业行政主管部门以及工商行政管理机关等三个部门共同行使处理生产、经营假劣种子的执法权，导致实践中部门之间经常争权或推诿责任；依据《公路法》和《土地管理法》规定，交通主管部门和土地行政主管部门都可对违章建房进行处罚，责令限期拆除。又如，美国1973年的《濒危物种法》赋予了内政部和商务部保护所列物种的共同权力。诸如此类的立法上的重复规定，往往导致重复执法、多头执法、执法效率低下。

二是不同的法律规范将同一事项的不同职责赋予了不同职能部门，即碎片化赋权，导致分散管理。在美国，国会通常会赋予一个以上的机构具有相同或相似的职能，或者在多个机构之间分配权力，使每个机构对整个任务的一部分负责。在某些情况下，国会看似划分了相对清晰的管辖界限，实际上创设了冲突和不一致的潜在可能。“独立的公共机构在相同或相关的问题上享有对同一个人或机构的监管权限时，就会发生监管权重叠。”[③]我国立法中也有类似情形，如《环境保护法》规定了各级政府及环保主管部门、政府其他有关部门在资源保护和污染防治等环境保护工作中的相应职权或责任，以及县级以上环境保护主管部门责令采取限制生产、停产整治等措施或经人民政府批准责令

① 例如，在“马萨诸塞州诉EPA”一案中，最高法院驳回了美国环保局的论点，即它无法根据《清洁空气法》规定机动车辆的二氧化碳排放，因为这样做会要求它收紧现行里程标准。法院认为，尽管美国环保局根据《清洁空气法》实施监管，“交通运输部”依据《能源政策与节约法案》实施监管，这两个机构职权“可能会重叠”，但这并没有破坏美国环保局在《清洁空气法》下的权力，因为“没有理由”认为这两个机构不能同时履行它们的监管职责并避免不一致。

② 金国坤：《行政执法权限争议协调机制研究》，《新视野》2007年第3期。

③ Robert B. Ahdieh. Dialectical Regulation. Connecticut Law Review，2006，38(5)：863-927.

停业、关闭等处罚权。

三是相同或相似的内容散落于不同法律文件或法律条文。例如，环评审批法律规范具有政策性强、涉及面广的特点，有关建设项目环境保护、环评审批、许可程序及信息公开的诸多规范性文件均从不同视角和侧重面对公众参与做出了规定，因此，常常出现内容上的交叉重叠甚至矛盾冲突。在美国也存在类似问题，例如，虽然联邦政府已经参与了一个多世纪对影响消费者健康和安全的产品的监管，但这种参与近年来急剧增加，体现为制定了新的消费者法律，通过将影响消费者健康与安全的产品监管职权分散于多部法律之中，旨在最大限度地降低市场风险。其中包括《易燃织物法》《联邦杀虫剂、杀真菌剂和灭鼠剂法》《联邦有害物质法》《国家交通和机动车辆安全法》《毒物预防包装法》《消费品安全法》《噪声控制法》等，新消费者法律体系在负责监管消费品的机构中造成了许多重要的管辖权重叠。①

四是法律法规对于职责权限的界定模棱两可。行政机关职能部门各执各的法，必然会造成相互之间执法权限的冲突。换言之，法律冲突以职权配置的模糊或冲突为核心内容，通常表现为法律规范内容的重叠交叉；当不同的行政主体实施重叠的法律规范时，这些重叠规定在行政管理与执法实践中的适用导致了行政管辖权重叠。职权界定的模糊不清有多种原因，如权力设置过于宽泛，社会事务的分类不科学不合理，不确定法律概念的存在以及对概念缺乏明确界定与解释说明等。

五是宽泛而笼统的授权立法导致管辖权边界的模糊。例如，美国的委任立法常常使得行政机构的管辖权不可避免地含糊不清，特别是国会在信息不确定或不完整的情况下立法，它有动机广泛地授权给行政机构，然后通过事后监督来控制行政机构。② 蒸汽侵入是广泛和模糊的授权产生监管重叠的一个典型例子。虽然 EPA 和 OSHA 都没有明确的法定指令来解决工作场所的蒸汽侵入问题，但两个机构都有一个合理的主张，即他们现有的监管权限包括调

---

① Teresa M. Schwartz. Protecting Consumer Health and Safety: The Need for Coordinated Regulation Among Federal Agencies. Washington Law Review, 1975, 43(4): 1031-1076.

② Mathew D. McCubbins. The Legislative Design of Regulatory Structure. American Journal of Political Science, 1985, 29(4): 721-748.

控蒸汽侵入的环境污染,因为蒸气侵入会造成工作场所危害。然而,具有讽刺意味的是,权限的模糊性导致两个机构都回避监管。① 所以管辖权限模糊极可能导致对管辖权的争夺,也可能导致相互推卸责任。

在我国,规章以下其他规范性文件的数量众多,其授权规范的不严谨,也会导致法律规范冲突或不一致。例如,根据《河北省道路运输管理条例》和相关通知,石家庄市政府确定石家庄市交通局作为出租车行业的行政主管部门。按照我国行政系统下级服从上级的要求和行政各层级部门对口设置、业务归口管理的体例,辛集市(县级市)出租车行业的行政主管部门应该是石家庄市交通局的下级对口部门,即其交通局,而不应是城建局。但根据 1998 年国务院办公厅颁发的第 67、86 号通知,各级地方政府可自行确定出租车的管理部门。辛集市政府作为一级地方政府,其确定的出租车主管部门是城建局,符合国务院规范性文件的规定。②又如,行政许可的设定和实施,依赖于一个自上而下的规范体系,下位规范不断解释和细化上位规范所设定的审批条件和标准,从而使得处于执法末端的审批官员能够明确、清晰地获得操作指引,由此形成了不同机关在实施许可和审批的过程中各自独立的规范体系。在缺乏整合、汇编、清理形成一个统一的法制体系的情况下,这些基于不同目的而制定的规范之间互相矛盾、冲突的情形比比皆是。③

造成上述立法冲突的原因也是多方面的。

一是立法技术的局限性。立法技术是随着实践不断改进完善的,不可能一次性达到极致完美。基于立法技术的局限性,“我们并没有一个完全有序的法律体制,而是一套充满不连续性的法律体系,这种不连续性破坏了法律的连贯性和合理性”④。当法律规定功能相同或类似情况的不同结果时,就会出现不连续性。不连续性可能是立法机关故意制造的(表现为冗余设计),也可能

① Todd S. Aagaard. Regulatory Overlap, Overlapping Legal Fields, and Statutory Discontinuities. Virginia Environmental Law Journal,2011,29(3):237-303.

② 黄先雄:《论我国行政机关权限争议的法律规制——从几例“部门之争”说开去》,《国家行政学院学报》2006 年第 2 期。

③ 骆梅英:《行政审批制度改革:从碎片政府到整体政府》,《中国行政管理》2013 年第 5 期。

④ Todd S. Aagaard. Regulatory Overlap, Overlapping Legal Fields, and Statutory Discontinuities. Virginia Environmental Law Journal, 2011,29(3):237-303.

是立法机关无意中造成的，立法者因为疏忽而没有注意到一个特定问题，特别是立法匆忙之时；还可能是由于反复修改法规而无意中造成最终条款的不连续性。这些不连续性可能是微不足道的，可忽略不计；[①]也可能会造成重大冲突，例如当两个法律规定相互矛盾的结果之时。

二是部门立法制度。自主权和“势力范围”——政府机构相对其他机构无可辩驳的控制权和管辖范围——才是部门考量的核心。[②] 在中国，部门立法制度为争取部门利益提供了便利条件，为部门管辖权争夺披上了“依法行政”的外衣。因此，部门立法制是促使行政部门之间执法依法打架的一个重要因素。具言之，基于部门立法制度，各职能部门纷纷从自身管理需要出发，以法规、规章或规范性文件等立法形式，尽最大可能扩大自身权限，为本部门争取更多的利益。在权力扩张的过程中，各职能部门间的职权冲突在所难免。每个部门都倾向利用部门立法作为与相关联的职能部门博弈的工具，加剧了职责交叉的复杂性程度。以环境管理为例，部门职责分工的规定散落在各项法律法规中，例如《环境保护法》《中华人民共和国水污染防治法》《中华人民共和国大气污染防治法》《中华人民共和国野生动物保护法》《水法》《中华人民共和国渔业法》等众多法律规范，政府部门的公职人员都未必完全清楚，普通公众更无法知晓。[③]

三是立法空白与滞后给行政机关带来通过自行解释或制定政策文件进行权力扩张的可能。新型建设项目不断出现，相关制度规范却没有及时跟上，立法缺乏预见性和及时性。以我国通信基站建设为例，由于当时国内对移动通信基站建设的法规规章尚不健全，基站大多为未批先建。为使已建基站合法化，政府普遍采用补办环评手续的办法。然而，这种事后履行环评并予以通过的做法，往往使公众参与流于形式，而且为保全眼前投资利益而牺牲长远公众

① 一方面是重叠的法律规范在实施中可能不会出现管辖重叠或冲突的情形；另一方面在权限重叠的情况下，存在监管协同而非功能失调的可能性，相关机构在其自身的法定权力范围内，将以一致且相互兼容的方式缝合在一起，甚至相互强化。

② James Wilson. Bureaucracy：What Government Agencies Do and Why They Do It. New York：Basic Books，2002：181-193.

③ 杨志云，殷培红，夏冰：《政府部门职责分工及交叉的公众感知：基于环境管理领域的分析》，《中国行政管理》2015 年第 6 期。

环境权益的行为导致了公众的不满甚至引发纠纷,也造成了先建后批的被动。基于立法的滞后、基站遍地开花的事实以及对经济效益的考量,审批机关主要通过补办环评手续使既有项目合法化。一般情况是逢报必批,对周围群众的意见、布点规划的合理性等因素考虑不周,难以保障项目受影响群体在审批过程中享有公平权利或均等机会。近年来,为支持移动通信运营企业的发展,一些地方基站做到了审批工作及时、快捷、方便,在初审阶段放宽条件,提高办事效率,缩短办事时限,而将主要精力放在移动通信基站的验收上。然而"请神容易送神难",效率保证不了质量,诸多的投诉和纷争使行政审批工作陷入了被动的处境。[①] 又如,美国商品期货交易委员会 1974 年由《商品期货交易委员会法》设立。自成立以来,美国商品期货交易委员会经历了与美国证券交易委员会持续的管辖权冲突。冲突的根源是美国商品期货交易委员会法案对某些指定金融工具的监管授予"专属管辖权",这些金融工具之前未受监管或可能受美国证券交易委员会监管。[②]

为此,立法机关需要通过改进立法技术,力争对齐立法。第一,为防止法律条文僵化,跟不上改革的需要,某些问题有必要采用框架结构立法的方法,以便及时补充更新和调整修改。第二,某些原本概念较为模糊的问题,可以通过执法实践,对不同社会事务的分类和相应的权限划分进行调整,进一步明确职权的边界。例如,2019 年 4 月份,国家统计局发布了《知识产权(专利)密集型产业统计分类(2019)》《体育产业统计分类(2019)》《健康产业统计分类(2019)》,分类以《国民经济行业分类》为基础并与之相对应,充分考虑了知识产权、体育、健康产业发展中的新业态和新模式,科学界定了知识产权、体育、健康产业的统计范围,有助于提高统计工作的科学性和时效性,促进了统计工作更好地为行业发展,也缓解了行业与产业之间错位或不对应的矛盾。第三,建立快速、有效的法律修改机制。一方面,保持法律与改革之间的同步,防止因为法律的过时而制约改革的进程;另一方面,根据新问题以及老问题新定义

---

① 顾建亚:《行政审批中的公告制度探究》,《行政与法》2014 年第 9 期。

② Mark Frederick Hoffman. Decreasing the Costs of Jurisdictional Gridlock: Merger of the Securities and Exchange Commission and the Commodity Futures Trading Commission. University of Michigan Journal of Law Reform, 1995, 28(3): 681-714.

带来的问题对行政职权划分与配置进行及时的调整与修改。第四,健全联合立法机制。特别是对一些跨界公共事务的规制立法,通常涉及多个部门,从而使得立法程序更为复杂,如能源法就涉及15个部委,国家石油储备条例涉及4个部委12家单位,而且各部委之间缺乏强有力的推动机制,沟通协调难度极大,进展缓慢。因此,需要在不同部门法之间建立有效的联动机制,及时沟通和反馈。第五,平衡立法。由于事物的多重混合属性,在立法或制定政策时,需要"平衡"多方面因素,综合考量。比如,有关土地监管的立法,既要考虑对木材和矿物的需求,又要顾及对风景和科学价值的保护。在某些情况下,立法者通常需要对多个相互矛盾的利益进行权衡与考量,制定具有"平衡"性的监管政策,以防范法律在实施或执行中因为任务目标的不同而产生管辖争议。

二、重叠法律规范的选择机制

(一)法律适用规则及其案例解析

随着我国立法数量的加大,法律内容的扩展,以及法律与社会关系的日渐复杂化,法律冲突也不断加剧。由于行政法律规范内容涉及面广、数量大、使用频繁,法律冲突在行政法领域表现得尤为突出,由此引起认识上的混乱,使人们无所适从,造成执法与司法中难以取舍的尴尬局面,进而困扰行政法治建设。对此,我国《立法法》确立了法律适用的三大基本规则,即上位法优于下位法、特别法优于一般法、后法优于前法。[①] 这些法律适用的基本规则,对于重叠法律规范的选择具有重要指导作用。

1. 层级重叠:上位法优于下位法

法律规范的纵向重叠,即不同层级法律规范之间的重叠,可以按照"上位法优于下位法"的规则对重叠的法律规范做出选择。"上位法优于下位法"作为一项法律适用规则,系指同一事项上存在两个或以上的法律规范,且低位阶的法律规范与高位阶的法律规范相抵触时,优先适用高位阶的法律规范。根据这一规则,当产生管辖争议的执法依据是两个不同层级的法律规范时,依据上位法。在美国,联邦与州法律重叠时,通常按照"联邦法优先于州法"的规

① 顾建亚:《行政法律规范冲突的适用规则研究》,浙江大学出版社2010年版,第17、57、80页。

则，亦是遵循了“上位法优于下位法”的位阶原则。

2. 水平重叠：特别法优先或新法优先

水平或横向重叠，即同一位阶的法律规范之间的重叠，可分为两种情形做出选择。一是法律规范的种属重叠。《立法法》第九十二条规定：“同一机关制定的法律、行政法规、地方性法规、自治条例和单行条例、规章，特别规定与一般规定不一致的，适用特别规定……”据此，同一事项上存在两个或以上的法律规范，当一般法律规范与特别法律规范不一致时，优先适用特别法律规范，即“特别法优于一般法”。如果同一位阶的不同法律或法规将行政职权分别授予不同行政部门，就需要区分哪一部法律或法规属于一般法，哪一部属于特别法。在通常情况下，一般法与特别法将同一行为或者同一事项的监督管理职权授予不同的行政部门的，应当适用特别法的规定。但需要注意的是，当特别法将该法的一般行政管理职权授予了一个行政管理部门，但对特殊的行为或者事项未做出相应的规定，而一般法将这一特殊的行为或者事项的监督管理职权授予了其他行政管理部门时，有关部门职权问题，应当适用一般法的规定，而不应适用特别法的规定。① 二是法律规范的新旧重叠。《立法法》第九十二条规定：“同一机关制定的法律、行政法规、地方性法规、自治条例和单行条例、规章……新的规定与旧的规定不一致的，适用新的规定。”据此，同一事项上存在两个或以上的法律规范，当新的法律规范与旧的法律规范对同一事项的规定不一致时，优先适用新的法律规范，即“新法优于旧法”。

3. 非同一机关制定的同位阶法律规范之间重叠的选择规则

首先，应当厘清部门职权的来源。根据我国法律的规定，国务院各部门的职权，应当是由法律、行政法规及国务院的有关文件所授予的。国务院部门的规章一般均应根据上位法的规定，设定其职权，不得自行设定其职权的范围。在法律、行政法规及国务院的有关文件未明确划分有关部门职权的情况下，与之管理职权相关的部门共同制定并发布的文件中有关部门职权范围的规定，可以作为当时判断部门职权的标准。② 其次，国务院部门之间制定的规章中有

---

① 蔡小雪：《判断是否超越部门职权问题研究》，《法律适用》2015 年第 1 期。

② 蔡小雪：《部门规章之间有关部门职权规定冲突的选择适用》，人民法院出版社 2011 年版。

关部门职权规定不一致的，两个以上的国务院部门就涉及其职权范围的事项联合制定的规章规定，优于其中一个部门单独做出的规定。需要注意的是，在两个以上的国务院部门共同发布的有关部门职权划分的规定实施一段时间后，国务院会制定相关的行政法规进一步明确规定部门职权。最后，对职权交叉的行为实行监管时，常常会出现两个以上的行政部门均具有管辖权，根据一事不再罚的原则，原则上只能处罚一次。因此，一般情况下，现行已经进行处理的机关应当认定具有处罚权；对已经处理过的行为，其他具有职权的机关再行进行处理的，应当认定为超越职权。此外，在法律、行政法规对一些部门职权划定不清的情况下，相关部门做出的行政行为，应当从有利于维护社会秩序、打击违法行为，保护公民、法人或者其他组织合法权益的角度考虑，一般不宜认定为超越职权。例如，对前店后厂的企业经销的产品和企业正在运输中的产品，就难以辨清是生产领域的产品，还是进入流通领域的产品，因此，无论是工商行政管理机关，还是产品质量行政管理机关进行查处，都不宜认定为超越部门职权。[①]

在美国，还存在其他情形：一是国会可能会分配重叠的管辖权，但同时会给不同的机构提供不同的政策工具，或许正如国会通常的做法那样，将制定政策与行政执法权限分开授予不同机构。两个机构都可以在同一政策领域行事，但一个机构行使规则制定权，另一个行使行政裁决权。二是保持政策工具的类型不变，两个机构可能具有重叠权限，但一个机构可能被明确或隐含地赋予主导权。换言之，如果两个机构之间就某些法律问题发生直接冲突，一个机构的决定可能会占主导地位。例如，如果一个机构具有规则制定权限而另一个机构只有执法权限，并且两个机构对法定术语的含义存在不同意见，则由具有规则制定权限的机构提供的解释可能是决定性的，反之亦然。具有规则制定权的机构之所以可能会被优先考虑，因为制定规则的过程更好地融入了民主理念与专业知识；但执法程序允许机构纳入更多具体的见解，因此可能相反的推论也是合理的。[②]

---

① 蔡小雪：《判断是否超越部门职权问题研究》，《法律适用》2015 年第 1 期。

② Jacob E. Gersen. Overlapping and Underlapping Jurisdiction in Administrative Law. The Supreme Court Review, 2006(1):201-247.

（二）新旧管辖重叠的案例与分析

案例 1　“五证齐全”，何以成了违章建筑

2003 年，黑龙江省鹤岗市 A 房地产开发公司与佳木斯市郊区 B 村合作建设商贸综合楼，该项目为招商引资项目，被列为市政府重点工程，并依法办理了相关手续，即“五证”。但 2005 年工程快完工时，开发商接到黑龙江省公路局佳木斯管理处的处罚通知：工地前的公路为一级公路，50 米内的建筑属于违章建筑，应停工并拆除。此后，工地道路出口遭封堵，项目被迫停建。13 年来，相关部门各执一词，建设项目陷入“神仙打架凡人遭殃”的境地。民营企业上千万投资没有收回，公司停摆，拖欠的 100 多名农民工工资共计 200 多万元尚未付清。[①]

该纠纷的主要法律问题是管辖权的前后冲突。因机构改革和内部管理权限调整，该路段曾经归省鹤大高等级公路管理部门管理，后来归省公路局佳木斯管理处管理，现在又归省高速公路管理局佳木斯管理处管理。针对行政相对人的持续行为，不同的行政主体对同一事项在不同发展阶段都拥有管辖权限，并且权限内容不一致甚至相矛盾。这就是管辖权之前后重叠或新旧重叠。就现状而言，虽然只存在一个监管主体，理论上不存在不同主体的管辖重叠问题，但由于原主管部门做出了有法律效力的处理决定，该决定没有按照法定程序撤回或撤销，其效力持续到现在，跟现在的主管部门的监管之间产生重叠交叉，而且两个部门做出的决定不一致甚至相冲突，进而产生事实上的管辖重叠。这种矛盾该如何处置？

本案例争议的焦点在于项目合法性问题。商贸综合楼前的道路到底是一级公路还是二级公路？市规划局认为，规划审批时，这条路就是二级公路，项目审批合法、合规；公路管理部门认为，这条路是一级公路，交通厅有文件；企业抱怨，公路管理部门前后说法不一致，先同意施工，后又责令拆除。

产生这些争议的原因在于，执法部门所依据的法律规范各不相同。黑龙江省建设委员会 1984 年第 28 号文件《关于佳木斯松花江公路大桥初步设计

---

① 徐隽，金正波，赵晨：《“五证”齐全，何以成了违章建筑》，http://politics.gmw.cn/2018-10/30/content_31856028.htm。

的批复》载明,“北岸江堤至哈罗公路段为二级路”。黑龙江省计划委员会 1984 年第 142 号文件《关于佳木斯松花江公路大桥计划任务书的批复》载明,“江北防洪堤至哈罗路按二级公路设计”。依据这两个文件,佳木斯市城乡规划局于 2004 年 5 月审批通过案例中所涉项目建设,认为该路段从建成以来一直承担过境公路与城市道路混合使用的功能,属于国道。按照《黑龙江省公路条例》,国道的控制区不少于 20 米,该建筑物距公路 23.5 米,符合《黑龙江省公路条例》的规定,项目审批合法、合规。黑龙江省鹤大高等级公路管理处到现场察看并具体放线后,同意距公路 23.5 米以外施工建设,并通知开发商到公路处办理相关手续。鹤岗市建城房地产开发公司于 2003 年 8 月 22 日办理了手续,黑龙江省鹤大高等级公路管理处下发了《公路路政准予施工、缴款通知书》,同意在 G201 松花江公路大桥防洪堤外修建建筑物(距公路 23.5 米)。

之后,管辖权辗转移交到省高速公路管理局佳木斯管理处,管理处要求建城公司暂停施工、限期拆除,并对其处以罚款,其依据是《黑龙江省交通厅关于鹤大公路佳木斯公路大桥北侧引道公路建筑控制区等级的批复意见》,该意见载明,佳木斯松花江公路大桥北侧引道远期应按高速公路建筑控制区控制,考虑现有公路技术等级为一级,所以目前须按一级公路建筑控制区控制。该意见的提出时间是 2005 年 9 月 16 日,佳木斯市城乡规划局审批该项目是在 2004 年 5 月。也就是规划审批在前,公路等级确定按一级公路控制在后。究竟是市城乡规划局审批错误,还是省公路局佳木斯管理处处罚不当?两家单位各执一词。本案例中,两个政府部门对公路等级的说法不一,却让“五证”齐全的工程项目停工 13 年。公路管理部门多次强行停工给建设单位造成经济损失,企业多次反映意见无果,公路管理处坚持认为,企业所提诉求不合理,不予支持。企业损失谁来承担?部门打架,百姓“躺枪”。

那么,本案例所涉管辖权究竟归谁?对此,一方面需要遵循“有利于相对人原则”来处理管辖权争议,主管部门虽已调整为现在的公路管理处,但监管对象即行政相对人的行为是一个持续行为,依然处在持续状态而没有终了。按照我国《行政处罚法》第二十九条的规定:“违法行为有连续或者继续状态的,从行为终了之日起计算”。对于一个行为的持续状态,行政执法应遵循法不溯及既往原则和有利于相对人原则。另一方面本案中管辖权争议应受法治原则和信赖保护原则约束，政府行为不能出尔反尔，应遵循法定程序，以维护其公信力。

所以现实中由管辖重叠引发的争议远远比理论层面更复杂，大多数情况下，立法环节是源头。这起纠纷也反映了立法混乱，特别是行政机关在执行法律法规和规章时制定的实施性、解释性的规范性文件，很难预见到上位法层面法律规范之间的重叠交叉与矛盾不一致，其他规范性文件打架的情形尤为普遍，防不胜防。要严格遵循上位法的原则要求和内容，不能相抵触、相违背。

案例2：政策和法规打架，别让群众"躺枪"

符合政策的夫妇要生二胎，以前享受的独生子女费要不要退？郑州一位市民所遭遇的这个并不复杂的问题，无意中暴露了相关规定在"打架"。按照国家部委通知，"此前已经享受的不再退还"；而社区工作人员按照河南省人大2014年5月修订的人口与计划生育条例，要求退回。市民和社区工作人员一时争执不下，让人无所适从。这则案例反映了政策与法规之间的冲突，在此，国家卫计委的通知出台在先，作为地方性法规，河南省随后出台的条例固然有在法定权限范围内因地制宜的权力，但独生子女费问题不属于地方性问题，这是一个全国范围内的普遍性问题，直接涉及行政相对人的合法权益，所以，河南省条例明显与已经出台的国家卫计委的规定相抵触，应该不能视为具有优先适用的效力。①

法律冲突背后的根源是部门利益，不论是法律还是政策，在尊重法治精神和遵守法治原则方面，不应有多元标准。一些地方或部门之所以不愿在制定法规、政策方面"上下对齐"，其背后根源是部门利益问题。而这些法规、政策的制定出台之所以能畅通无阻，也反映了立法部门没有充分贯彻或遵循科学立法、民主决策的原则。试想，如果法规和政策在制定前能够充分论证，在制定过程中能够广泛听取意见，就能预防或减少违反上位法或法治精神、损害群众利益的现象的出现。

无独有偶。2015年，贵州省荔波县高中教师覃某怀孕5个月，却突然接到县教育局、县人口和计划生育局联合下发的通知，责令其5月底前自行到医院

① 白龙：《"法律打架"别让群众"躺枪"》，《人民日报》2014年11月26日，第5版。

终止妊娠,否则将被开除公职。然而早在三个月前,覃某夫妇就已在户籍所在地安徽省黄山市办理了生育许可证明。这一切只因安徽、贵州两省的再婚生育二孩政策不同。因户籍所在地和工作所在地二孩政策不同,贵州女教师持有安徽开具的准生证,却仍被贵州方面责令引产。这则新闻折射出一些地方和部门“政策打架,群众躺枪”的现实问题。国家和地方政策不统一,甲地与乙地规定不一致,这严重损害了有关制度的公信力,侵害了公民的权益。在本案例中,安徽、贵州两省的计生部门都是作为国家行政机关在行使行政许可权,贵州女教师夫妇因为符合户籍地安徽省的生育政策,合法取得准生证,就意味着获得了国家许可的生育二孩的权利。然而,安徽的准生证到了贵州却不管用,当地计生部门坚持按照贵州的政策处理,“我的地盘我做主”。如此政令不通,既损害了政府形象及其公信力,也让办事的群众无所适从。根据《中华人民共和国人口与计划生育法》的规定,地方各级人民政府领导本行政区域内的人口与计划生育工作,县级以上各级人民政府根据人口发展规划,制定人口与计划生育实施方案并组织实施。允许地方自定方案,体现了因地制宜原则,各地应坚持原则性和灵活性的统一,在结合自身实际情况的同时,在原则问题上决不能各行其是。上位法有规定的,不得抵触和违反,上位法中没有规定的,像“再婚夫妇生育二胎”这样的细节问题,应由国家卫生和计划生育委员会拿出具体方案,进行统一规范,必须维护国家法制的统一、尊严、权威。①

第二节 美国立法冗余问题探析②

在美国,立法冗余是一个由来已久的法律现象。法律的冗余不是立法起草中的异常事件,“法规将权力或管辖权划分给多个机构可能是常态,而不是例外”③。虽然国会长期以来一直意识到冗余在法律体系中的普遍存在,但近

① 张枫逸:《两地二孩政策打架,别让群众躺枪》,《南方法治报》2015 年 5 月 22 日,第 16 版。

② 参见顾建亚:《美国立法冗余问题探析及其中国借鉴》,《时代法学》2019 年第 2 期。这部分内容是在该论文基础上修改补充而成的。

③ Jacob E. Gersen. Overlapping and Underlapping Jurisdiction in Adminstrative Law. The Supreme Court Review, 2006(1):201-247.

些年来的立法仍保持着这种趋势。随着行政规制、监管实践一再受管辖权重叠的困扰，立法冗余问题亦逐渐引发立法部门和法学理论界更多的关注。

一、立法冗余之概述

（一）概念与类型

冗余理论（redundancy theory）产生于对复杂机械系统的研究，其基本思想是，向系统添加冗余部分，即重复配置系统的一些部件，当系统发生故障时，重复配置的部件介入并承担故障部件的工作，由此，系统整体失败的可能性就会降低。[①] 从功能上看，冗余可以有两方面的作用：一是积极的，可通过多重备份来增加系统的可靠性；二是消极的，即增加成本，造成资源的浪费。法律学者借用“冗余”这一广泛应用于工程领域的概念，来描述国会通过委任立法把相同的权力授予多个行政机构。

冗余是一种重复、多余的形式，但立法冗余只涉及这种形式的一部分，是指法律文件中的语言、规定、制度或程序就某一事项至少部分地重叠。借此，立法冗余可分为“完全冗余”和“部分冗余”两种类型。[②]“完全冗余”仅占冗余实例的小部分，与其他形式的冗余相比微不足道，通常是由冗余的语言所造成的，即“语词冗余”，表现为一个法律规定中包括了可以相互替代的两个同义词，如“美国行政程序法”中“任意”和“反复无常”的语词表述。法律写作常会使用一些同义或近义的术语，例如，“停止和止住”“援助和帮助”“遗愿和遗嘱”等。这种使用同义词却不一定额外增加意义的修辞过剩，显示了法律语言中重复使用同义词或近义词的偏好，是一种已有悠久传统的法律风格。这类完全冗余一般不会引发行政执法和法律适用中不可调和的矛盾冲突。

本书所要探讨的是立法的“部分冗余”，它是立法冗余的主要形式或常见情形。“部分冗余”既可以发生在不同法律之间，也可以发生在相同法律的不同条款之间，与语词冗余相对应，部分冗余也可称为“条款冗余”。基于覆盖同

① Martin Landau. Redundancy, Rationality, and the Problem of Duplication and Overlap. Public Administration Review, 1969, 29(4): 346-358.

② John M. Golden. Redundancy: When Law Repeats Itself. Texas Law Review, 2015, 94(4): 629-785.

一主题或事项的范围大小，条款冗余可以有“包含”和“交叉”两种关系。“包含”关系是指一个法律规定的范围超出了另一个规定的范围，从而前者为后者提供了一个完整的支持，即前者包含了后者；“交叉”关系是指两个法律规定不能完全相互覆盖，而是出现交叉重叠的情形。在美国整个经济与社会规制领域，几乎都能发现这样的现象，尤其是在农业、教育、能源、交通、卫生、经济发展、国土安全、国际事务和社会服务等领域中，政府管理任务常分散于多个行政机构或行政项目。例如，根据2011年政府问责局发布的报告（GAO-11-635T），当时就有100多个联邦政府地面运输项目，82个确保教师教育质量的项目，80个促进国内经济发展的项目，47个提供就业和就业培训服务的项目。

（二）功能评判

学界对立法冗余的功能有积极和消极两种评价。一些法学者借鉴政治学和公共行政学的观点，认为冗余可以提高行政管理的可靠性，从而在政策风险高的时候提供重要保障，减少失误。[①] 换言之，立法冗余可以规避单一行政机构规制失败的风险。试想，如果海洋能源管理局未能严格执行海上钻井安全标准，但海岸警卫队在对海上钻井平台的检查中提出了其不符合国际标准的证据，在此情况下，两个机构之间重叠的权力分配提供了双重的机会来发现安全违规行为，以防止灾难发生。由此，把规制权力分散于多个机构，能有效地创制行政机构之间的“火警”机制，还能促进行政机构间的竞争和信息技术共享，也可以减少国会的监督成本。在这种观点下，冗余是提高立法决策质量的理想副产品。[②] 可见，立法冗余并非绝对的消极，也有必要和积极的一面，法律规范体系可以包容一定程度的冗余现象。

持批评态度的学者认为，冗余会导致浪费性的过度规制或风险性的规制不足。[③] 试想，原本一个行政机构可以完成的计划任务，现在由两个以上的行政机构各自实施，这种重叠交叉的行政机构职能很容易导致重复监管，有时这

① Nancy Staudt. Redundant Tax and Spending Programs. Northwestern University Law Review, 2006,100(3):1197-1249.

② Jody Freeman, Jim Rossi. Agency Coordination in Shared Regulatory Space. Harvard Law Review, 2012,125(5):1131-1211.

③ Teresa M. Schwartz. Protecting Consumer Health and Safety: The Need for Coordinated Regulation among Federal Agencies. Washington Law Review, 1975,43(4):1031-1076.

些机构之间因发生管辖权争吵而不能专注于执行任务，从而造成资源浪费、效率低下和程序烦琐。冗余立法还可能使行政机构抛弃职责，导致行政机构的不作为或推诿责任，进而产生规制不足或监管缺位。立法冗余还造成了行政机构模糊和不确定的管辖权限，进而引起行政执法的矛盾冲突。

二、立法冗余的原因分析：重复授权

立法冗余的原因是多方面的，但主要与国会自身因素有关。可以说，国会作为立法机关，是法律冗余的直接制造者。简言之，美国立法冗余是国会的委任立法制度，特别是其中的重复授权（duplicative delegation）所致。

（一）重复授权的含义

美国法典中充满了"重复授权"，即国会通过委任立法把相同或相似的规制权力同时授予多个行政机构，且未明示各机构之间的分工与责任。[①] 例如，《清洁空气法》授权环保局监管毒素的排放，《职业安全与健康法》授权劳动部规范工作场所毒素的使用。在这两个宽泛的授权之下，环保局和劳动部都有权规制某些受监管实体对相同毒素的使用情况，从而导致环保局和劳动部对同一事项的管辖权重叠。

需要指出的是，重复授权与碎片化授权（fragmented delegation）两者虽有所区别，但有时是一致的。碎片化授权赋予多个机构解决规制问题的权力，但是每个机构都对自己的问题负责。[②] 这些碎片化授权可能会出现在单独的法规中，也可能出现在一个将监管任务分配给多个机构的单一法定计划中。例如，各种法规将海上能源项目的监督权分配给若干机构——内政部、陆军工程兵部队、环保局、联邦航空管理局和海岸警卫队。大多数情况下，各机构的监督是分散的，每个机构都监督自己的项目。但是分别根据《河流和港口法》和《大陆架陆地法》，陆军工程兵部队和内政部这两个机构都有权考虑该项目对航行的影响。因此，尽管整个监督机构在许多机构中是分散的，但在审查过程中，至少有一小部分即导航部分，需要经过多个机构的审查。对于这一小部

---

① Jason Marisam. Duplicative Delegations. Administrative Law Review，2011，63(2)：181-244.

② William W. Buzbee. The Regulatory Fragmentation Continuum，Westway and the Challenges of Regional Growth. Journal of Law and Politics，2005，21(1)：323-357.

分，国会对行政机构的授权是重复的。[①]

通说认为，重复授权是美国国会的立法习惯或偏好，常见有两种情形：一是国会推行某一政策目标时，通常不会只让一个行政机构来管理一项计划，而是授权两个以上的机构来行使相同或相似的规制权力。二是国会在制定新法或新政策，特别是金融、医疗改革措施时，通常直接添加新计划而不废止既有计划，从而导致新旧立法的叠加。国会如此重复授权的目的有三：一是故意为增加规制可靠性或引起行政机构间竞争而创制重叠；二是把重复授权视为一个独立行政机构的创建，以此作为摆脱总统政治影响的有效方法；三是为国会议员索取功劳和推诿责任提供了机会。如果责任由多个行政机构承担，议员可以为有益于选区选民的行政决定而邀功，也可以在事情出差错时责备那些不属于其监管的其他行政机构；四是国会可能会使用重叠管辖权作为鼓励机构发展和准确披露信息的机制，或作为控制机构行为和实质性政策选择的手段。[②]

基于此，学界普遍认为，重复授权更多时候是国会的有意安排。例如，国会立法为环保局和职业安全与卫生管理局就暴露于污染下工作场所引起的职业风险制造了显著的规制重叠。[③] 职业安全与卫生管理局根据《职业安全与健康法》的规定进行管理，环保局则根据各种环境法监管职业风险。根据1990年的《清洁空气法修正案》，国会已特别预见了其授权可能造成这两个机构规制重叠，但仍有计划地在立法中创制了这一可能性。[④] 国会似乎更喜欢让各行政机构担负前期的信息成本，而其则在事后纠错上下功夫。

尽管一些文献经常提及规制重叠的潜在好处，但有学者对国会故意制造

---

① Jason Marisam. Duplicative Delegations. Administrative Law Review, 2011,63(2):181-244.

② Jacob E. Gersen. Overlapping and Underlapping Jurisdiction in Adminstrative Law. The Supreme Court Review, 2006(1):201-247.

③ Todd S. Aagaard. Regulatory Overlap, Overlapping Legal Fields, and Statutory Discontinuities. Virginia Environmental Law Journal,2011,29(3):237-303.

④ 例如，在1990年的《清洁空气法修正案》中，国会专门指定环保局和职业安全与卫生管理局在化学事故方面具有相似但并非完全重复的监管权。国会认为职业安全与卫生管理局现有的监管计划不充分，并认可了环保局在化学事故方面所掌握的新兴专业知识。但国会还选择保留并实际上增强了职业安全与卫生管理局在解决化学事故中的作用。因此，国会做出了深思熟虑的判断，即两个机构共同参与，尽管在某种程度上可能产生的管辖权重叠将导致更有效的监管。EPA-OSHA案例表明，国会确实故意在各机构之间制造/设置监管重叠。

立法冗余提出异议，认为这两种关于故意冗余的目的推测并不可靠，是过于信任立法者在立法中的先见之明。相反，与重复授权的"理想副产品"的假设相反，国会很少有意创制管辖重叠，这类授权大多是偶然性的，"在行政管辖范围内蓄意制造的冗余在数量上微不足道"，"行政国家的大部分重复、碎片化或重叠并不是有目的地选择以采取风险预防措施或通过竞争提高规制有效性"，"没有证据表明国会打算通过频繁的重复授权以激发机构竞争或制造冗余"。①也就是，"国会故意通过冗余立法来激发行政机构之间的相互竞争，从而保证规制可靠性"这一说法缺乏证据，仅为来自立法史的似是而非的推论。

重复授权还可能是因为规制对象本身具有多维度属性。例如，烟草是一个经济作物，吸烟又是导致某些疾病的一个要因。对烟草的监管不是单一行政机构所能涵盖的，国会需要授权多个行政机构来规制烟草问题的不同维度。随着社会和科技发展，政府规制对象日益增多和复杂化，特别是科技发展催生了新生事物，使得一些新问题进入规制领域。例如，根据《有毒物质控制法》，环保局有权管理新的转基因微生物，而农业部根据《植物保护法》有权管理"植物有害生物"，然而有些新的微生物也属于植物害虫。由此，环保局和农业部的规制对象衍生出了相同或交叉部分。新问题也可以来自老问题的新定义。比如使用杀虫剂一度被视为提高农业产量的好方法，如今从环境恶化的视角，其作为有毒物质的问题进一步显现。由于无法预测可能出现的每一种情况，国会的委任立法通常是广泛而模糊的，即国会宽泛授权给多个行政机构，并试图通过事后监督来控制各行政机构。这种宽泛的委任立法可以维持对行政机构决策的控制，也赋予了行政机构应对不断变化的规制环境的灵活性。

委任立法框架下管辖重叠的产生不可避免。国会内部机制无力把相互竞争的目的变成有效的一致的立法，外部力量的存在也不能使立法者对法律的实施负责，不同政府部门、有影响力的议会成员、利益团体都力图影响立法的形成，法律最终往往是协商妥协的结果而不是为了实现真正目的而成。

---

① David E. Lewis. Presidents and the Politics of Agency Design: Political Insulation in the United States Government Bureaucracy 1946-1947. Palo Alto: Stanford University Press, 2003.

因此,"重叠管辖权不一定是理想的授权结构。"①但为什么国会坚持委任立法?国会可以自己制定法规政策,但由于时间、资源的限制以及降低成本之考量,授权行政机构制定法规规则通常会成为更理想的立法替代方案。在国会授权时,总有一种风险是,行政机构立法过程中常常产生偏离国会偏好的观点。那么国会如何以及能在多大程度上有效控制官僚机构的立法?一般国会会采取一些措施,包括使用事前程序、事后监测、时间限制、预算拨款和其他形式的政治影响力。②

(二)重复授权的根源——机构冗余和权限重叠

国会重复授权不仅仅是一个规范性问题,其根本原因在于国会内部组织结构——一个冗余的内部委员会制度。③ 美国国会下设许多专门委员会,可以说委员会制度是美国国会的核心,委员会是国会行为的真正组织者和实施者。国会在不同的委员会之间分配不同政策领域的管辖权(主要指立法权与监督权),"管辖权是委员会制度的决定性特征"④,委员会对某个问题拥有管辖权意味着可以对最终产生的政策产生巨大的影响。

各专门委员会通常享有某一领域的立法与监督权,且对其管辖范围内的政策事务拥有排他性的权力。然而,许多现代问题的复杂性和互联性,使得管辖权的清晰划分在现实世界中很难实现,即一些政策领域并不完全属于任何一个委员会的管辖范围,而需要多个委员会来处理同一问题的不同切面。正如政治学家大卫·金所言:"管辖权没有模糊之处是不可能的。"⑤这种委员会之间的管辖范围重叠,影响了立法结果,造成了重复或碎片化授权。

委员会之间常存在管辖权之争。在国会内部,跟官僚机构一样,"地盘"

① Jacob E. Gersen. Overlapping and Underlapping Jurisdiction in Adminstrative Law. The Supreme Court Review, 2006(1):201-247.

② Emerson H. Tiller. Controlling Policy by Controlling Process: Judicial Influence on Regulatory Decision-Making. Journal of Law, Economic and Organzation, 1998,14(1):114-135.

③ Michael Doran. Legislative Organization and Administrative Redundancy. Boston University Law Review, 2011,91(6):1815-1872.

④ David C. King. The Nature of Congressional Committee Jurisdictions. The American Political Science Review, 1994,88(1):48-62.

⑤ David C. King. Turf Wars: How Congressional Committees Claim Jurisdiction. Chicago: University of Chicago Press,1997: 18,140.

(turf)就是一切。[①] 管辖权边界的模糊,为立法权扩张提供了可能。众多委员会经常分享监督或预算职权,基于利益等的驱动,议员会极力主张或争取模棱两可的管辖权,以扩张其立法与监督权。换言之,每个委员会都有强大的动机,通过新的立法或监督行政机构来保护和扩大其管辖权。这种管辖权扩张是议员促进选区利益最大化以及获得连任前景能力的有效方式,因为立法者可以为其选民提供立法上的好处。[②] 委员会之间重叠的管辖权为利益团体寻租提供了多个机会,如果支持立法的请求被一个委员会拒绝,则可以转向另一个作为竞争对手的委员会以获得支持。

不论其原因如何,重复授权在美国政治体制下是不可避免、普遍存在且顽固持续的,对法律体系和监管机构存在着重大影响。立法冗余可能带来好处,但更多的是资源浪费和执法冲突,法律应该尽量减少冗余的设计或理解。重复授权赋予多个机构执行相同任务的权力,如果所有机构都照此行事,行政机构会不断地产生相互冲突或重复的行动,导致政府效率低下甚至规制无效。在美国,对立法冗余的控制涉及国会、白宫和法院等多方面的努力,限于篇幅,本部分主要探讨国会的反冗余机制。

三、反冗余:立法冗余的防范和控制

尽管实施了重复授权,国会亦不希望由此而发生行政机构之间职权重叠或彼此干扰的行为。何况官僚主义的重复浪费了立法者所负责的政府资源,阻碍了立法者关心的协调一致的政府监管目标的实现,并加重了受监管实体的负担。[③] 因此,国会常采取一些对抗重复的措施,尽可能地消除冗余的行政计划。

(一)改革内部委员会制度

作为国会立法的组织者和实施者,内部委员会对立法冗余无疑负有主要

---

① David C. King. Turf Wars: How Congressional Committees Claim Jurisdiction. Chicago: University of Chicago Press,1997: 18,140.

② David C. King. Turf Wars: How Congressional Committees Claim Jurisdiction. Chicago: University of Chicago Press,1997: 18,140.

③ Jason Marisam. Duplicative Delegations. Administrative Law Review, 2011,63(2):181-244.

责任。改变立法冗余的尝试必然要求改革国会委员会制度，包括重新调整委员会的管辖权，以减少重叠和碎片化，削弱委员会的议会特权等。[①] 这些年来，国会委员会管辖权改革主要是通过限缩委员会的管辖幅度来提高管辖权划分的清晰度。比如，为解决立法事项不断增加所带来的问题，国会经常使用的一个解决方案就是更加狭隘地重新定义现有的问题事项，以免有任何问题事项溢出单个委员会的管辖范围。[②]

在保留委员会的现有管辖权的同时，国会也应削弱委员会的议会特权。常设委员会在国会两院享有充分的议会特权，例如阻止众议院修正案(floor amendments)的权力和主导两院制会议委员会(the bicameral conference committees)的权力，这些议会特权使得立法结果偏向于委员会的政策偏好。对此，国会可以保持委员会的提案权力不变，允许委员会继续报告与其重叠管辖权相一致的冗余计划。该方法将权力从委员会转移到提案阶段以外，使非委员会成员有更多机会修改所提议的计划而不是委员会的反对意见。[③] 为减少冗余计划的产生，还应致力于健全专家咨询论证制度，使立法决定受制于外部咨询过程。

(二)优化重复授权

(1)特别条款的设计：①“自动落日条款”。在 EPA 和 OSHA 管辖权冲突的案例中，因为这两个机构关于吸入工作场所暴露污染物的极限以保护工人免受职业风险所制定的具体标准不同，为防范管辖重叠的产生，立法在相应的法律中设置“自动落日条款”，如果 OSHA 为同一物质颁布了一个 PELs (permissible exposure limits，允许接触限值)，则 EPA 允许使用的 NCELs (new chemical exposure limits，新化学品接触限值)将“自动失效”，条件是

---

① Michael Doran. Legislative Organization and Administrative Redundancy. Boston University Law Review, 2011,91(6):1815-1872.

② Frank R. Baumgartner, Bryan D. Jones, Michael C. Macleod. The Evolution of Legislative Jurisdictions. The Journal of Politics, 2000,62(2):321-349.

③ Michael Doran. Legislative Organization and Administrative Redundancy. Boston University Law Review, 2011, 91(6): 1815-1872.

PELs不会在法庭上受到质疑。[①] ②规定"协商"机制。在一些行政机构的监管任务密切相关的领域,国会在将可能重复的权力授予某行政机构的同时,指示该机构采取措施避免机构间的重复与冲突,或与其他在同一规制区域内运作的机构进行协商或协调,必要时可联合制定实施规则(如具体标准等),旨在尽量减少潜在的不一致。例如,《清洁空气法》指令环保局在规制交通运输对空气质量的影响之前,先与进行"协商"。《消费品安全法》责令消费品安全委员会和其他负责产品安全的相关项目部门及其负责人,尽最大可能进行协商与配合,确保协调一致。以简单的立法命令来协调或避免重复是国会试图限制由其不可避免的重复授权造成的实际重复的低成本方法。

(2)专门立法。除了避免重复的具体法定命令外,国会还颁布相关法律,如《行政程序法》《减少文书工作法》《监管灵活性法》。《行政程序法》第五百五十三条规定的"通告—评论"程序,具有遏制机构间权力重复或重叠之功效。各机构需要对其拟制定的法规政策是否"与其他机构的行为重复、重叠或冲突"进行表态和佐证。受监管实体和其他利益相关者也常给出评论,评论可促使行政机构在提议之前考虑其行为是否重复。例如,美国交通运输部放弃了管理食品运输安全的计划,因为在考虑了对其提议规则的评论之后,该机构认为其法规可能导致与当前或即将颁布的食品药品监督管理局和农业部的规定重复、重叠或冲突。

(3)机构合并。国会通过修改授权法案实现机构合并,一般通过两种方式合并机构以减少重复工作。首先,国会可以通过修改授权法案合并两个职能相似的机构,从而消除这两个机构之间的任何重复。其次,国会可以将具有类似职能的机构并入一个大型机构部门。例如,教育部和能源部成立于20世纪70年代,其创建目的主要是改进分散在各个机构和部门的各类教育、能源计划之间的有效协调。这种形式的合并发生在新部门的创建或是机构被转移至更适合的既有部门之时,尽管这一形式的机构合并不能完全消除职能相似的机构之间的重复,但它使得机构之间的协调更容易,因为它将机构集中在同一个

---

① Todd S. Aagaard. Regulatory Overlap, Overlapping Legal Fields, and Statutory Discontinuities. Virginia Environmental Law Journal, 2011, 29(3): 237-303.

等级管理结构中，而不是分散在不同的部门之间。①

（三）GAO专门审查机制

国会还设有政府问责局（GAO）负责审查监督立法冗余问题。如GAO在2011年报告中规定，GAO主计长应进行常规调查，以确定方案、机构、办事处，以及各部门和全国范围内的重复目标及相关活动的举措，每年向国会报告调查结果，包括这种重复的费用，以及合并和消除的建议，以确定具体救援的办法，减少重复，节省开支和增加财政收入。

在2010年，GAO每年调查一个类似的现象，确定潜在重复、重叠和分散的领域，如果得到有效解决可以提供财务和其他福利。在2011年至2018年的年度报告中，GAO向国会提出了100项行动，包括GAO在2018年确定的3项新的国会行动。在100项行动中，有11项已部分解决，47项未得到解决或未提及。GAO向国会、总统和预算办公室（OMB）提出了66项行动，以提高政府范围内计划和活动的效率和有效性。截至2018年3月，OMB的66项行动中，有30项仍然未完全得到解决。尽管如此，国会和行政部门或机构在解决GAO在2011年至2017年确定的许多行动方面已取得了持续进展。截至2018年3月，GAO在2011年至2017年确定的376项（52%）行动已全部得到解决，以减少、消除或更好地监管碎片化、重叠或重复，并节省了成本，产生了约1780亿美元的财务收益。②

在评估为国会建议的行动时，GAO采用了以下标准："已解决"意味着已颁布相关立法并涉及所需行动的所有方面；"部分解决"是指相关法案在当前的国会会议期间得到一个委员会的通过，众议院或参议院，或者相关立法已经颁布，但只涉及所需行动的一部分；"未解决"是指可能已经引入但未得到委员会通过的法案，或者没有引入相关法律。在新的国会会议开始时，GAO重新应用了这些标准。因此，如果没有从先前的国会会议中重新引入相关立法，则行动的地位可能会从"部分解决"变为"解决"。在评估为行政部门建议的行动时，GAO采用了以下标准："已解决"意味着已完成所需行动的实施；"部分解

① Jason Marisam. Duplicative Delegations. Administrative Law Review, 2011,63(2):181-244.

② GAO. Annual Report. Additional Opportunities to Reduce Fragmentation, Overlap, and Duplication and Achieve Other Financial Benefits, GAO-18-371S, April 2018.

决”是指所需的行动正在制定中，或已开始但尚未完成；“未解决”是指主管部门、各机构或两者在实施所需行动方面取得的进展甚微或根本没有。GAO 有关所有操作的状态，可参阅 GAO 的在线操作跟踪器（action tracker）。GAO 的在线操作跟踪器是一个可公开访问的网站，允许国会、行政机构和公众跟踪政府在解决已发现的问题方面取得的进展。GAO 在春季和秋季每年两次更新在线操作跟踪器。[①] 国会利用 GAO 的工作确定立法解决方案，以实现成本节约，解决新出现的问题。GAO 的工作为许多关键性授权和拨款做出了贡献。

（四）授权法案的监督实施

立法冗余不仅仅发生在委员会的管辖权重叠和重复授权后，而且还可能发生在行政机关实施授权法案的过程和结果中。授权法案在实施过程中可能会发生偏离国会授权目标的行为，因为委员会的宽泛授权给了行政机构在制定具体法规政策时延展自己的规制范围的可能，从而导致规制空间的交叉重叠或共享。国会各委员会除了负责具体的立法领域，还负有监管职责，监督本领域内各机构、项目的实施等，可以通过履行监督职责控制和减少冗余问题的发生。

国会在制定授权法案时，可以通过结构控制即规定法案实施的监督范围和程序要求，以限制行政机构的自由裁量权。一旦授权法案获得通过并开始实施，国会即可通过奖励、制裁和监督以提供额外的控制手段（不排除进一步的结构控制，因为国会可以修改原始法案）。[②]

国会的监督干预方式主要有“巡警”式监督和“火警”式监督。专业委员会下设的小组委员会负有“巡警”式监督的职责。“巡警”式监督相对较为集中、主动和直接，国会通过检查行政机构的工作样本以发现和修正任何与立法目的相违背的行为，调查手段包括查阅文件、组织听证等。“火警”式监督则少了一些直接的干预，主要通过建立一整套规则、程序和非正式监督的制度体系，使得个体公民和利益相关组织团体能检视行政决定，并可起诉行政机关违背

① GAO. Annual Report. Additional Opportunities to Reduce Fragmentation, Overlap, and Duplication and Achieve Other Financial Benefits, GAO-18-371s, April 2018.

② Mathew D. McCubbins. The Legislative Design of Regulatory Structure. American Journal of Political Science, 1985,29(4):721-748.

国会立法目的之行为，从行政、法院和国会多途径寻求补救办法。当评估行政机构绩效时，国会或主动出击组织监督听证，或等待潜在违法信号“火警”出现。相比之下，国会更倾向于“火警”式监督，例如，参议院能源和自然资源委员会举行听证会，质问行政官员关于联邦能源管理委员会和内政部门对水力发电的低效重复监管问题。几星期后，这两个机构部门正式制定程序，以消除重复、简化监管。[①]“火警”式监督并非是要拷问国会立法有多么清晰、具体和深远，而是拷问火警机制对违背国会立法目的之潜在行为发出信号的可能性有多大，以及国会是如何对这些警报做出反应的。由此可见，国会的角色主要是创新和完善这种非集中式的监督制度。

四、借鉴启示：破解我国行政管辖重叠的立法科学化之对策思考

在我国，造成行政执法权重叠的立法冗余情形较为普遍，如食品、环境、文化等领域的法律之间、部门规章之间、部门规章与地方性法规规章之间，关于行政管辖权的重复或交叉规定，一直困扰着立法、执法和司法实践。要破解行政管辖权重叠之困境，有必要控制冗余立法，以推进立法科学化。美国立法冗余问题的探究，为我国从立法上破解行政管辖重叠提供了可资借鉴的理论资源与实践经验。

因中美立法体制不同，立法冗余的产生原因也不尽相同，但法律多余、条款重复、内容重叠、职权交叉等冗余现象同样存在于我国法律体系中，长期影响着法制和谐与法的实施。如《民法总则》中民事权益保护原则这类“无害条款”，除了形式上的宣示意义，无多实益，实为浪费资源；[②]刑法法典中的累赘条款，即重复性规定、语词，影响着法制系统运作，亟待消除。[③] 行政案件审理中有关超越部门管辖职权的判别，反映出不同法律规范所调整的内容存在重叠交叉关系，进而引发对部门管辖职权的划分问题。[④]

---

① Memorandum of Understanding between the U. S. Department of the Interior and Federal Energy Regulatory Commission，http:// www. ferc. gov/legal/maj-ord-reg/mou/mou-doi. pdf.

② 石佳友：《法典的立法技术：关于〈民法总则〉的批判性解读》，《比较法研究》2017 年第 4 期。

③ 陈锐：《我国现行刑法的体系性问题及解决》，《政法论丛》2015 年第 3 期。

④ 蔡小雪：《判断是否超越部门职权问题研究》，《法律适用》2015 年第 1 期。

立法冗余的防范和控制在我国亦具有重要法治意义，是新时代背景下我国立法科学化发展的一个重要维度。科学立法之科学属性包括规律、有序、和谐等。[①] 科学立法要符合逻辑标准：法律词项之明晰性，法律命题之恰当性，法律体系之一致性、完备性和可判定性。[②] 立法冗余的控制也是解决行政执法权重叠冲突的有效途径。立足本国实情，借鉴美国立法冗余问题的研究成果，我们可以有以下几点启示：第一，科学划分法律领域及行政职权。随着立法对象越来越复杂多样，对不同法律领域的恰当划分是防范立法冗余之前提，也是有效界分行政职权之基础，而其中概念的正确界定则是关键所在。第二，提高立法技术、完善立法内容设计。法律应该被理解或设计为尽量减少冗余的想法，意味着需要有很多立法设计与考量。比如，规范同义词或近义词的使用，如公示、公告、通告等，以及重复或相似条款，消解"文字复制"的"冗余"，促进立法者采用更加精确的立法语言、以更加明确的方式表达立法意图；界定合理冗余判别标准，缩减立法设计中不必要的规制共享空间，控制碎片化授权；立法文本中设置"自动落日条款"、优化协调机制、规定优先权、可替代规制方法等。第三，健全联合立法的程序机制，克服"信息孤岛"，运用大数据技术等，实现信息与专业技能的共享，健全立法起草部门之间的协调程序，以消解职权交叠和程序冗余，避免因立法疏忽、技术欠缺等造成碎片化授权或重复执法体制。第四，强化立法评估与监督机制。完善人大立法的专家论证、公众参与和审查监督机制，并围绕立法完备性、科学性、民主性、受监督性四大指标构建立法评估指标体系。[③] 进一步探索与构建立法效能最大化评估标准，如效率、效益、责任三个指标的界定与运用，并创新立法起草者的职责。

第三节 完善我国行政组织法之思考

行政权力的行使直接影响社会发展，影响公共利益和公民权益，因此，配置行政职权时必须确定其"边界"。"当然，现实就是这样，每个边界都是可渗

---

① 冯玉军，王柏荣：《科学立法的科学性标准探析》，《中国人民大学学报》2014 年第 1 期。

② 熊明辉，杜文静：《科学立法的逻辑》，《法学论坛》2017 年第 1 期。

③ 冯玉军：《中国法律规范体系与立法效果评析》，《中国社会科学》2017 年第 12 期。

透和可移动的,没有任何边界可以完美或完全稳定。""但如果没有某些边界,就不可能采取任何行动。"[①]所以,行政职权配置的挑战在于如何设定界限,在提高行政效率和效益的同时又不会影响问责制和执法能力。对此,需要通过行政组织法的完善,以明晰不同行政机关之间的权责边界。

对此,我国行政组织法的完善需要着重考虑两方面内容:一是职权划分与配置的科学化、合理化、法律化;二是管辖权重叠的协调或控制机制。对于管辖权争议问题的化解,我国立法法从法律适用的角度规定了规范选择与裁决机制,组织法的变革则主要从职权划分与机构设置的视角,建立健全科学合理的配置机制与权限争议的预防、协调机制。

一、职权配置现状与不足

科学合理配置行政职权,是防范和控制立法管辖重叠的有效途径。然而,职权如何划分与配置的问题,长期以来一直困扰着行政法治和国家立法。"法律的局限性问题,起于身兼数职而这些职责又互相冲突的情况。"[②]对于管辖权的划分,虽然法学家们绞尽脑汁,但仍没有创造出简易可行、准确无误的标准来。[③]

行政职权是定位到具体的组织机构和职位上的行政权力,是通过立法将行政权力与一定的行政主体、行政事务联系起来加以规范的结果。立法配置行政职权的方式有多种,主要是设定与授权。行政职权的设定,是指通过立法直接赋予行政机关一定行政职权的法律制度,它是行政职权的一种基本配置方式。行政职权的设定具有如下法律特征:一是行政职权设定行为的性质是一种与行政机构改革和调整相联系的行政组织立法行为,具体体现了对于国家行政权力进行配置的国家意志。二是行政职权设定的主体是宪法和行政组织法的立法主体或行政机构改革的决定主体。该设定主体(决定主体)透过制

---

① Donald F. Kettl. Managing Boundaries in American Administration: The Collaboration Imperative. Public Administration Review, 2006,66(S1):10-19.

② 徐国栋:《民法基本原则解释》,中国政法大学出版社 2004 年版,第 186 页。

③ 约翰·亨利·梅利曼:《大陆法系》(第二版),顾培东,禄正平译,法律出版社 2004 年版,第 93 页。

定体现其意志的宪法和行政组织法或与行政机构改革有关法律文件，把行政职权直接赋予有关行政组织。三是行政职权设定的对象通常是宪法和行政组织法或者有关法律文件赋予其一定行政职权的国家行政机关，以及我国特定历史条件下的某些社会组织。四是行政职权设定的内容是宪法和行政组织法的制定者或者行政机构改革决定者透过制定体现其意志的立法或者有关法律文件赋予有关行政组织的行政职权。这是一种伴随行政组织设立而来(与生俱来)的行政职权，所以也被称为“固有职权”。五是行政职权设定的效果是确立行政主体，促进有关法律关系的形成和变化。一般情况下，行政职权应由行政机关行使，但在特定条件下，如果具有法律、法规和规章的明确授权规定，行政机关内设机构或派出机构及其他组织也能成为行政职权的独立行使者和责任承担者，表现为通过授权性法律规定将行政职权授予特定组织享有和行使，也即行政授权。[①]

行政职权划分与配置存在的问题主要有：一是在管理权限划分上，没有按市场经济发展的内在要求，根据大产业划分来设置综合性管理机构，而是沿袭计划经济的模式，分行业按产品来设置管理部门，行业、产品的复杂交错必然导致部门设置的重叠与部门职责划定的边界不清。反映在立法上，就是部分法律法规对于某些行政职权的规定相互重叠或冲突。[②] 相应地，行政机关就要以产品为依据设置相应的部门，如能源产品有煤、电、水、核能等，交通运输有公路、铁路、水路、航空等，因而造成机构林立、职权交叉、机构臃肿的现象。[③] 二是行政职权设定比较随意，法律化程度不够。法学界通常认为，行政机关的职权，必须依法律、法规，特别是行政组织法来设定，非依法律、法规不能设定或变更，即实行行政机关职权设定的“法定主义”。但事实上，政府职能配置的法律化程度较低，存在以“三定”方案(即关于机构主要职责、内设机构和人员编制的方案)界定政府职能，以规范性文件增设政府权力的现象。[④] 三是职权配置模式滞后于行政法治实践发展，尚不能与时俱进。“一方面，尽管学界一

① 莫于川：《行政职权的行政法解析与建构》，《重庆社会科学》2004 年第 1 期。

② 常健，翟秋阳：《论政策执行过程中的职权冲突及其化解》，《中国行政管理》2007 年第 11 期。

③ 应松年：《完善行政组织法制探索》，《中国法学》2013 年第 2 期。

④ 宋华琳：《政府职能配置的合理化与法律化》，《中国法律评论》2017 年第 3 期。

直热切呼吁,行政组织立法多年来却基本没有进展;而另一方面,行政体制改革仍在持续推进,并取得了显著成果。”①为此,中央和地方政府层面积极推进政府机构改革,推行权力清单制度。然而,现行职权配置模式并未充分关注如何理顺各级政府、部门之间的职权关系,解决职权交叉、多头管理、多层执法等问题。随着经济社会的发展和体制改革的深化,行政权力应依据职能配置的要求和精简等原则予以确定。

二、优化职权配置的基本原则

防范和减少管辖权重叠的一个关键环节在于立法上对行政职权的科学划分与合理配置。国家治理体系现代化,需要各级政府职责权限划分明确,原则上发生行政职权的重合交叉。为此,行政职权的配置,需要遵循和兼顾合理化、综合化、专业化、法律化四个基本原则。

(一)职权配置的合理化原则

合理化原则以科学划分法律领域为重要前提和基础。法律不能仅视作大量无差别的指令,必须有一些与之相应的组织才能发挥其作用。我们通过组织和分类法律以更好地理解与实施法律,法律分类的一般类别是法律领域及其子领域,前提是特定法律领域内的社会事务具有区别于其他法律领域内具体情况的重要特征。所以,科学划分职权需要对不同规制对象的重要特征进行识别与区分。这种区分传统上是按照社会事务的属性或类别来划分,比如环境、教育、文化等,大部分社会事务之间通常具有明显不同的特性。行政机构的设置则反映了法律领域的划分,如教育法的主管权配置给了教育部门,环境法的主管权给了环保部门,农业法的主管权给了农业部。如果行政机构拥有重叠的管辖权,则表明法律领域的划分存在重叠。当然,如前文所述,有些社会事务本身具有多重混合属性,所以交叉重叠在所难免。对于这种情形,立法上一般通过放大或者缩小类别划分,以尽量减少重叠交叉或边界模糊。以美国 OSHA 和 EPA 监管重叠为例:一是立法者更狭隘地构建法律领域。例如,在《环境法》中分出子领域《有毒物质控制法》,在《职业安全与健康法》中细

① 贾圣真:《行政任务视角下的行政组织法学理革新》,《浙江学刊》2019 年第 1 期。

分出《劳动就业法》。二是重新定义环境法或劳动就业法的界限，以排除任何一个领域的有毒物质的职业暴露，从而避免两个领域之间的重叠。三是，宽泛地构建法律领域，或者说合并法律领域。事实上，法律领域划分过细也可能更容易导致管辖范围的交叉重叠，假设把《劳动就业法》再细分成《劳动法》和《就业法》，这就增加了发生监管重叠的可能性。

（二）职权配置的综合化原则

从行政法学的视角，政府职能配置更多关注行政主体管理特定行政事务的权力与义务、如何根据事务类型来确定行政主体的权限，聚焦于政府组织内部各部门、各层级之间的权限配置，关注如何将行政事务有秩序地分配给各个行政机关。① 但随着社会事务越来越复杂化，高科技快速发展又催生着新事物不断涌现，一些旧事物也被注入新的内涵，社会事务的多重混合属性亦使得不同产品或行业之间的关联性越来越大，因此原有的职权分类与配置方式会带来诸多管辖重叠交叉或碎片化的困扰，所以，改进职权配置模式，从分散化走向综合化，成为一种必然趋势。在我国，政府部门职能配置大体上还较为局限，缺乏整体性与全局性。在能源、交通运输、环境保护、互联网、电信等领域或行业，经常存在政府职能的交叉与重复，对此学界提出，应探索以行政任务为导向配置政府职能②，这是有其合理性和现实性基础的。整合行政体系中的不同政府职能和活动，将任务类似和工作关系紧密的群体组合在一起，有助于精简和整合机构，减少管辖权的冲突，提高政府效率，即“将不同部门中具有相同普遍功能的机构整合在一起”③。党的十九届三中全会通过的《中共中央关于深化党和国家机构改革的决定》提出：“优化党和国家机构设置和职能配置，坚持一类事项原则上由一个部门统筹、一件事情原则上由一个部门负责。”2018 年的国务院机构改革在市场监管、应急管理、环境保护等多个领域都体现了“行政任务”导向，围绕行政任务整合同类职能，争取实现某一任务的全流程、全要素由一个部门负责。此次国务院机构改革的一大亮点是职能的整合，其思路是从“行业管理”转向“功能管理”，对职能交叉、设置重叠的机构进行整

---

① 盐野宏：《行政组织法》，杨建顺译，北京大学出版社 2008 年版，第 18 页。

② 宋华琳：《政府职能配置的合理化与法律化》，《中国法律评论》2017 年第 3 期。

③ 罗伯特·丹哈特：《公共组织理论》，项龙、刘俊生译，华夏出版社 2002 年版，第 62-63 页。

合,解决多头多层执法问题,确保一类事项原则上由一个部门统筹,让职能更优化、权责更清晰、运行更高效。

（三）职权配置的专业化原则

在遵循上述原则的同时也要按照专业技术进行职权配置。即在以任务为导向的前提下,考量行政组织的专业性。如果一个机构拥有一个领域的专业知识而另一个机构拥有另一个领域的专业知识,那么应该考虑把监管职责赋予最具有专业知识或与专业领域最接近的机构,以促进相关机构的专业技能在政策实施中的使用。这样的管辖权分配也有助于激励行政机构投资对专业知识的开发。如果一个机构投资开发专业知识而其他机构没有,那么立法可以设定并授予该机构专属管辖权。当然,机构的专业知识本身就是许多因素的函数,包括给予机构的自由裁量程度、开发专业知识的成本等,专业知识既不是静态的,也不是外生的,很多时候取决于现有行政制度的安排。

（四）职权配置的法律化原则

职权法定是依法行政的基本要求,行政机关各职能部门在各自的职权范围内依法定权限和程序行使行政权,既不越权,也不失职,使行政井然有序,是依法行政的理想状态。①

然而,在我国,政府职能往往并非来自法律,而是来自规定机构主要职责、内设机构和人员编制的"三定"方案。例如,国务院各部门定职能、定机构、定编制的方案,往往由国务院部门或中央编制委员会办公室(以下简称中央编办)拟定,报国务院批准,由国务院办公厅以通知的形式发布。正如中央编办原副主任顾家麒先生曾指出的,"三定"方案比起行政组织法来,其属性、效力都有很大差距。它"未经严格的立法程序,成文匆忙。……体例、语言技术远不及法律推敲的细致入微,不严谨之处甚多",而且其只是"对职能、机构编制的静态描述,并不能概括行政组织活动的全部内容"。以我国金融监管机构的设置为例,"在我国,监管机构设立的'三定'方案确定过程与立法机关的立法过程相分离是一个明显的特点。这种做法容易使相应监管机构的职责范围处于不确定状态,严重的必然会导致机构间的争权或推卸责任。同时,由于机构

① 金国坤:《行政执法权限争议协调机制研究》,《新视野》2007年第3期。

与法律分离，机构的设立、撤销或者合并缺乏立法过程所要求的公开性，这往往变为机构间的讨价还价过程，也必然使机构的调整具有一定的随意性，无法得到法律保障，有关机构也很难形成对法律的信仰。并且，由于机构与法律分离，相关机构在设立以后从事监管时缺乏法律依据。因此，建立电信监管制度，必须首先建立依法行政的观念，在法律范围内进行改革"[①]。

中国的行政体制改革，主要是为了应对现实情势的变化而进行的，而"合法性"问题在过去并未得到严谨的考量。在行政人员的管理方式、行政组织设置的法律依据和运行机制等方面均存在着现实情况与法律规定之间的张力。[②]合法性是一个核心的行政法问题，因此与政府结构有关。合法化原则要求行政组织法严格遵循职权法定原则。所谓职权法定原则，是指行政机关的职权和管辖必须有明确的法律依据，其来源于"人民是权力的唯一合法泉源"和"原始权威"的简单逻辑。[③] 在行政法上，"行政职权必须合法产生，行政主体行政职权或由法律、法规设定，或由有权机关依法授予，否则权力来源就没有法律依据，而没有法律依据的行政权从根本上来说是一种非法的权力"[④]。这是对权力来源的要求，是对职权法定原则最为朴素的理解。一般来说，职权法定原则包含两个层面的操作要求：其一，行政职权来源法定，主要是指行政权力必须通过立法方式加以设定，"只有通过立法设定和赋予的职权才是合法的职权，立法以外的其他途径不能产生行政职权"[⑤]；其二，行政职权范围法定，主要是指行政职权的适用对象和范围也必须立法确定，否则就会超越职权。因此，职权配置的法律化，要求"各个行政机关的具体任务、主管事项、权限以及内部机构的设置和编制，都应该以法律、法规以及规章为准则，而不是某一个行政机构或规范性文件"[⑥]。

---

① 周汉华：《建立我国电信监管制度需要考虑的几个问题》，《中国经济时报》2003 年 11 月 7 日。

② 贾圣真：《行政任务视角下的行政组织法学理革新》，《浙江学刊》2019 年第 1 期。

③ 汉密尔顿，杰伊，麦迪逊：《联邦党人文集》，程逢如等译，商务印书馆 1980 年版，第 257 页。

④ 周佑勇：《行政法基本原则研究》，武汉大学出版社 2005 年版，第 167 页。

⑤ 杨小君：《契约对行政职权法定原则的影响及其正当规则》，《中国法学》2007 年第 5 期。

⑥ 熊樟林：《权力挂起：行政组织法的新变式？》，《中国法学》2018 年第 1 期。

三、防范和控制管辖重叠的立法设计

(一)行政组织法概述:地位、功能与不足

作为行政法学理论体系中的重要组成部分,行政组织法是关于公共行政组织的法规范的集合,这些规范或集中于专门的组织法,或散见于有关各行政部门或领域的立法乃至规范性文件之中。[①] 施密特·阿斯曼(Eberhard Schmidt-Assmann)教授认为,组织法在行政法体系中占有中心地位,法治国家责任清楚及效率之要求,与民主正当性之要求汇集于组织法。行政组织法之目的就在于不断构建"公共利益秩序"。组织法对于行政法体系而言,具有双重任务:就其建构功能而言,组织法将行政建构成法律上的行为体,并规范其内部结构;就其管制功能而言,组织法会影响行政事务处理过程及其决定,塑造一种关联管制。[②]

在传统理论中,行政组织法发挥着确定行政责任归属、保障行政分权、依法规范和控制行政组织等功能。除了上述功能之外,行政组织法还应该发挥形塑行政组织架构,助推行政任务,实现行政管理目标的作用,[③]即行政组织法应是力避行政机关权限争议问题的法治基础和可靠保障。建设法治中国的关键点就在于,需要制定一个新的行政组织法来解决行政权力边界不清、关系不明,行政机关易于超越权力、滥用权力的问题。[④]

就现状而言,行政组织法制依然是我国行政法制建设中较为薄弱的环节,政府职能配置的合理化与法律化程度也相对较低,其体现为:第一,我国长期以来将对行政组织和政府职能加以规范的法律法规视为"内部法",或认为"不是法",忽略其法律属性。[⑤] 第二,缺少对政府职能的科学配置与合理定位,职能交叉、职能分工不清晰等现象客观存在。第三,政府职能法律化程度较低,

---

① 沈岿:《监控者与管理者可否合一——行政法学体系转型的基础问题》,《中国法学》2016 年第 1 期。

② 施密特·阿斯曼:《秩序理念下的行政法体系建构》,林明锵等译,北京大学出版社 2012 年版,第 225-226 页。

③ 贾圣真:《行政任务视角下的行政组织法学理革新》,《浙江学刊》2019 年第 1 期。

④ 马怀德:《建设法治中国的关键》,《学习时报》2013 年 3 月 4 日,第 5 版。

⑤ 陈爱娥:《国家角色变迁下的行政组织法》,《月旦法学教室》2002 年第 1 期。

存在以“三定”方案界定政府职能，以规范性文件增设政府权力的现象。[①] 第四，职权划分与机构设置不匹配，导致某些行政机构在实施管理、执法或服务时因为缺乏相应权限而力不从心，而有些机构的某些职权却长期闲置而无实质性作用或功效甚微。

相当长的一段时间里，狭义的行政组织法研究大多限于对中央与地方政府机构的白描式叙事，介绍中央行政机关与地方行政机关的组织机构、职能、权限及其工作人员等。而对于两者之间的关系，尤其是两者之间的权力界定、权限分配等问题语焉不详。[②] 我国《宪法》《国务院组织法》《地方各级人民代表大会和地方各级人民政府组织法》《民族区域自治法》，以及两个《特别行政区基本法》等，只是粗线条地规定了各级政府的职责权限，对政府各部门的权限并未涉及，对部门之间、部门与下级政府之间权限争议的解决途径、机构和程序等很少涉及。[③]

（二）完善行政组织立法设计的几点思考

科学完善行政组织法体系，可以从应然角度对整个行政组织法作一个宏观架构，即所制定的行政组织法律规范对象明确、疏密有致，行政组织法规范层级结构自治，从而保障法制统一，克服行政组织无序，避免行政组织结构不合理与规模膨胀，提高行政效率，减少行政权力交叉，事前预防或者尽量避免行政权限争议问题的出现。[④]

在具体的立法设计上需要合理考量职权分配的三个维度：集中、分散和重叠，明确界定权力三个维度之间的差异。根据监管事项的具体特征与行政目标，对不同职权考虑不同的配置模式，有些需要分工并明晰职权边界，有些需要合并与集中，有些则可能考虑适度重叠，以最终实现职权配置的有效性和科学性。

（1）集中配置职权。基于明确或隐含的“匹配原则”，立法机关应将每个监

① 宋华琳：《政府职能配置的合理化与法律化》，《中国法律评论》2017 年第 3 期。

② 朱新力，罗利：《行政组织法的功能拓展及其制度设计》，《法治研究》2012 年第 11 期。

③ 黄先雄：《论我国行政机关权限争议的法律规制——从几例“部门之争”说开去》，《国家行政学院学报》2006 年第 2 期。

④ 张显伟：《诉讼机制不能解决行政权限争议问题之分析》，《政法论丛》2017 年第 5 期。

管问题(或监管问题的某一方面)与能够最好地解决该问题的单一行政主体相匹配,即尽可能赋予单一行政主体某一领域规制的专属管辖权,进而使机构设置与机构的职权、任务、专业知识等协调统一起来。

(2)分散配置职权。首先需要清晰划分权力边界。关于权力边界的划分,除了传统分类方式之外,也可以吸纳我国权力清单制度的实践经验,即把权力清单制度实施中相对成熟有效的一部分经验提升为法律规范。所谓的权力清单制度,实际上是指政府及其职能部门将其所掌握的各项公共权力进行全面统计,“对每项权能进行细化后制成清单,并详细说明每项行政权的职能定位、管理权限、操作流程等”,“它主要是用来指明行政权力所及的领域和范围,既表明了政府可以做的事情,也划定了行政权的边界”。[①] 其次需要确定资源公正分配的相关标准,实现职权配置的公平性。例如,职权的碎片化配置导致的分散管理可能会增加不同管辖范围之内相同或类似情况的相对人遭受不同待遇的风险。

(3)重叠配置职权。在某些特定情况下,立法者可适度考量法律的冗余设计。鉴于立法冗余的积极因素,例如,冗余条款可能以不同观点为立法过程做出贡献,并促进决策者之间的竞争与合作,从而导致单一决策机构无法实现的创造水平,以及法律实施的有效性和公权力监督、私权利保障等方面的积极作用。例如,美国法律体系中就存在一些国会故意重复授权制造立法冗余的实例。因此,立法者除了简单地选择分散配置职权外,还可考虑适度重叠的监管制度设计,考量允许或要求这些机构彼此独立行动还是采取协调或一致行动。但立法科学性要求把冗余控制在合理的范围内,并且要权衡通过创建冗余权限来实现执法有效性与通过消除功能重复来提高执法效率之间的合理关系。

(4)协调机制设计。行政组织法的内容不仅仅囿于职权的划分与配置,而且还需要设计权限争议的解决机制,特别是机构之间协同机制的具体原则程序方法等,为实践中行政管辖权争议的解决途径提供法律上的权威保障。既然有些行政职权的重叠不可避免,那么在行政组织法中设计有关职权冲突的化解机制,以保障行政内部协调、合作、协同等工作机制的权威性和执行力

---

① 王春业:《论地方行政权力清单制度及其法制化》,《政法论丛》2014 年第 6 期。

就是必需的，这也是立法对实践做出回应之需要。因为管辖重叠的减少往往伴随着在职权共享的机构之间建立正式、强有力的协调合作机制。目前虽然有一些法律规范，如中央机构编制委员会印发的《中央和国家机关部门职责分工协调办法》等规范性文件以及省、自治区、直辖市的行政程序办法等，但因位阶偏低、缺乏统一性和有效监督等而难以充分发挥其应有作用。因此，行政组织法的完善可以考虑对协调机构、协调任务、协调方式等做出相应规定。

第六章　管辖权重叠的司法破解

关于管辖权重叠问题，除了前文探讨的行政和立法解决机制之外，行政系统内横向部门间的冲突是否可以引入独立的第三方发挥制衡作用？换言之，法院是否可以介入行政权限争议的解决？对此，不同国家的司法实践有所不同，学术界也存在着争鸣，本章将尝试对这一问题做初步的探讨。

第一节　管辖权重叠司法破解的域外经验及启示

行政主体之间的权限争议在诸多国家普遍存在，有些国家或地区也或多或少地引入了司法程序来处理这种纠纷，主要模式有宪法法院或宪法裁判所模式、机关诉讼模式和英美法的司法审查模式。其中，宪法法院或宪法裁判所模式，是以宪法法院为裁决主体的行政权限争议解决途径。对于设有宪法法院的国家来说，宪法法院是解决某些涉及国家权力配置问题的行政权限争议的裁决主体。德国、意大利、西班牙、波兰等国均设立宪法法院，作为以司法方式解决适当范围内政治问题或权力问题的途径。根据 1947 年《意大利宪法》第一百三十四条规定，宪法法院有权审理“国家各权力机关之间、国家与区之间以及各区之间的权限冲突案”。而《西班牙宪法典》第一百六十一条规定，国家与自治区之间或自治区之间的职权纠纷可以由宪法法院解决，部门会议达成的协议和协作协议在解释和履行中发生的争议如果超出行政纠纷法庭管辖范围，则由宪法法院解决。1997 年的《波兰共和国宪法》和《宪法裁判所法》规定的宪法裁判所职权包括解决中央机关间的权限争议，以及处理中央与地方之间垂直权限争议的权力，而且，地方政府在法律规范的抽象审查程序下有机会向宪法裁判所提起诉讼。[①]

关于通过司法的途径来解决机关之间的权限争议，大陆法系与英美法系国家都有着丰富的实践。英美法系国家主要通过普通法院解决行政权限争议。例如，在英国主要通过司法审查制度实现对行政机关越权行为的禁止。[②]在美国，若美国联邦政府与州政府之间发生权限争议，联邦政府对州政府没有行政上的监督权，但可以依法通过司法途径对各州实施法律监督。同样，各州也可以通过司法途径来与联邦的决定进行对抗。[③] 以下主要介绍美国的司法审查模式和以日本、德国为典型代表的机关诉讼。

一、行政解释的司法审查：以美国为例

在美国的法律传统中，法律解释的职责主要由法官承担，但随着行政国家的兴起和发展，其形式逐渐发生了变化。美国国会根据现实中行政管理的需要，创设了一系列的独立管制机构。这些独立管制机构履行国会授予的职责的过程，也是将法律适用于具体事实的过程，其中不可避免地会涉及法律解释。当这些解释引起纠纷和诉讼时，问题就产生了，即法院应对行政机关对法律做出的解释采取何种态度，给予怎样的司法尊重。[④] 法院在审查行政机关的法律解释时，通常适用"谢弗林规则"(Chevron doctrine)，但该规则的运用在具体个案中颇为复杂，下面通过一则典型案例"冈萨雷斯诉俄勒冈州案"加以阐释和分析。[⑤]

(一)案件概况及其法律问题

1994 年，美国俄勒冈州颁布了《尊严死亡法》，这是第一部授权医生为患绝症的病人开出致命剂量的受控物质的州法。司法部部长约翰·阿什克罗夫特

---

① 厉尽国：《法治视野下的行政权限争议及其解决——从"魔兽争霸"网游监管权之争谈起》，《西南政法大学学报》2010 年第 6 期；邓可祝：《机关诉讼研究》，《行政与法》2007 年第 4 期。

② 吴华著：《行政诉讼类型研究》，中国人民公安大学出版社 2006 年版，第 98 页。

③ 邓可祝：《机关诉讼研究》，《行政与法》2007 年第 4 期。

④ 邓栗：《美国行政解释的司法审查标准——谢弗林案之后的发展》，《行政法学研究》2013 年第 1 期。

⑤ 案例概况及相关分析主要参考了美国联邦最高法院网站 http://www.euthanasia.com/supremecourt2006.html，以及 Jacob E. Gersen. Overlapping and Underlapping Jurisdiction in Administrative Law. Supreme Court Review，2006(1)：201-247.

于 2001 年宣布，医生协助病患自杀不是一种合法的医疗行为，违反了 1970 年的《受管制物质法》(Controlled Substances Act, CSA)①，因此医生执照将被撤销。俄勒冈州的医生、药剂师和绝症患者对该规则提出质疑，在联邦地方法院起诉阿什克罗夫特。法院认为，CSA 没有授权司法部部长监管医生协助自杀（行为），这是历史上委托给各州的医疗问题，联邦政府没有权力推翻俄勒冈州的法律。联邦第九巡回上诉法院 2004 年 5 月维持了下级法院的这一判决。同年 11 月，阿什克罗夫特在他宣布辞职的当天上诉联邦最高法院，司法部在时任司法部部长阿尔韦托・冈萨雷斯的领导下继续这个案子的诉讼。冈萨雷斯上诉到美国联邦最高法院。

2006 年 1 月，美国联邦最高法院经过审理，在由安东尼・肯尼迪大法官写的 6-3 决定中，肯定了第九巡回法院的判决，但采用了不同的推理。最高法院判决的大多数意见并未对联邦政府管制药物的权力提出异议，但不同意法律授权美国司法部部长否决州法律，认为原司法部部长阿什克罗夫特试图对那些给身患绝症的病人开药以加速其死亡的医生实施惩罚，这超越了他的权限范围。法院认为，把"谢弗林尊重"适用于司法部部长的"解释规则"（即受控物质不能用于医生协助自杀的医疗目的）是不恰当的。

本案涉及管辖权重叠，因为 CSA 授权给多个机构关于处方药的监管权，因此多个联邦机构之间，以及联邦政府与州政府之间存在管辖权重叠。本案的主要法律问题是：司法部部长有权制定解释规则，司法部部长的解释规则与州法律相冲突，那么究竟应该按照州法律还是司法部部长的解释规则？法院

---

① 1970 年颁布的《受管制物质法》(CSA)，作为监管和控制某些药物和其他物质的全面联邦计划的一部分，主要目标是打击药物滥用和控制受控物质的合法和非法贩运，除其他外，将五类项目中任何未经授权的物质分发和分配的行为定为刑事犯罪。该法的 1984 年修正案授权司法部部长禁止医疗从业者使用受控物质，如果该用途"与公共利益不符"。司法部部长只有在做出特定调查结果后才可以添加、删除或重新安排物质，而在科学和医疗方面，他必须接受卫生和公众服务部部长（秘书）的调查结果。在有机会发表评论后，这些程序必须记录在案。这里的争议涉及（该法）附表二所列的受控物质，这些物质一般只能通过书面处方获得。司法部部长颁布的 1971 年规则(21 C. F. R. 1306.04)要求将这些处方"用于在其日常专业实践过程中个人从业者的合法医疗目的"。为了防止受控物质的转移，该法规范了医生的活动，医生必须按照司法部部长颁布的规则和条例进行登记。司法部部长可以拒绝、暂停或撤销在此处相关的"与公共利益不符"的注册。在确定与公共利益的一致性时，他必须考虑五个因素，包括国家的建议，遵守联邦、州和当地有关受控物质的法律，以及"公共健康和安全"。《受管制物质法》明确考虑了各州在管制受控物质方面的作用。

审理此案时，对司法部部长的解释是否适用“谢弗林尊重”规则？俄勒冈州案件涉及对制定法的行政解释的有效性问题，同时反映了法院对产生行政管辖重叠的法律依据的处理方式。

当一个法规由多个行政机构实施或执行时，行政机构对法律意义的看法是否会在“谢弗林尊重”框架中得到尊重？这个问题一直存在争议。“冈萨雷斯案”就是一个包含许多行政法学中不同典型观点的集合。具体而言，第一，一个行政机构对其自身规则的解释是否应受到尊重？第二，应该对联邦机构发布的具有取代州法律效力的法定解释给予何种尊重？第三，是否应该尊重其中一个行政机构对赋予多个联邦机构权力的法律做出的解释？这些并不是新问题，但很少见到它们同时出现如此严峻的结果。

法院通常会根据法律的规定或意图尊重行政机构，并且只有在“明显错误”的情况下才会推翻行政机构对其自身规则或法规的解释。肯尼迪大法官的观点（代表大多数意见）很大程度上取决于两点：首先，当一个法规在各机构之间分享权力时，应该尊重具有相关专业知识的机构，在本案中，不是司法部，而是卫生和公众服务部。其次，由于 CSA 在联邦政府和州政府之间分配权力，因此不应该尊重“取代国家对医疗实践的一般规定”的解释。这两项推定均破坏了司法部部长的尊重要求。持异议的斯卡利亚大法官（在首席大法官罗伯茨和大法官托马斯的认同下）认为，根据最高法院的先例，“谢弗林尊重”可以适用于司法部部长对法规的解释。解释性规则应该在任何一个地方都很容易得到维护。他写道：“如果‘合法的医疗目的’这个词有任何意义，它肯定会排除产生死亡的药物处方。”①

所以双方争议的焦点就是司法部部长是否获得 CSA 的授权而有权进行解释。对这一问题的解答，必然涉及“谢弗林尊重”的适用条件，即法院在审理这一类案件时，法院是否以及何时应该适用“谢弗林尊重”，可见“谢弗林尊重”规则在司法介入管辖争议中的特殊地位。那么究竟什么是“谢弗林尊重”？

---

① Jacob E. Gersen. Overlapping and Underlapping Jurisdiction in Administrative Law. The Supreme Court Review, 2006(1). 201-247.

(二)"谢弗林规则"及其适用

1."谢弗林规则"的基本要义

在1984年以前，美国各级法院对司法尊重问题态度不一，标准也比较混乱。但这种局面在"谢弗林诉自然资源委员会"一案后发生了很大改变。谢弗林案的判决为行政解释的司法审查过程提供了一个清晰的步骤：首先，要判断国会是否已直接对争议问题做出明确规定。如果国会的意图是明确的，则法院和行政机关都必须遵循之；如果国会没有就争议问题做出明确的规定，那么除非行政机关没有提供解释，否则法院不应直接适用自己对成文法所做出的解释，而是应当尊重行政机关的合理解释("谢弗林尊重")。这一分析框架即著名的"谢弗林两步法"。[①]

"谢弗林规则"建立了一个分析框架，用于对行政机构的解释规则进行司法审查。后来各级法院在遇到类似问题时基本上会将谢弗林规则纳入考量范围，但在具体因素的权重和适用上则有所不同。对"谢弗林规则"的适用范围、前提条件和具体应用进行了大量争论之后的几十年，最高法院在谢弗林规则的分析框架中创造了第三步分析，这一步被称为"步骤零"，从而形成了现在的"三部曲"分析框架。"步骤零"是指法院在进入谢弗林两步法的讨论之前，必须事先进行分析性调查，以确定国会是否希望法院在这一特定背景下尊重行政机构对法律法规的解释，即该案件是否可以适用谢弗林的分析框架。"步骤零"是一个越来越重要的学说，"冈萨雷斯案"最自然地被看作是运用"步骤零"的典型案例。

谢弗林规则的"步骤零"就是先考虑国会的授权或意图。分两种情况做出处理。第一，如果国会已明确授权某一个机构做出解释，法院应予以尊重。第二，如果国会授权不明确或含糊不清，那么法院应确定国会是否(隐含地)将法律解释权下放给行政机构，对此，法院应作如下考量和决定：(1)如果行政解释是通过通告——评论正式程序制定的，应予以尊重；(2)做出解释的行政机构具有与争议事项相关的专业知识的，应予以尊重。在两个机构之间，法院应该

① 邓栗：《美国行政解释的司法审查标准——谢弗林案之后的发展》,《行政法学研究》2013年第1期。

假定国会将法律解释权授予更专业的机构。谢弗林规则的试金石是国会是否授权该机构“以法律的力量行事的权力”。

2.“谢弗林规则”在本案中的适用

冈萨雷斯案的大部分分析涉及谢弗林规则如何处理导致重叠管辖权的行政解释。法院分析冈萨雷斯案的核心是在“谢弗林规则”的分析框架中进行的。对冈萨雷斯案的不同观点显示,多数人对传统智慧密切关注,拒绝尊重司法部部长对法规的解释。在某种程度上,这一拒绝是由于CSA是一个共享管辖权的法规,即不仅在多个联邦机构之间,而且在联邦和州当局之间分配权力。

本案中,法院得出结论认为,通常当国会授权该机构制定具有法律效力的解释规则并且声明应尊重行政解释时,谢弗林的尊重是恰当的。在冈萨雷斯案中,不尊重司法部部长的解释规则的一个原因是,大多数意见认为,司法部部长缺乏相关的专业知识,而卫生和公众服务部部长在健康和医疗实践方面享有唯一解释权。谢弗林规则应该为那些在其监管领域拥有重要专业知识的机构开放政策自由裁量权。虽然单纯的专业知识或问责制不再足以支持“谢弗林尊重”,但如果专业知识或问责制成为国会希望法院尊重行政机构的原因,那么它们仍然是“零步骤”调查中的变量因素。

在许多情况下,结果取决于各行政机构是否具有管辖权以及具体的行政机构意见是否值得尊重。如果一般来说确定管辖边界很困难,那么在共享管辖制度中它将更加困难。如果一项法规明确赋予一个机构某些管辖权来实施法规的一部分,并明确赋予另一个机构某些管辖权来实施法规的另一部分,那么法院应该如何对待第三部分的机构解释或权威主张?谢弗林规则为法院审查管辖权重叠的纠纷提供了法律依据,不仅是尊重具有法律效力的行政机关做出的解释,而且也为处理联合执法法规引发的管辖争议提供了解决机制。所谓的联合执法法规,要求一个机构颁布法规,另一个通过裁决执行法规,法院应尊重两个机构,至少在两者之间没有肯定的冲突。如果一个机构拥有规则制定权和另一个机构具有相应的行政裁决权,则如果不存在冲突,法院可以尊重任何一个,如果存在冲突,则可以尊重具有规则制定权的机构。所以,“谢弗林尊重”为解决重叠监管的矛盾奠定了基础。

因此，冈萨雷斯案可以作为重新审视和修订有关在多个政治机构之间共享管辖权的法规的行政解释的传统智慧工具。其实，关于司法介入行政管辖权争议，在美国也不是普遍得到支持的，如美国证券交易委员会和商品期货交易委员会之间存在的管辖冲突这类金融监管权争议。因为专业性太强，法院对其作为跨部门裁判的角色感到不安，并认为自己不适合解决此类复杂的金融纠纷。事实上，在证券期权的管辖权问题上，两个机构之间的约翰逊—沙德协议导致了第七巡回上诉法院对同一问题的完全相反的结论。对于复杂的财务问题，机构间管辖权争端的解决方案不应该留给善意但却被认定为不适格的司法机构。①

在我国，虽然没有像美国的行政解释的司法审查制度，但对行政机关制定的规章以下的规范性文件有诉讼中的附带审查制度。我国《行政诉讼法》第五十三条规定，"公民、法人或者其他组织认为行政行为所依据的国务院部门和地方人民政府及其部门制定的规范性文件不合法，在对行政行为提起诉讼时，可以一并请求对该规范性文件进行审查。前款规定的规范性文件不含规章。"通常，行政机关作为权力机关的执行机关，必须根据权力机关的意志制定其他规范性文件。但行政机关制定规范性文件也有其特殊性，在行政中不同于在司法中的是，司法的每个判决都从法律适用开始，而在行政中则是以自由裁量创造性地做出决定或以此方式直接做出改变法律状况的决定。② 我国行政机关制定的规章以下其他规范性文件，数量众多，很大程度上是对上位法做出的解释性或实施性规定，成为行政执法的直接依据，其中不乏行政机关随意扩张自身权限而进入其他机关职权空间的情形，导致执法中的管辖重叠争议，依法行政变成了"合法打架"。然而，行政机关"不得越权原则"是行政法治的应有

① Mark Frederick Hoffman. Decreasing the Costs of Jurisdictional Gridlock: Merger of the Securities and Exchange Commission and the Commodity Futures Trading Commission. University of Michigan Journal of Law Reform, 1995, 28(3): 681-714.

② 奥托·迈耶指出，行政行为的蓝本是法院的裁判。但也做了一些调整——如同在司法中一样——以使行政行为能适用于灵活性较大的行政活动，并且摒弃了一些由于司法的特定目的而形成的确定内容。行政行为也受法律约束，但是这里的关系不同于在司法中法官是作为法律活着的声音那样所形成的完全单调的联系。法院裁判只能以法律为依据，行政行为也是如此，……除非有特别限制，行政行为本身依据的就是具有决定性作用力的公权力。参见奥托·迈耶：《德国行政法》，刘飞译，商务印书馆 2002 年版，第 98、102、106 页。对于行政机关指定规范性文件的行为，亦如此。

之义，开放性的自我授权只会导致无限制的权力扩张与滥用。①

自由裁量空间因法律文件的性质而有所不同。其他规范性文件的性质主要有创制型、补充型、解释型和实施型。其中实施型文件往往是为了执行上位法的规定，对上位法的原则性、概括性的规定进行具体化、细则化，以便于操作。对于这一类规范性文件应作严格限制，一般不能超越上位法的规定范围。而创制型、补充型和解释型规范性文件通常是根据授权制定的，有时也可以根据执法的实际需要依职权对上位法的立法空白做出填补性（拓展与补充）规定。这种情况应受到严格的授权条件限制，否则就构成与上位法的抵触而失去合法效力。所以，其他规范性文件的制定应遵循上位法的明确依据，不可突破上位法的范围。特别是限权性文件的限制比较严格，如《行政处罚法》第十四条明确规定，其他规范性文件不得设定行政处罚。

依法行政不仅要求行政机关严格依据法律规定办事，而且职权的行使也要符合法的基本原则与精神，只要其行为有违法或不当的地方，便应对自己的行为负责，给行政相对方造成损失时还应予以赔偿。所以，执法部门即便“依法打架”，也存在与法的基本原则、精神相违背的情形，至少需要对自己的行为负责，如果对相对人造成损害的，应予以赔偿。

二、机关诉讼：以日本、德国为例

在一些大陆法系国家，行政权限争议解决的司法途径主要体现为所谓的“机关诉讼”。“机关诉讼”一词，狭义上是指日本的机关诉讼，因为只有日本在《行政案件诉讼法》中使用了“机关诉讼”一词，并赋予其特定的含义。广义上泛指行政机关之间因权限的存在或行使发生争议，由法院通过诉讼程序解决的诉讼类型。② 本书采用的是广义上的概念，并主要通过简析日本、德国的机关诉讼制度以管窥机关诉讼的特点与运行过程。

（一）日本的机关诉讼

日本基于其自身法治传统和现实国情，在现行《行政案件诉讼法》第六条、

① 威廉·韦德：《行政法》，徐炳等译，中国大百科全书出版社 1997 年版，第 43 页。

② 马怀德：《行政诉讼原理》，法律出版社 2003 年版，第 159 页。

第四十二条规定了“机关诉讼”类型，专司解决国家公共团体相互间对权限界定的争议或者与行使该权限有关的纠纷。[①] 法院可以受理的机关诉讼主要有两种情形：一是职务执行命令诉讼，这是普通地方公共团体的长官在不执行国家机关委任事务等情况下，由主务大臣向高等法院提起的诉讼，在该诉讼中法院对主务大臣的指挥命令拥有合法性审查权；二是自治机关诉讼，这是因地方议会和地方公共团体首长的纠纷而提起的行政诉讼。[②]

日本的机关诉讼有两个显著特点：一是机关诉讼的直接动因只能是行政机关之间的权限争议，其目的是维持客观的法秩序或者保护公共的利益，[③]与公民、法人或其他组织的权益没有关联，因而是一种“客观诉讼”。二是机关诉讼的提起必须以法律明文规定为前提。如《行政案件诉讼法》第六条、第四十二条只对机关诉讼作了一般的规定，即仅就其审理程序作了统一规定，实践中某一权限争议能否提起机关诉讼取决于相关的法律是否有明确规定。因为普通地方公共团体及地方公共团体机关之间的权限争议通常被认为是行政系统内部纷争，不属于“法律上的争讼”，但是基于立法政策之考量，在法律明确规定的情况下可以提起机关诉讼。如《地方自治法》第一百四十六条规定“关于机关委任事务的职务执行命令诉讼”，第一百七十六条规定“关于地方公共团体的议会的决议或者选举的议会和首长之间的诉讼”，第九条规定“关于市町村的境界的诉讼”，《地方税法》第八条规定“关于课税权的归属的地方公共团体的首长之间的诉讼”等。[④] 可见，日本机关诉讼主要涉及地方自治的领域，是行政机关之间围绕着地方自治的权限纷争而提起的诉讼。原被告都是普通地方公共团体。日本机关诉讼的原告为拥有行政职权的普通地方公共团体，主要包括市町村和都道府县。另外，日本法也明文规定了机关诉讼的排除范围，如“下级行政厅由于上级行政厅权限的行使，下级行政厅的权限被侵害，不允

---

① 《日本行政案件诉讼法》第六条规定：“本法所称的‘机关诉讼’，是指关于国家或公共团体的机关相互之间权限存在与否及有关权限行使纷争的诉讼”。第四十二条规定：“法律所规定者才能提起民众诉讼及机关诉讼。”

② 盐野宏：《行政法》，杨建顺译，法律出版社 1999 年版，第 541 页。

③ 盐野宏：《行政法》，杨建顺译，法律出版社 1999 年版，第 429 页。

④ 王太高：《论机关诉讼——完善我国行政组织法的一个思路》，《河北法学》2005 年第 9 期；杨建顺：《日本行政法通论》，中国法制出版社 1998 年版，第 708 页。

许提起诉讼。还有,原处分机关的处分被上级行政机关或第三者机关撤销时,这一撤销的裁决优于原处分机关的决定,原处分机关不得为维持自己的原处分而向法院起诉"①。

(二)德国的机关诉讼

与日本有所不同,德国未在行政法中明文规定机关诉讼,但各种学说和各邦判例都承认机关诉讼,尤其是地方公共团体的机关之间或其他各单位间对于权限及其行使的争议,可"以其公法上的权利受损为由提起行政诉讼"②。机关诉讼一般发生于行使间接行政职能的公法人团体内部,既可能是该法人团体内部的两个机构之间产生争执,也可能是整个法人团体与该法人内部的一部分产生争议。这些机关诉讼集中于地方自治的争议中,由于其源于并主要发生在德国地方自治团体的自治机关之间,故德国学界又称之为"自治法上的机关诉讼"③,旨在解决组织法上有关地方自治团体或国家机关上下级间,或同机关内的权利争议。

机构之诉在德国的发展经历了一段很长的历程,在过去,团体或者其他法人内部的法律争议被长期排除在行政诉讼之外。然而随着实践发展,人们逐渐认识到,各种团体内部之间的争议大都具有公法性质,发生在同一法人内部的行政诉讼上的机构之争是适当的。④ 但提起机关诉讼有前提条件,即没有更为便捷的权利维护途径可供采用并且被明示应通过行政司法途径获得法律保护。⑤德国机关诉讼具有自身的特点:第一,机关诉讼并不是一种独立的诉讼类型,而是归化到其他诉讼类型当中;第二,机关争议主要是地方组织争议或地方自治争议,这与德国的地方自治体制相关;第三,机关诉讼中涉及发生在同一法定主体的机关之间的一种争执,甚至还是同一个机关内部的争执。第四,并不当然地属于法律上的争讼,或者属于客观诉讼范围,但有法律明确规定的情形或者处于政策利益考量之下可以提起诉讼。

---

① 吴华:《行政诉讼类型研究》,中国人民公安大学出版社 2006 年版,第 168-169 页。

② 马怀德:《行政诉讼原理》,法律出版社 2003 年版,第 160-161 页。

③ 李惠忠:《德国地方自治法上机关争讼制度研究》,元照出版公司 2002 年版,第 218-219 页。

④ 孔繁华:《论作为客观诉讼之机关诉讼》,《南京工业大学学报(社会科学版)》2012 年第 2 期。

⑤ 胡建淼:《比较行政法:20 国行政法述评》,法律出版社 1998 年版,第 372 页。

综上可知，日本、德国的机关之诉的共同特点有：第一，均属于“客观”诉讼类型。客观诉讼，即与主观诉讼相对应的一种诉讼类型，是指以维护客观的法律秩序和公共利益为目的，而不是为了保护个人的合法权益而进行的诉讼。此种争讼本质上具有客观确认法律秩序的功能，机关争讼基本上是“法政策的需要”。第二，机关诉讼主要是一种“行政”诉讼类型，但与一般的行政诉讼不同，提起机关诉讼除了要有行政诉讼法的明文规定外，还要有单行法的特别规定，法院才会受理。第三，机关诉讼的双方都是“行政机关”或“行政机构”。一般针对发生在自治团体之间或与国家机关之间的权限争议。第四，一般需要经过行政处理作为前置处理程序，在行政路径解决未果的情形下再由行政法院做出最终判决，即行政路径前置模式。总之，作为一种新的诉讼类型，机关诉讼虽然在各国的称呼有所差异，但其功能却大同小异，都着眼于行政主体之间权限争议的解决。

从英美法系和大陆法系的权限争议解决方式可以看出，政府机关发生权限争议时，不是仅仅依靠行政命令，通过行政程序来解决权限争议，还通过司法诉讼的方式由法院或类似法院的机关来解决相应的权限争议，以保证行政争议解决的法治化水平。总体而言，英美法系国家通过司法途径解决行政权限争议，以及大陆法系国家或地区的机关诉讼制度，均有可资借鉴之处。但是，因为政治、立法、司法体制的不同，对于如何借鉴和运用，存在不同的观点争鸣。

第二节　我国司法介入职权争议之学理与实践

一、学理争议

对我国管辖权争议司法介入的学理争议，主要围绕“机关诉讼”的可行性与必要性问题展开，基本分为肯定的观点、否定的观点、折中的观点三类。

持肯定意见的学者多从法治原则、法律规范、域外借鉴、行政诉讼第三人制度等视角进行分析，认为建立机关诉讼在我国具有可行性和必要性，并提出了创设机关诉讼的理论思路与制度构想。具言之，立足于以诉讼类型为基点重构我国行政诉讼制度的理论思路，着眼于机关诉讼与其他诉讼类型的差异性与特殊性，从原告、受案范围、管辖、审理方式和举证责任等方面提出构建我国机关诉讼的具体方案。①

首先，机关诉讼符合司法最终解决纠纷的法治原则。“司法是社会公正的最后一道防线”，司法最终解决原则是司法的本质属性之一，引入职权争议的司法化审查机制，建立机关诉讼制度，由司法机关对此类争议拥有最终的裁判权，必将有助于该类争议及时有效地得到解决，充分保障行政相对人的权益和公共利益，而且能保障行政的活动公开性与公正性，促进我国法治化进程。“因为司法权的运作有一套完整细密的程序规则，因而由司法机关处理行政机关的权限争议比行政机关内部采用逐级上报的方式解决具有更高的效率和更强的公正性，从而避免许多不必要的争议和扯皮，有力地保障了行政权的效率。”同时，其亦可增加部门保护主义的成本与风险，强化机关寻求争端解决的利益驱动力和制度驱动力，维护公法秩序，提高行政效率，并使得行政审判功能得以充分发挥。此外，“通过诉讼途径处理权属纠纷不仅可以充分发挥法院之行政审判的功能，更可促进行政机关解纷之法律意识的增强，进而为内部多元解决机制的真正运作筑就法治与意识的双重轨道”②。

其次，机关诉讼符合行政诉讼目的和基本原则。我国《行政诉讼法》第一条指明了行政诉讼制度的目的是“保证人民法院公正、及时审理行政案件，解决行政争议，保护公民、法人和其他组织的合法权益，监督行政机关依法行使职权”，由此，将行政职权争议纳入行政诉讼机制进行/予以解决与我国行政诉讼目的是契合的，可以避免由职权争议而造成的行政相对人权利不稳定状态和由此产生的直接或间接损害。《行政诉讼法》第六条规定了对行政行为进行合法性审查的行政诉讼基本原则，基于此，在行政诉讼中应当对“行政机关的

---

① 参见王太高：《论机关诉讼——完善我国行政组织法的一个思路》，《河北法学》2005 年第 9 期；黄显雄：《论我国行政机关权限争议的法律规制——从几例部门之争说开去》，《国家行政学院学报》2006 年第 2 期；吴卫军，张峰：《行政权限争议的司法解决——论我国机关诉讼的构建》，《青海师范大学学报（哲学社会科学版）》2009 年第 6 期；邓可祝：《机关诉讼研究》，《行政与法》2007 年第 4 期；石佑启，张显伟：《论行政机关间权限争议之诉讼机制解决》，《学术研究》2012 年第 11 期。

② 王太高：《论机关诉讼——完善我国行政组织法的一个思路》，《河北法学》2005 年第 9 期。

行政权限、法定职责、事务管辖权、级别管辖权和地域管辖权进行全面的审查”[①]。《行政诉讼法》第五十三条规定，行政相对人在对行政行为提起诉讼时，可以一并请求对行政行为所依据的国务院部门和地方人民政府及其部门制定的规范性文件进行审查。而这些规章以下的其他规范性文件是造成行政执法管辖争议的主要依据和来源，因此，法院对这些执法依据进行审查鉴别后，决定是否适用，并对所涉行政权限的归属予以界定，即对所涉行政权限归属给出权威判定，这很大程度上已经实现了对行政权限争议的司法介入。换言之，与此同时，《行政诉讼法》第十二条和第十三条没有明确将机关权限争议之诉排除于行政诉讼的受案范围。因此，职权争议经由司法机关解决，符合行政诉讼法的基本原则、目的精神和有关规定。

最后，行政诉讼第三人制度为建立机关诉讼制度奠定了重要基础。我国《行政诉讼法》第二十九条规定：“公民、法人或者其他组织同被诉行政行为有利害关系但没有提起诉讼，或者同案件处理结果有利害关系的，可以作为第三人申请参加诉讼，或者由人民法院通知参加诉讼。”人民法院判决第三人承担义务或者减损第三人权益的，第三人有权依法提起上诉。行政机关作为第三人参加行政诉讼，最高人民法院的司法解释也作了肯定性规定。《最高人民法院关于执行〈中华人民共和国行政诉讼法〉若干问题的解释》第二十四条规定：“行政机关的同一具体行政行为涉及两个以上利害关系人，其中一部分利害关系人对具体行政行为不服提起诉讼，人民法院应当通知没有起诉的其他利害关系人作为第三人参加诉讼。”第二十三条第二款规定：“应当追加被告而原告不同意追加的，人民法院应当通知其以第三人的身份参加诉讼。”以上条款和规定并没有排除行政机关做第三人的可能，而与案件裁判结果有法律上的利害关系的，既可以是公民、法人或其他组织，也可以是行政机关。而且，考虑到行政诉讼的主要目的是保护相对人的合法权益，允许行政机关做第三人将是利大于弊，其有利于正确分配诉讼义务，保护行政相对人的合法权益，监督行政机关依法行政，以及帮助法院查明案件事实、及时解决纠纷。因此，通过改进和完善行政诉讼第三人制度，可以使得权限争议通过行政诉讼予以化

① 马怀德：《行政诉讼法学》，中国人民大学出版社 2009 年版，第 27 页。

解。在普通的行政诉讼中如果夹带行政职权的争议，人民法院通过引入行政诉讼的第三人制度，相关行政机关可以主动申请或由法院通知其以第三人身份参加诉讼，向法院提供该项职权由自己行使的法律依据，有利于法院及时查清案情做出公正裁判，同时，也有利于化解行政机关的权限争议。

因此，行政主体一旦发现其他行政主体实施了本应归属于自身的行政权，有权要求停止侵权行为，而通过诉讼程序解决则是遵循法治原则的必然。[①] 有学者进一步提出了我国机关诉讼的具体构建思路。行政权限争议一旦诉诸司法，则提出诉讼请求的行政主体就成为机关诉讼中的原告。由此，能够成为机关诉讼原告的行政主体应当是认为自身行政权受到其他行政主体侵害的行政机关、法律法规授权组织。这也是机关诉讼区别于其他诉讼类型的重要特点。[②]

但也有学者对此提出了质疑和忧虑，该机制能妥当运行对解决行政权限争议具有一定优势，将有利于行政权限争议的理性解决，极大减少该现象的出现。但纠纷解决的诉讼机制具有其固有的局限性，行政权限争议并不适合司法介入，在我国解决行政权限争议的国家机关只能是国家权力机关，而不可以是专司法律的法院。[③] 具体而言，一是缺乏明确的法律依据。从政治体制上推演、法律适用原则和实在法视角分析，我国现行《行政诉讼法》却没有任何条款明确规定行政权限争议案件经由行政诉讼机制解决，综观我国权力机关所立的法律、法规，均无人民法院可以受理与审理行政权限争议案件的明确规定。相反，《行政诉讼法》第六十三条关于行政诉讼法律适用的规则明确规定“人民法院受理并审理行政案件以法律、法规为依据”。二是无可资操作的针对性程序。我国《行政诉讼法》设置的审理程序针对的均是“官、民”之间的行政纠纷，是“民”为了维护个人的合法权益而诉请法院对“官”做出的行政行为的合法性进行司法审查。现行《行政诉讼法》并没能针对行政权限争议案件的诉讼解决设置针对性程序，所以，经由行政诉讼机制解决行政权限争议案件是不可以

---

① 翁岳生：《行政法与现代法治国家》，台湾大学出版社 1998 年版，第 394 页。

② 吴卫军，张峰：《行政权限争议的司法解决——论我国机关诉讼的构建》，《青海师范大学学报(哲学社会科学版)》2009 年第 6 期。

③ 张显伟：《诉讼机制不能解决行政权限争议问题之分析》，《政法论丛》2017 年第 5 期。

的。三是不具备诉讼解决的基础条件。纠纷付诸诉讼机制解决的基础条件是该类纠纷应该是法律纠纷,非法律性质或者法律规则不清引发的纠纷不具备纠纷诉讼解决的基础条件。四是尚无适格的裁判主体。此处特指在目前情况下法院尚不具备相应资格,同时法官也不具备能力对行政权力的归属进行断定并做出理性裁判。

基于上述的争议,有些学者主张折中的观点,认为可以有条件地适用机关诉讼,且仅具备以下条件的权限争议才可以纳入诉讼程序:(1)法律法规对行政机关的权力界限有明确规定或根据法律法规的立法宗旨、条文等可以确定;(2)通过行政系统内部的权限争议解决机制无法及时有效地解决,如不同省份的低层级行政机关之间发生的权限争议;(3)行政机关之间的权限争议直接影响行政相对人的权益或公共利益。一方面,在我国职权争议解决机制失灵的情况下,引入职权争议的司法化审查机制,建立机关诉讼制度,能保障行政活动的公开性与公正性,促进我国法治化进程;另一方面,在逻辑和经验上,无论是否创设机关诉讼,法院在行政诉讼中都有权审查行政主体是否存在越权行为,是否依法行使了行政权,否则行政诉讼就失去了存在的基础。与此同时,机关诉讼不是法院审查行政权归属问题的唯一形式,不能将法院对行政权限的审查都纳入机关诉讼的范畴。当其他诉讼类型足以使用时,应当优先适用其他诉讼类型。在前述多个行政主体不作为或积极作为的情况下,相对人完全可以通过提起撤销诉讼、课予义务诉讼、给付诉讼来维护自身的合法权益,没有必要也无权提出机关诉讼。①

机关之诉在中国不具有普遍可行性还有其现实原因。"中国的法治之路必须注重利用中国的本土资源,注重中国法律文化的传统知识和实际"。② 具言之,一是中国法院的地位不足以承担裁断行政机关之间的权限纠纷之职责,"在我国目前的国家权力配置模式下,由于法院的独立性和司法能力有限,并

① 吴卫军,张峰:《行政权限争议的司法解决——论我国机关诉讼的构建》,《青海师范大学学报(哲学社会科学版)》2009 年第 6 期。

② 苏力:《法治及其本土资源》,中国政法大学出版社 1999 年版,第 6 页。

不是行政机关之间所有的权限争议都适合纳入机关诉讼”[①]，而且人民法院通常也不愿意介入这种矛盾纠纷。二是从现状看，机关之诉的必要性不够迫切，可以通过撤销之诉来解决部分管辖权争议纠纷，有些权限争议可以通过审查行政机关是否超越职权予以撤销来间接地解决，已有一些司法实践案例。[②] 三是管辖权争议的内部性特征决定了司法介入的主动性和积极性不足。“行政机关之间的权限争议大部分纯属行政系统内部的问题，而且这种争议往往带有很强的政策性，因此行政系统内部的权限争议解决机制是今后相当长一段时期内我国解决行政机关权限争议的主要方式。”[③]由此可见，至少在现阶段和不远的将来，在我国构建专门的机关诉讼机制尚不具有现实可能性。当下所要考虑的是，将机关诉讼与人民法院是否有权审查行政主体的行政权限之间区分开来，可行的方式是，进一步完善通过撤销之诉或越权之诉来解决部分管辖权争议纠纷的司法制度。

二、实践图景

在我国现行行政诉讼的框架体系内，人民法院尚无权受理和裁决不同行政主体之间的权限争议，法院在案件审理中遇到管辖权争议时，实践中具体做法通常有两种：一是由人民法院在对具体行政行为进行合法性审查时，针对行政机关之间的权限争议，由人民法院逐级上报至高级人民法院或最高人民法院，再由高级人民法院或最高人民法院报请省级人民政府或国务院裁决，[④]然后才能就讼案做出判决。显然，这样将使案件久拖不决，影响司法效率和相关

① 厉尽国：《法治视野下的行政权限争议及其解决——从“魔兽争霸”网游监管权之争谈起》，《西南政法大学学报》，2010 年第 6 期。

② 例如，1995 年 7 月，四川省技术监督局根据举报对四川夹江县彩印厂非法印制的两万个四川名优产品彩虹灭蚊药片的包装盒和一些日本富士一号农药说明书进行了查封，并根据我国《产品质量法》对其生产用机器、库房、工具等予以封存。该彩印厂不服，以技术监督局超越职权为由提起行政诉讼。在法院审理案件阶段，四川省工商行政管理局明确指出，技术监督局在夹江打假是越权行为，并指示夹江县工商行政管理局接手办理，矛盾冲突于是又在两个省级行政机关中展开。夹江县人民法院不敢轻易下判，只好逐级上报至最高人民法院商请国务院裁决。参见马怀德：《行政诉讼原理》，法律出版社 2003 年版，第 78-80 页。

③ 黄先雄：《论我国行政机关权限争议的法律规制——从几例“部门之争”说开去》，《国家行政学院学报》2006 年第 2 期。

④ 王太高：《论机关诉讼——完善我国行政组织法的一个思路》，《河北法学》2005 年第 9 期。

权益的维护。二是通过行政相对人提起撤销之诉，法院经审理判决撤销无权行政机关的行政决定或维持有权行政机关的行政决定，这种权限争议就被间接地解决了。如公安机关收缴了甲的营业执照，甲不服，向法院起诉，法院认定公安机关的行为是越权行为，判决撤销，就间接地解决了工商行政管理机关与公安机关之间的权限争议。另外，由行政相对人提起行政不作为诉讼，也可以在一定程度上解决消极的权限争议。①

以下通过对“政府采购第一案”②的分析，进一步了解法院如何通过对案件的审理批判间接地化解管辖权争议。

(1)案例概况。2003 年，国家发改委和卫生部委托社会招标机构采购一批医疗“重点工程采购项目”。投标公司之一北京现代沃尔公司技术实力过硬却没有中标，两次中标人均为报价最高的广东开元公司。现代沃尔公司对招标结果不服，认为这明显违反了政府采购法中的“物美价廉”原则，先后三次向国家发改委、卫生部以及招标代理机构远东公司提出书面质疑，希望告知不中标理由、公开评标委员会名单和具体评标过程。但都只收到招标代理公司模棱两可的答复。由于前两次质疑都未能在法定 7 日时间内收到答复，现代沃尔公司只好依据《中华人民共和国政府采购法》(以下简称《政府采购法》)的规定，于 2004 年 12 月正式向财政部、国家发改委和卫生部三个部门的纪检委提出投诉，重申质疑中的主要问题，但三个部门互相推诿。财政部认为该招标属于由国家发改委管辖的“重大项目”，故将其投诉转交给国家发改委；而国家发改委纪检则拒绝受理，理由为“只查具体被举报的人，不管招标这样具体的事”。现代沃尔公司改向国家发改委办公厅投诉，后被转到稽查办，亦未得到回复。同时，该公司也向财政部提出第二次投诉，但未收到任何回复。2005 年 1 月，现代沃尔公司向国家发改委和卫生部提出第三次投诉，并收到卫生部设备处来电告知招标结果合法。之后，现代沃尔公司以财政部在法定 30 日内未能做出处理决定，也未能给予答复为由，依据《行政诉讼法》提起行政诉讼，将

① 黄先雄：《论我国行政机关权限争议的法律规制——从几例“部门之争”说开去》，《国家行政学院学报》2006 年第 2 期。

② 案例概况以及部分分析参见裴俊巍，陈慧荣：《碎片化权威主义下协同治理的司法路径——以“中国政府采购第一案”为例》，《经济社会体制比较》2018 年第 5 期。

财政部告上法庭。财政部表示，自己直到现代沃尔公司向其投诉的那一刻，才得知该次招投标的存在。并且，国家发改委也收到投诉并正在处理，此次公开招标适用《中华人民共和国招标投标法》，应由国家发改委来管辖，为了避免重复处理，财政部才把相关材料转交给国家发改委，因此申请法院驳回起诉。原告则坚持认为本次采购的监管人是财政部。依据《政府采购法》和相关规定，财政部需要履行对政府采购活动全面的监管职责，供应商向采购人和代理机构提出质疑但未在规定时间内收到回复的，可向同级财政部门投诉，而财政部对投诉没有给出任何答复意见，因此行政不作为证据确凿。不管财政部和国家发改委之间是否达成了事实上的默契和分工，都要“依法办事”，财政部需要履行法律规定的“分内职责”。控辩双方各执一词，各有道理。

在经历了一年半的漫长等待后，北京市第一中级人民法院于 2006 年 12 月做出了判决，本次采购属于财政部的监督管理权限范围，由于其未能履行法律职责，因而败诉。虽然财政部将原告投诉转交国家发改委，但并不意味着其履行了法定职责。财政部不服判决提起上诉，北京市高级人民法院于 2007 年 6 月开庭审理。在法庭辩论中，财政部认为《招标投标法》以及相关法规已经明确规定，类似于本次国家重大建设项目招标投标活动的投诉应归国家发改委管辖，并不在财政部监督管理权限范围内。财政部在接到投诉后，经过联席会议研究将投诉材料转给国家发改委处理，属于正确履行法定职责，财政部也将投诉移交结果转告给现代沃尔公司，履行了告知义务。对于此案，北京市高级人民法院也颇感棘手，因此二审一拖 6 年。2012 年 11 月，北京市高级人民法院做出裁决，驳回上诉，维持原判。6 个月后，财政部按照法院判决，对现代沃尔公司发出《投诉处理决定书》，裁定该采购活动违法。“政府采购第一案”历经 10 年，终于暂时落下帷幕。

(2)案例主要法律问题。该案的法律事实和证据都非常清晰，却涉及敏感的行政管理分工，正如一位政府采购立法专家所言，“从法律角度看，这起案件其实并不复杂。《政府采购法》对于谁是政府采购的监管主体已有明确规定，之所以纠缠至今没有结果，是因为此案触及了如何划分政府部门权力的难题”。部门职权不清主要归因于《招标投标法》和《政府采购法》之间关于政府采购监管权分配的模糊不清，造成部委间权能重叠冲突，其背后的根源是部门立法。《政府采购法》在制定之初就伴随着两个部门的权力冲突和讨价还价，导致原本应该统一的政府采购法律被分割，由财政部和国家发改委分别制定《政府采购法》和《招标投标法》，造成了实践中的诸多难题。

(3)案例的法治意义。《政府采购法》和《招标投标法》的冲突由来已久，最终通过司法裁判化解了多年危机。由此表明，中国法院虽不具备西方三权分立下法院的绝对权威，但在政策制定过程中发挥着重要的作用。根据法院判决，原先财政部和国家发改委的"分工模式"被法院所否定，政府采购立法上的职权模糊造成部委间权能冲突，法院介入实际是对权力的重新分配。因此，本案例显示了法院是一个不可忽略的重要合法维权渠道，司法程序可以成为一种解决行政权限争议的新的制度化渠道。原有理论对解决执法僵局的解释倾向于获得更高层级的协调，如成立议事协调结构抑或获得更高级别领导的支持，但实际上并非如此，横向部门间的冲突可以引入独立的第三方发挥制衡作用。虽然这一案例仅仅是司法体系介入政策协同的一则个案，但依然可以给我们以理论启发。职权法定是现代行政组织法的基本原则之一，越权无效则构成了现代行政行为法的基石。任何行政主体，只能在法定的权限范围内从事行政管理活动，行政权的"错位""越位"必然导致无效的法律后果。维护法律赋予的行政权既是行政主体的权利，更是其不容懈怠和退让的法定义务。

司法实践中，法院还可以通过法律适用或司法解释间接地化解管辖权重叠的纠纷。[①] 以下是一则典型案例及其分析。

(1)案例概况。云南省高级人民法院在审理昆明旭明经贸有限公司(以下简称旭明公司)诉昆明市工商行政管理局五华分局(以下简称五华分局)行政处罚抗诉再审一案时认定，旭明公司是经昆明市工商行政管理局核准登记的有限责任公司，其经营范围有烟酒零售一项，其第一分公司持有官渡区烟草专卖局于2002年4月颁发的烟草专卖零售许可证，有效期至2003年12月。旭明公司在无合法烟草专营专卖手续的情况下，利用虚假的江西省宜黄烟草公司及江西省贵溪市烟草公司的烟草经营手续，从2002年10月起，先后从昆明

① 案例概况以及部分分析参见蔡小雪：《如何解决法律规定中有关部门的职权冲突》，《人民司法(案例)》2007年第16期。

市烟草公司购进价值人民币1900多万元的各类卷烟1万多件，通过旭明公司第一分公司进行销售，于2002年12月被五华分局查获。2003年5月，五华分局做出行政处罚决定，认定旭明公司的行为属于倒卖烟草专卖品的行为，根据《中华人民共和国烟草专卖法》（以下简称《烟草专卖法》）第三十八条第一款，《投机倒把行政处罚暂行条例施行细则》第十五条第（二）项的规定，给予旭明公司相应的行政处罚。旭明公司不服五华分局的处罚决定而提起了行政诉讼。

（2）案例主要法律问题。对有烟草专卖零售许可证但无烟草专卖批发许可证的企业经营烟草批发业务行为，工商行政机关与烟草专管机关之间就是否有权做出行政处罚决定发生管辖权争议。该院在审理中，存在两种不同意见。一种意见认为，根据《烟草专卖法》第三十三条"无烟草专卖批发企业许可证经营烟草制品批发业务的，由烟草专卖行政主管部门责令关闭或者停止烟草制品批发业务，没收违法所得，并处罚款"的规定，对有烟草专卖零售许可证但无烟草专卖批发企业许可证的经营烟草批发业务行为，应当由烟草行政机关行使行政处罚权，工商行政机关无权对此类行为做出行政处罚决定。另一种意见认为，根据《投机倒把行政处罚暂行条例》第三条和《投机倒把行政处罚暂行条例施行细则》第二条的规定，以牟取非法利润为目的，违反国家法规和政策，倒卖国家禁止或者限制自由买卖的物资、物品的行为，属于投机倒把行为。有烟草专卖零售许可证但无烟草专卖批发企业许可证的经营烟草批发业务行为，应当认定为倒卖国家规定的专卖物品，该行为的性质属于投机倒把行为。根据《烟草专卖法》第三十八条"倒卖烟草专卖品，构成投机倒把罪的，依法追究刑事责任；情节轻微，不构成犯罪的，由工商行政管理部门没收烟草专卖品和违法所得，可以并处罚款"的规定，工商行政机关对此类行为具有行政处罚职权。因《烟草专卖法》第三十三条的规定与第三十八条的规定存在不一致的问题，云南省高级人民法院决定，就如何理解这两条规定的问题向最高人民法院请示。最高人民法院于2006年9月做出《最高人民法院行政审判庭关于对无烟草专卖批发企业许可证经营烟草批发业务行为应当由何机关处理的答复》，该答复明确指出，有烟草零售许可证但无烟草专卖批发企业许可证经营烟草批发业务的，应当适用《烟草专卖法》第三十三条的规定，由烟草专管行政机关处理。本案最终依据最高法的司法解释做出判决。由此可见，通过法院的司法解释和案件审理，可以对法律规定中有关部门的职权冲突做出决断，进而化解部门之间的管辖争议。

结 语

当今世界，科技的进步永不止息，社会公共事务越来越复杂，基于行政事务的跨界性，立法的局限性，部门权力的扩张性，以及政府管理、执法、服务功能的日趋增强等因素，行政管辖权的重叠问题可谓防不胜防。不难预见，一国的行政机关组织法不论如何完善、如何具有理性，行政机关间权限争议案件的出现仍然无法避免。所以，在现行法律制度体系内建构一套科学理性的行政权限争议解决机制是不可或缺且十分迫切的。概而述之，管辖权重叠的化解机制体系，主要包括宏观、中观和微观三个层面，从不同维度可以进一步分为多种不同机制或模式，如行政机制、立法机制、司法机制；事前防范与控制机制、事中与事后的解决与补救机制等。其核心在于，一是推进立法科学化，防范和控制立法冗余，完善行政组织法内容体系和丰富制度设计，实现行政职权在集中、分散、重叠三个维度的科学划分与合理配置；二是加大行政机构改革力度，实行机构重组与职能整合，消解职权碎片化与分散管理带来的多种弊端；三是推进行政系统内跨部门协同机制建设，优化和创新协同工具，以有效应对管辖重叠带来的深度协同之挑战；四是司法介入的选择性探索与逐步推进，意即对于行政管辖权重叠的治理解决，必要时可以考虑通过司法介入予以破解。在这些对策机制中，职权划分与配置是源头，协同机制是保障，立法化解是根本，司法途径是拓展。

本书对行政管辖权重叠的法律解析以及综合解决机制体系的探讨，恐怕并没有反映出一个明确的概念模型，但或许为有效化解与控制管辖权重叠的负面影响创造了有利条件。本书中论述的各种观点、理念、思路，是否能建设性地控制行政管辖重叠现象仍有待观察和检视。希冀本课题的研究抛砖引玉，能引起更多对行政管辖权重叠及其相关命题的法律思考与学术关注。特别是，有关行政管辖权重叠的各种化解机制的有效实施都离不开行政主体的自觉性，行政主体也需要自觉加强自我监督与审查，避免重复执法和资源浪费。然而关于这种自觉性从哪里来，如何保证，还有待于未来的进一步研究。

参考文献

［1］ AAGAARD T S. Regulatory overlap, overlapping legal fields, and statutory discontinuities ［J］. Virginia environmental law journal, 2011, 29(3):237-303.

［2］ AHDIEH R B. Dialectical regulation ［J］. Connecticut law review,2006, 38(5):863-927.

［3］ BAUMGARTNER F R, JONES B D, MACLEOD M C. The evolution of legislative jurisdictions ［J］. The journal of politics, 2000, 62(2): 321-349.

［4］ BIBER E. The more the merrier: multiple agencies and the future of administrative law scholarship ［J］. Harvard law review, 2012(125):78-83.

［5］ BUZBEE W W. The regulatory fragmentation continuum, westway and the challenges of regional growth ［J］. Journal of law and politics, 2005,21(1): 323-357.

［6］ DARYL J. LEVINSON. Empire-building government in constitutional law ［J］. Harvard law review, 2005, 118(3):915-966 .

［7］ DORAN M. Legislative organization and administrative redundancy ［J］. Boston university law review, 2011, 91(6):1815-1872.

［8］ ENGEL K H. Harnessing the benefits of dynamic federalism in environmental law ［J］. Emory law journal, 2006,56(6):159-187.

［9］ FREEMAN J. The Obama administration's national auto policy: lessons from the "car deal"［R］. Harvard environmental law review, 2011, 35 (1):343-374.

[10] FREEMAN J, FARBER D A. Thirty-fourth annual administrative law issue incrementalism and the administrative state [J]. Duke law journal, 2005,54(1):795-909.

[11] FREEMAN J, LANGBEIN L I. Regulatory negotiation and the legitimacy benefit[J]. New York University environmental law journal, 2000,9(1):60-138.

[12] FREEMAN J, ROSSI J. Agency coordination in shared regulatory space[J]. Harvard law review, 2012, 125(5):1131-1211.

[13] GAO. Annual report: additional opportunities to reduce fragmentation, overlap, and duplication and achieve other financial benefits[R]. GAO-18-371S, April 2018.

[14] GAO. Homelessness: coordination and evaluation of programs are essential[R]. GAO/RCED-99-49, February 1999.

[15] GAO. Managing for results: barriers to interagency coordination[R]. GAO/GGD-00-106, March 2000.

[16] GAO. Opportunities to reduce potential duplication in government programs, save tax dollars, and enhance revenue[R]. GAO-11-318S, March 2011.

[17] GAO. Results-oriented government. practices that can help enhance and sustain collaboration among federal agencies [R]. GAO-06-15, October 2005.

[18] GERSEN J E. Overlapping and underlapping jurisdiction in administrative law [J]. Supreme court review, 2006(1):201-247.

[19] GREENBERG G D. The coordinating roles of management: a typology for analysis [J]. Midwest review of public administration, 1976(1): 67-76.

[20] GOLDEN J M. Redundancy: when law repeats itself [J]. Texas law review, 2015, 94(4):629-785.

[21] HOFFMAN M F. Decreasing the costs of jurisdictional gridlock:

merger of the securities and exchange commission and the commodity futures trading commission [J]. University of Michigan journal of law reform,1995, 28(3):681-714.

[22] KATYAL N K. Internal separation of powers: checking today's most dangerous branch from within [J]. Yale law journal, 2006, 115(9): 2314-2349.

[23] KAISER F M. Interagency collaborative arrangements and activities: types, rationales, considerations [J]. Congressional research service, 2011(5):1-34.

[24] KETTL D F. Managing boundaries in American administration: the collaboration imperative [J]. Public administration review, 2006, 66 (S1):10-19.

[25] KING D C. The nature of congressional committee jurisdictions [J]. The American political science review, 1994, 88(1):48-62.

[26] KING D C. Turf wars: how congressional committees claim jurisdiction [M]. Chicago : University of Chicago Press, 1997.

[27] LAFFONT J, MARTIMORT D. Separation of regulators against collusive behavior [J]. RAND journal of economics, 1999, 30 (2): 232-262.

[28] LANDAU M. Redundancy, rationality, and the problem of duplication and overlap [J]. Public administration review, 1969, 29(4):346-358.

[29] LEWIS D E. Presidents and the politics of agency design: political insulation in the United States government bureaucracy 1946-1947[M]. Palo Alto: Stanford University Press, 2003.

[30] LEVINSON D J. Empire-building government in constitutional law [J]. Harvard law review, 2005, 118(3):915-972.

[31] LIEBERTHAL, KENNETH G, LAMPTON D M. Bureaucracy, politics and decision: making in Post-Mao China [M]. Berkeley: University of California Press,1992.

[32] Management advisory committee: commonwealth of australia [R]// Connecting government: whole of government responses to Australia's priority challenges, 2004:4.

[33] MARISAM J. Duplicative delegations [J]. Administrative law review, 2011, 63(2):181-244.

[34] MCCUBBINS M D. The legislative design of regulatory structure [J]. American journal of political science, 1985, 29(4):721-748.

[35] MCCUBBINS M D. THOMAS SCHWARTZ. Congressional oversight overlooked: police patrols versus fire alarms [J]. American journal of political science, 1984, 28(1):165-179.

[36] Memorandum of understanding between the U. S. department of the interior and federal energy regulatory commission [EB/OL]. (2009-04-09) [2019-5-20]. http:// www. ferc. gov/legal/maj-ord-reg/mou/mou-doi. pdf.

[37] MOONEY J. The principles of organization[M] // Waldo D. Ideas and issues in public administration . New York: McGraw Hill, 1953.

[38] NISKANEN W A. Bureaucracy and representative government [M]. Chicago: Aldine Transaction, 1971.

[39] OBAMA B H, Presidential memorandum—government reform for competitiveness and innovation[R]. White House, 2011-03-11.

[40] OSOFSKY H M. Multidimensional governance and the BP deepwater horizon oil spill [J]. Florida law review, 2011, 63(5):1077-1137.

[41] Retooling Government for the 21st Century: the president's reorganization plan and reducing duplication[R]. Hearing before the Committee on Homeland Security and Governmental Affairs, United States 112th Congress 2nd Session, 2012.

[42] SCHWARTZ T M. Protecting consumer health and safety: the need for coordinated regulation among federal agencies [J]. Washington law review, 1975, 43(4):1031-1076.

[43] STANTON T H. Improving collaboration by federal agencies: an essential priority for the next administration [M]. Washington, D. C.: National academy of public administration, 2007.

[44] STAUDT N. Redundant tax and spending programs [J]. Northwestern university law review, 2006, 100(3):1197-1249.

[45] SUBIRATS J, GALLEGO R. Getting agencies to work together: the practice and theory of managerial craftsmanship [J]. International public management journal, 2001(4):185-187.

[46] The white house, office of the press secretary, government reorganization fact sheet [EB/OL]. (2012-01-13)[2019-03-22]. http://www. whitehouse. gov/the-press-office/2012/01/13/govern-ment-reorganization-fact-sheet.

[47] TILLER E H. Controlling policy by controlling process: judicial influence on regulatory decision-making [J]. Journal of law, economic, and organization, 1998,14(1):114-135.

[48] WILSON J. Bureaucracy: what government agencies do and why they do it[M]. New York:Basic Books,2002.

[49] 安东尼·唐斯. 官僚制内幕[M]. 郭小聪,译. 北京:中国人民大学出版社, 2006.

[50] 奥托·迈耶. 德国行政法[M]. 刘飞,译. 北京:商务印书馆,2002.

[51] 白龙."法律打架"别让群众"躺枪"[N]. 人民日报, 2014-11-26(5).

[52] 边晓慧. 构建协同政府超越碎片化治理[N]. 光明日报, 2013-04-11(14).

[53] 蔡小雪. 部门规章之间有关部门职权规定冲突的选择适用[M]. 杭州:人民法院出版社,2011.

[54] 蔡小雪. 判断是否超越部门职权问题研究[J]. 法律适用,2015(1):93-97.

[55] 蔡小雪. 如何解决法律规定中有关部门的职权冲突[J]. 人民司法(案例),2006(16):9-12.

[56] 曹丽媛,夏珑. 后大部制时期"超级大部门"的部内协调困境及解决路径

[J]. 天津行政学院学报,2018(6):9-15.

[57] 陈锐. 我国现行刑法的体系性问题及解决[J]. 政法论丛,2015(3):31-40.

[58] 常健，翟秋阳. 论政策执行过程中的职权冲突及其化解[J]. 中国行政管理,2007(11):17-20.

[59] 陈爱娥. 国家角色变迁下的行政组织法[J]. 月旦法学教室,2002 (11):102-103.

[60] 陈慧荣,李志超. 信访协同制度化与国家社会治理能力[J]. 中国行政管理,2014(10):51-55.

[61] 邓可祝. 机关诉讼研究[J]. 行政与法,2007(4):75-78.

[62] 邓栗. 美国行政解释的司法审查标准——谢弗林案之后的发展[J]. 行政法学研究,2013(1):131-137,144.

[63] 杜栋，庞庆华，吴炎. 现代综合评价方法与案例精选[M]. 北京:清华大学出版社,2008.

[64] 方烨,吴黎华,孙韶华. 文化部 PK 新闻出版总署谁对网络游戏说了算[N/OL]. 经济参考报, 2009-11-04 [2019-03-22]. http://jjckb.xinhuanet.comgnyw2009-11/04/content_188978.htm.

[65] 冯贵霞. 党的十九大后新一轮大部制改革的内容与特点[J]. 理论与改革,2018(4):45-53.

[66] 冯玉军. 中国法律规范体系与立法效果评析[J]. 中国社会科学,2017(12):138-159,208.

[67] 冯玉军，王柏荣. 科学立法的科学性标准探析[J]. 中国人民大学学报,2014(1):92-98.

[68] 顾建亚. 美国立法冗余问题探析及其中国借鉴[J]. 时代法学,2019(2):95-100.

[69] 顾建亚. 政法律规范冲突的适用规则研究[M]. 杭州:浙江大学出版社,2010.

[70] 哈特穆特・毛雷尔. 行政法学总论[M]. 高家伟,译. 北京:法律出版社,2002.

[71] 汉密尔顿,杰伊,麦迪逊.联邦党人文集[M].程逢如,等译.北京:商务印书馆,1980.

[72] 胡建淼.比较行政法——20国行政法述评[M].北京:法律出版社,1998.

[73] 胡建淼.行政法学[M].4版.北京:法律出版社,2015.

[74] 黄先雄.论我国行政机关权限争议的法律规制——从几例"部门之争"说开去[J].国家行政学院学报,2006(2):80-83.

[75] 佳木斯两部门"打架":市政府重点工程五证齐全突然变违建[EB/OL].(2018-10-30)[2019-03-22].https://www.guancha.cn/politics/2018_10_30_477466.shtml.

[76] 孔繁华.论作为客观诉讼之机关诉讼[J].南京工业大学学报(社会科学版),2012(2):40-46.

[77] 罗思东.美国地方政府体制的"碎片化"评析[J].经济社会体制比较,2005(4):106-110.

[78] 贾圣真.行政任务视角下的行政组织法学理革新[J].浙江学刊,2019(1):171-182.

[79] 金国坤.行政执法权限争议协调机制研究[J].新视野,2007(3):24-26.

[80] 赖先进.行政执法中跨部门协同存在的问题及其改进[J].福建行政学院学报,2018(6):28-37.

[81] 李·G.鲍曼,特伦斯·E.迪尔.组织重构——艺术、选择及领导[M].桑强,高杰英,译.北京:高等教育出版社,2005.

[82] 李惠忠.德国地方自治法上机关争讼制度研究[M].台北:元照出版公司,2002.

[83] 李琳.论行政职权争议之司法破解——一种以诉讼为进路的解决模式[C]//贺荣.全国法院第25届学术讨论会获奖论文集:公正司法与行政法实施问题研究.北京:人民法院出版社,2014.

[84] 李兴,赵理文.环境与可持续发展:加拿大的经验与启示[M].北京:中共中央党校出版社,2010.

[85] 厉尽国.法治视野下的行政权限争议及其解决——从"魔兽争霸"网游监

管权之争谈起[J]. 西南政法大学学报,2010(6):108-117.

[86] 刘德炳."不动产统一登记实施 6 年难执行　一权限多部门争"[N]中国经济周刊,2013-12-24.

[87] 刘鹤. 深化党和国家机构改革是一场深刻变革[N]. 人民日报,2018-03-13(6).

[88] 刘锦. 地方政府跨部门协同治理机制建构——以 A 市发改、国土和规划部门"三规合一"工作为例[J]. 中国行政管理,2017(10):16-21.

[89] 刘文戈. 海峡两岸有关行政机构事务管辖争议解决的机制比较[J]. 学术探索,2013(7):16-19.

[90] 吕普生. 中国行政执法体制改革 40 年:演进、挑战及走向[J]. 福建行政学院学报,2018(6):12-27.

[91] 罗伯特·丹哈特. 公共组织理论[M]. 项龙,刘俊生,译. 北京:华夏出版社,2002.

[92] 骆梅英. 行政审批制度改革:从碎片政府到整体政府[J]. 中国行政管理,2013(5):21-25.

[93] 马怀德. 建设法治中国的关键[N]. 学习时报,2013-03-04(5).

[94] 马怀德. 行政诉讼原理[M]. 北京:法律出版社,2003.

[95] 马怀德. 行政诉讼法学[M]. 北京:中国人民大学出版社,2009.

[96] 莫于川. 行政职权的行政法解析与建构[J]. 重庆社会科学,2004(1):74-81.

[97] PPP 项目到底谁说了算,财政部与国家发展改革委权限争夺引关注[EB/OL]. (2016-01-22)[2019-03-22]. http://www. gspmi. netNewsShowArticle. asp? ArticleID=1582.

[98] 彭彦强. 行政管辖权交易:地方政府合作的权力基础[J]. 中共四川省委党校学报,2009(4):41-44.

[99] 皮埃尔·卡蓝默. 破碎的民主:试论治理的革命[M]. 高凌瀚,译. 北京:生活·读书·新知三联书店,2005.

[100] 皮纯协. 行政程序法比较研究[M]. 北京:中国公安大学出版社,2000.

[101] 裴俊巍,陈慧荣. 碎片化权威主义下协同治理的司法路径——以"中国

政府采购第一案”为例[J]. 经济社会体制比较,2018(5):95-103.

[102] 冉冉. 中国地方环境政治:政策与执行之间的距离[M]. 北京:中央编译出版社,2015.

[103] 任敏. “河长制”:一个中国政府流域治理跨部门协同的样本研究[J]. 北京行政学院学报,2015(3):25-31.

[104] 沈岿. 监控者与管理者可否合一——行政法学体系转型的基础问题[J]. 中国法学,2006(1):105-125.

[105] 施密特·阿斯曼. 秩序理念下的行政法体系建构[M]. 林明锵,等译. 北京:北京大学出版社,2012.

[106] 施雪华,赵忠辰. 党的十九大后中国新一轮大部制改革的背景和思路[J]. 理论与改革,2018(4):34-44.

[107] 施雪华,陈勇. 大部制部门内部协调的意义、困境与途径[J]. 深圳大学学报(人文社会科学版),2012(3):90-95.

[108] 石佳友. 民法典的立法技术:关于《民法总则》的批判性解读[J]. 比较法研究,2017(4):122-138.

[109] 石杰琳. 西方国家政府机构“大部制”改革的实践及启示——以英、美、澳、日为例[J]. 郑州大学学报(哲学社会科学版),2010(6):8-10.

[110] 舒绍福. 欧美国家大部制的实际操作、基本特征及取向观察[J]. 改革,2013(3):18-24.

[111] 宋雄伟. 党和国家机构改革顺应时代[N],中国青年报,2018-03-26(2).

[112] 宋华琳. 政府职能配置的合理化与法律化[J]. 中国法律评论,2017(3):64-70.

[113] 孙迎春. 澳大利亚整体政府改革与跨部门协同机制[J]. 中国行政管理,2013(11):94-98.

[114] 苏力. 法治及其本土资源[M]. 北京:中国政法大学出版社,1999.

[115] 谭海波,蔡立辉. “碎片化”政府管理模式及其改革——基于“整体型政府”的理论视角[J]. 学术论坛,2010(6):29-34.

[116] 王太高. 论机关诉讼——完善我国行政组织法的一个思路[J]. 河北法学,2005(9):31-33.

[117] 王玉明，邓卫文. 加拿大环境治理中的跨部门合作及其借鉴[C]// 中国环境科学学会学术年会论文集，2011.

[118] 王清. 政府部门间为何合作：政绩共容体的分析框架[J]. 中国行政管理，2018(7)：100-107.

[119] 王洛忠，秦颖. 公共危机治理的跨部门协同机制研究[J]. 科学社会主义，2012(5)：121-123.

[120] 王群英. 筑建服务业统计协调机制新平台——解读《服务业统计部际协调机制工作办法》[J]. 中国统计，2013(12)：4-6.

[121] 王佃利，吕俊平. 整体性政府与大部门体制：行政改革的理念辨析[J]. 中国行政管理，2010(1)：105-109.

[122] 王娜. 专家称大部门体制是必然趋势 部门 18-21 个为宜[N/OL]. 21 世纪经济报道，(2007-12-29)[2019-03-22]. http://news.sohu.com/20071229/n254366603.shtml.

[123] 吴卫军，张峰. 行政权限争议的司法解决——论我国机关诉讼的构建[J]. 青海师范大学学报(哲学社会科学版)，2009(6)：45-48.

[124] 威廉·韦德. 行政法[M]. 徐炳，等译，北京：中国大百科全书出版社，1997.

[125] 翁岳生. 政法与现代法治国家[M]. 台北：台湾大学出版社，1998.

[126] 文华维，陈仪方. 能源监管体制何往：国家能源总局会是选项吗？[N]. 南方能源观察，2017(3).

[127] 吴庚. 行政法之理论与实用[M]. 北京：中国人民大学出版社，2005.

[128] 吴华. 行政诉讼类型研究[M]. 北京：中国人民公安大学出版社，2006.

[129] 袭亮，陈润怡. 政府跨部门协同：困境与未来路径选择——以“河长制”在 M 市的实施为例[J]. 山东行政学院学报，2018(4)：31-36.

[130] 席涛. 政府监管影响评估分析：国际比较与中国改革[J]. 中国人民大学学报，2007(4)：16-24.

[131] 夏燕. 浙江富阳试水大部制 专委会牵头部门负责制[J]. 观察与思考，2008(22)：16-21.

[132] 熊明辉，杜文静. 科学立法的逻辑[J]. 法学论坛，2017(1)：80-89.

[133] 熊樟林. 权力挂起：行政组织法的新变式？[J]. 中国法学，2018(1)：265-283.

[134] 徐国栋. 民法基本原则解释[M]. 北京：中国政法大学出版社，2004.

[135] 徐继敏. 国家治理体系现代化与行政法的回应[J]. 法学论坛，2014(2)：24-31.

[136] 徐隽，金正波，赵晨."五证"齐全，何以成了违章建筑[EB/OL]. (2018-10-30) [2019-05-20]. http://politics.gmw.cn/2018-10/30/content_31856028.htm.

[137] 尤金·巴达赫. 跨部门合作：管理"巧匠"的理论与实践[M]. 周志忍，张弦，译. 北京：北京大学出版社，2011.

[138] 盐野宏. 行政组织法[M]. 杨建顺，译. 北京：北京大学出版社，2008.

[139] 盐野宏. 行政法[M]. 杨建顺，译. 北京：法律出版社，1998.

[140] 杨建顺. 日本行政法通论[M]. 北京：中国法制出版社，1998.

[141] 杨建生，梁智俊. 从"大部门制"改革看我国行政组织法的完善[J]. 云南行政学院学报，2010(6)：28-31.

[142] 杨解君. 行政法学[M]. 北京：中国方正出版社，2002.

[143] 杨龙，彭彦强. 理解中国地方政府合作——行政管辖权让渡的视角[J]. 政治学研究，2009(4)：61-66.

[144] 杨小君. 契约对行政职权法定原则的影响及其正当规则[J]. 中国法学，2007(5)：74-84.

[145] 杨志云，殷培红，夏冰. 政府部门职责分工及交叉的公众感知：基于环境管理领域的分析[J]中国行政管理，2015(6)：82-87.

[146] 应松年. 完善行政组织法制探索[J]. 中国法学，2013(2)：18-23.

[147] 余凌云. 行政法讲义[M]. 北京：清华大学出版社，2010.

[148] 于游. 我国林业行政执法改革问题探析[J]. 经济师，2018(12)：80-81.

[149] 约翰·亨利·梅利曼. 大陆法系：2版[M]. 顾培东，禄正平，译. 北京：法律出版社，2004.

[150] 章剑生. 行政管辖制度探索[J]. 法学，2002(7)：28-32.

[151] 张枫逸. 两地二孩政策打架 别让群众躺枪[N]. 南方法治报，2015-05-22

(16).

[152] 张国栋.执法部门"内斗"找法制办评理[N].南方都市报，2005-03-27.

[153] 张荆红. 英美日俄大部制改革的历程、特征及其启示[J]. 理论与改革，2018(4):54-62.

[154] 张显伟.诉讼机制不能解决行政权限争议问题之分析[J]. 政法论丛，2017(5):82-89.

[155] 郑燕峰.法规打架听谁的?[N].中国青年报,2012-09-02.

[156] 中央编办事业发展中心，北京大学电子政务研究院.世界百国政府机构概览:中卷 [M].北京:北京出版社,2006.

[157] 钟煜豪.副市长一人身兼 40 多个职务,网友:领导您辛苦了！[EB/OL](2019-01-13)[2019-5-20]. http://www. sohu. com/a/288653885_166315.

[158] 周汉华. 建立我国电信监管制度需要考虑的几个问题[N]. 中国经济时报，2003-11-07.

[159] 周望. 借力与自立:议事协调机构运行的双重逻辑[J]. 河南师范大学学报(哲学社会科学版),2017 (5):7-12.

[160] 周佑勇.行政法基本原则研究[M].武汉:武汉大学出版社,2005.

[161] 周志忍.大部制溯源:英国改革历程的观察与思考[J].行政论坛,2008(2):84-87.

[162] 周志忍. 整体政府与跨部门协同[J]. 中国行政管理,2008(9):127-128.

[163] 周志忍,蒋敏娟. 中国政府跨部门协同机制探析——一个叙事与诊断框架[J]. 公共行政评论,2013(1):91-117.

[164] 朱新力,罗利. 行政组织法的功能拓展及其制度设计[J]. 法治研究，2012(11):19-29.

[165] 竺乾威. 政府职能三次转变的启示[N]. 北京日报，2018-07-23 (13).

[166] "浙里办",让上海人足不出沪在"浙"办成事[EB/OL].(2019-05-08)[2019-05-20]. https://zj. zjol. com. cn/qihanghao/100071078. html.

后记

管辖权重叠是行政治理的一个实践症结。为了找到有效的解决办法,多年来,行政实践中的监管机制创新可谓无处不在,理论研究也是蓬勃兴起,但迄今仍缺乏有效的对策。一个重要原因是,管辖权重叠现象的复杂性与顽固性,涉及多部门的实践与多学科领域的探究,因而需要一个更具整合性的分析框架与实践范式。本课题尝试立足于行政法学领域,借鉴公共管理学的既有研究成果,并结合立法学的视角进行分析与探讨;同时通过梳理规整国外,主要是美国的研究理论成果和实践经验,在对国外学者的思想观点进行一个整体认知的基础上,进行本土化的借鉴与拓展。总之,通过促进不同学科和跨国别的融贯交通,旨在寻求一个相对系统全面的对策体系,为行政管辖权重叠的理论研究与实践探索提供一定参考。当然,本课题的研究还只是一个初步的尝试,仍有待于学术界和实务界的大力开拓和创新发展。鉴于本人理论功底不足、论证思路与技巧欠缺以及文字表达能力有限,缺点乃至谬误都在所难免。为此,期望得到读者的宽容、批评与指正。

在本书终于付梓之际,我要向所有在本书写作与出版过程中给予关心和帮助的人表示衷心的感谢!

浙江科技学院　顾建亚

2019 年 4 月 12 日

图书在版编目(CIP)数据

行政管辖权重叠的法律解析 / 顾建亚著. —杭州：浙江大学出版社，2019.9
ISBN 978-7-308-19584-3

Ⅰ.①行… Ⅱ.①顾… Ⅲ.①行政管理—管辖权—研究—中国 Ⅳ.①D922.104

中国版本图书馆 CIP 数据核字(2019)第 206822 号

行政管辖权重叠的法律解析
顾建亚 著

责任编辑 吴伟伟 weiweiwu@zju.edu.cn
文字编辑 王建英
责任校对 杨利军 夏湘娣
封面设计 雷建军
出版发行 浙江大学出版社
（杭州市天目山路 148 号 邮政编码 310007）
（网址：http://www.zjupress.com）
排　　版 浙江时代出版服务有限公司
印　　刷 浙江省良渚印刷厂
开　　本 710mm×1000mm 1/16
印　　张 12.5
字　　数 200 千
版 印 次 2019 年 9 月第 1 版 2019 年 9 月第 1 次印刷
书　　号 ISBN 978-7-308-19584-3
定　　价 58.00 元